우루무치烏魯木齊

신장웨이우얼자치구
新疆維吾爾自治區

둔황敦煌

칭하이성青海省

시닝西寧

닝

란저우蘭

딩ㅅ

간쑤성甘肅

시짱자치구西藏自治區

라싸拉薩

창두昌都

쓰촨성四川省

청두成都

C

자오퉁昭通

판즈화攀枝花

취징曲靖

바오산保山

쿤밍昆明

윈난성雲南省

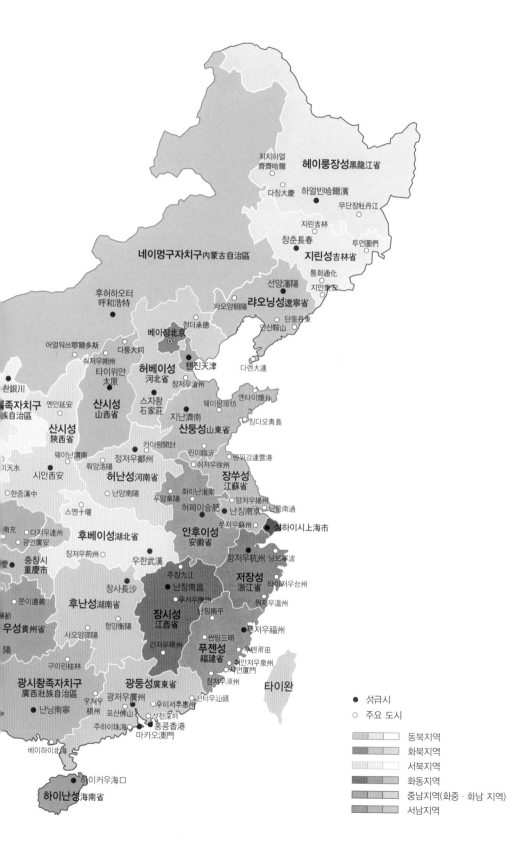

치치하얼齊齊哈爾
헤이룽장성黑龍江省
다칭大慶
하얼빈哈爾濱
무단장牡丹江
지린吉林
창춘長春
투먼圖們
지린성吉林省
네이멍구자치구內蒙古自治區
후허하오터呼和浩特
선양瀋陽
통화通化
차오양朝陽
랴오닝성遼寧省
지안集安
어얼둬쓰鄂爾多斯
청더承德
단둥丹東
베이징北京
안산鞍山
쉬저우朔州
다퉁大同
톈진天津
다롄大連
촨銀川
타이위안太原
허베이성河北省
창저우滄州
웨이팡濰坊
옌타이煙台
族自治區
엔안延安
스자좡石家莊
지난濟南
징다오青島
산시성山西省
산둥성山東省
산시성陝西省
카이펑開封
린이臨沂
톈天水
웨이난渭南
정저우鄭州
쉬저우徐州
롄윈강連雲港
시안西安
뤄양洛陽
허난성河南省
화이난淮南
양저우揚州
장쑤성江蘇省
한중漢中
난양南陽
푸양阜陽
허페이合肥
난징南京
난퉁南通
스옌十堰
쑤저우蘇州
南充
다저우達州
후베이성湖北省
징저우荊州
우한武漢
안후이성安徽省
상하이시上海市
광안廣安
충칭시重慶市
항저우杭州
닝보寧波
주장九江
저장성浙江省
타이저우台州
慶
창사長沙
난창南昌
푸저우撫州
쭌이遵義
우성貴州省
헝양衡陽
장시성江西省
난핑南平
원저우溫州
사오양邵陽
간저우贛州
싼밍三明
푸저우福州
節
陽
구이린桂林
푸젠성福建省
푸톈莆田
광시좡족자치구廣西壯族自治區
광둥성廣東省
취안저우泉州
광저우廣州
우저우梧州
후이저우惠州
샤먼廈門
난닝南寧
포산佛山
선전深圳
산터우汕頭
장저우漳州
주하이珠海
홍콩香港
타이완
베이하이北海
마카오澳門
하이커우海口
하이난성海南省

● 성급시
○ 주요 도시

동북지역
화북지역
서북지역
화동지역
중남지역(화중 · 화남 지역)
서남지역

일러두기

1 인명이나 지명 등 고유명사의 중국어 표기는 국립국어원의 외래어표기법에 따랐다. 예컨대 毛澤東은 '마오쩌둥毛澤東'으로, '浙江省'은 '저장성浙江省'으로, '深圳'은 '선전深圳'으로 표기했다. 단, 몇 가지 다른 방식이 적용된 부분도 있는데, 다음과 같다.

  ① 중국 지역을 크게 나누는 '華北', '東北', '華東', '華中', '華南', '西南', '西北'은 '화베이', '둥베이', '화둥', '화중', '화난', '시난', '시베이'와 같은 중국어 발음 표기가 아니라 우리식 한자 발음을 그대로 표기했다.

  ② 지역 이름과 행정구역 단위가 같이 표기될 경우, 예컨대 北京市, 寶安區, 小崗村은 전체 단어를 중국어 발음(베이징스, 바오안취, 샤오강춘)으로 표기하지 않고 '중국어 발음＋우리식 한자 발음'(베이징시, 바오안구, 샤오강촌)으로 표기했다.

  ③ 고유명사라고 하더라도 한국인에게 익숙한 단어는 우리식 한자음으로 달았다. 예컨대, 『人民日報』는 『런민르바오』가 아닌 『인민일보』로, 單位는 '단웨이'가 아닌 '단위'로 표기했다.

2 한자 표기는 본문의 경우에 번체를, 미주와 참고문헌의 경우에는 번체든 간체든 필자의 표기 방식을 따랐다. 본문에서 특별히 번체로 표기한 까닭은 독자들이 읽기 편하게 하려는 목적이고, 미주와 참고문헌의 경우에는 서지 사항이라는 점을 감안했기 때문이다.

도시로 읽는 현대중국 **1**

| 사회주의 시기 |

도시로 읽는 현대중국 **1** ─사회주의 시기

초판 1쇄 인쇄 2017년 12월 21일
초판 1쇄 발행 2017년 12월 30일

엮은이 박철현
펴낸이 정순구
책임편집 정윤경 조수정
기획편집 조원식
마케팅 황주영

출력 블루엔
용지 한서지업사
인쇄 한영문화사
제본 한영제책사

펴낸곳 (주) 역사비평사
등록 제300-2007-139호 (2007. 9. 20)
주소 10497 : 경기도 고양시 덕양구 화중로 100(비전타워21) 506호
전화 02-741-6123~5
팩스 02-741-6126
홈페이지 www.yukbi.com
이메일 yukbi88@naver.com

ⓒ 구소영 외, 2017

ISBN 978-89-7696-431-1 94300
ISBN 978-89-7696-430-4 (set)

이 책은 한국출판문화산업진흥원 2017년 우수출판콘텐츠 제작 지원 사업 선정작입니다.

도시로 읽는 현대중국

1

| 사회주의 시기 |

박철현 엮음

역사비평사

와 생활의 집체화 / 공간혁명, 공간 변형을 통한 사회 개조 / '가독성 높은 공동체'
의 창출과 현실

정치, 도시를 옮기다 — 내륙으로 간 중공업 도시 판즈화 | 이현태

중국의 사회주의적 시초축적과 농민의 희생 | 하남석

3부 | 도시와 농촌, 이동과 상상

'죽의 장막'과 '은둔의 왕국'을 넘어
— 사회주의 시기 북중 국경 지역 조선족의 이주 | 김재은

흔들리는 청춘 — 루야오의 '도농교차지대' | 성근제

사회주의 시대 노동자는 어떻게 말하는가 — 자장커의 〈해상전기〉 | 박자영

부록

머리말

    최근 중국 베이징에서는 농민공農民工 밀집 거주 지역의 화재 사건으로 촉발된 이른바 '저단인구低端人口' 강제 축출 작업이 대대적으로 진행되고 있다. 들려오는 소식으로는 축출된 농민공이 10만 명에 달한다고 한다. 베이징 전체에 이런 농민공은 얼마나 될까? 2014년 통계로 베이징 전체 상주인구는 2,151만 명이고 그중 '외래인구外來人口'는 818만 명이다. 이 외래인구 중 절대다수는 농민공이다. 이들 농민공은 보험, 주택, 교육, 의료 등 주민으로서의 기본적인 권리를 온전히 누리지 못하고 있다. 이유는 딱 하나다. 바로 이들이 베이징호구 소지자가 아니기 때문이다. 같은 주민이면서 단지 베이징호구 소지자가 아니라는 이유로 기본적인 권리를 온전히 누리지 못하게 된 이유가 뭘까? 그리고 왜 이들은 기본적인 권리도 누리지 못하는데 베이징으로 몰려들었을까? 아니, 그보다 왜 이들은 베이징에서 강제 축출되고 있는 것일까?

    이런 의문의 중심에는 바로 '도시(城市)'가 있다. 『도시로 읽는 현대중국』은 바로 중국 '도시'의 문제를 다룬다. 좀 더 정확하게는, '도시'라는 렌즈로

1949년 이후 중국의 역사를 읽으려고 한다.

1992년 한중수교가 이뤄진 후 급속히 늘어난 관심을 배경으로, 국내에서는 공산당, 정부, 사상, 정치운동, 계급, 기업, 민족, 문화 등의 틀로 현대중국을 이해하려는 시도들이 있었고, 그에 상응하는 많은 성과도 거두었다. 하지만 이러한 분석 틀 외에도 이 책 『도시로 읽는 현대중국』은 '도시'라는 렌즈를 통해 이 거대하고 복잡한 나라를 읽어내는 방법 또한 있다고 독자들에게 제안한다.

앞서 말한 농민공 강제 축출 사건과 같은 중국 사회의 기층을 이해하기 위해서만이 아니라, 공산당과 국가라는 상층의 움직임을 이해하기 위해서도 '도시'는 매우 유용한 키워드이다. 한 가지 예를 들어보자. 중국공산당은 '도시공작(城市工作)'을 중시하여 건국 이후 1962년, 1963년, 1978년 3차례의 '전국全國도시공작회의'를 개최했다. 그런데 그 이후 37년 만인 2015년에 '중앙中央도시공작회의'를 개최한다. 이는 무엇을 의미하는가? 이제 '도시공작'을 국방이나 외교처럼 중국공산당 '중앙'이 직접 챙기지 않으면 안 될 중요한 문제로 인식하기 시작했다는 뜻이다. 또한 2015년 '중앙도시공작회의'는 '중앙경제공작회의中央經濟工作會議'와 함께 개최되었다는 점도 중요하다. 당시 국가주석을 포함한 중국공산당 정치국 상무위원회 7명 전원이 두 회의를 공동으로 개최했다는 것은, 중국 최고지도부가 도시의 문제를 경제의 문제와 동일한 비중으로 다루기 시작했음을 의미한다. 도시가 국방, 외교, 경제의 문제와 비슷한 반열에 오른 것이다.

중요한 것은 이러한 개혁기의 '도시문제'를 제대로 이해하기 위해서는 사회주의 시기에 대한 이해가 반드시 선행되어야 한다는 사실이다. '농민공 강제 축출' 사건의 사회적·구조적 원인을 근본에서부터 이해하기 위해서는 건국 초기인 1950년대에 신생국가 중화인민공화국이 국내외적으로 어떠한 정치·사회·경제 상황에 처해 있었는지 파악해야만 한다. 또한 1960년대, 70년대 중국의 노동자 주택은 어떻게 건설되었으며, 도농이원구조가 내지 농촌과 연변 조선족 청년들의 '마음'과 '이동'에 어떤 영향을 미쳤는지, 당과 국가는 사회주의 도시를 어떻게 디자인하려 했는지, 경제특구 선전을 능가하는 '사회주의 버전 초고속 도시화'는 어떻게 가능했는지 이해하지 않고는, 개혁기 도시를 제대로 이해할 수 없다. 요컨대 개혁기(1978년~)가 사회주의 시기보다 훨씬 더 길어진 지 이미 오래지만, 사회주의 시기 중국 도시의 경험이 남긴 유산은 지금까지도 살아 있다는 말이다. 이에 더해 '중심'뿐 아니라 '주변'에도 주목하여 식민도시 경험을 가진 홍콩과, 북한과 접한 변경도시 연변에 관한 글을 추가했다. 이를 통해 '본토/내지'가 아닌 도시들에서 국제대도시 담론 극복을 위한 풀뿌리 도시권 운동과 격동의 현대사를 배경으로 북중 '국경을 가로지르는 소속의 정치'를 보여줌으로써 현대중국 도시에 대한 이해의 지평선을 확장하고자 했다.

『도시로 읽는 현대중국』은 이러한 복잡다단한 문제들을 읽어내는 '도시'라는 렌즈를 제공하고자 한다. 가장 기본적인 질문부터 해보자. 우리가 중국 도시를 알아야 할 이유는 무엇인가? 답은 간단하다. 사회주의 시기 중국 도시 경험과 도시화는 세계 어디에서도 찾아볼 수 없는 매우 독특한 사례이며, 특히 개혁기 도시화는 인류 역사상 유례없는 속도와 규모로 진행되었기 때문이다. 예를 들어, 2011~2013년 사이 중국이 사용한 시멘트의 양은 미국이 20세기의 백 년 동안 사용한 양보다 더 많다. 1978년 이후 지금까지 매년 평균 1,000만 명 이상의 농민이 도시로 이주했으며, 현재 중국 전체 농민공의 숫자는 2억 7,000만 명이다. 2017년 11월 11일 '광군제光棍節'(중국판 블랙프라이데이) 단 하루 동안 중국 온라인 쇼핑몰 알리바바의 매출액은 28조 원이었다. 도시와 농촌을 가리지 않고 중국 전역에서 온라인 주문과 배송이 이뤄졌다. 이렇게 도시적 라이프 스타일이 광대한 중국 농촌까지 확산되고 있는 현실을 '행성적 도시화(planetary urbanization)'라고 할 수 있지 않을까? 이 급속한 도시화가 사회, 경제, 자연에 끼친 영향력이 단지 중국 국내에만 머무르겠는가?

『도시로 읽는 현대중국』은 위에서 제기한 다양한 문제들에 답하기 위해 사회주의 시기와 개혁기의 중국을 (불)연속적으로 인식하면서, 기층과 상층의 정치·경제·사회·문화의 여러 측면을 '도시'라는 렌즈로 읽어낸다.

흔히 '머리말'에서는 책의 내용을 간략하게 소개하는데, 『도시로 읽는 현대중국』은 독자들이 현대중국을 이해하기 위해 사용할 수 있는 렌즈를 자임하는 만큼, 이 책의 글들을 '매칭'해서 읽는 법을 제시하고자 한다. 대부분의 독자들은 이 책에 나오는 중국 도시들과 지역들의 위치는 물론 주제도 낯설 것이다. 두 권의 책은 편의상 사회주의 시기(1권)와 개혁기(2권)로 나누고 각각에서 상호 관련성이 높은 글들을 묶어 부뺴 체제로 편제했다. 그런데 앞서 말했듯이 사회주의 시기와 개혁기에 (불)연속적으로 접근하는 편이 중국을 더 잘 이해하는 방법이 될 수도 있다. 따라서 두 권의 책을 관통하는 상호 관련성에 따라 특정 글들을 함께 읽는 것도 좋은 방법이다. 그런 의미에서 글이 배치된 순서대로 읽는 방법과는 별개로, 이 책 1, 2권에 실린 총 25편의 글을 '매칭'시켜 읽는 또 다른 두 가지 방법을 제시하고자 한다(표시는 각 글의 필자명과 시작 쪽수).

첫째, 도시나 지역별로 매칭할 수 있다.

● 베이징: 이원준(1권 14쪽), 박경석(1권 38쪽) 박상수(1권 114쪽), 구소영(1권 149

쪽)

● 상하이: 김승욱(1권 68쪽), 김도경(2권 152쪽)

● 광둥: 윤종석(2권 44쪽), 신현방(2권 176쪽), 조문영(2권 246쪽), 정규식(2권 287쪽)

● 동북: 한지현(1권 90쪽), 김재은(1권 212쪽), 박철현(2권 325쪽)

● 서남: 이현태(1권 172쪽)

둘째, 더 다양하게는 주제별로 매칭할 수 있다.

● 국유기업 노동자, 농민공, 노동 체제, 사회주의 노동자: 한지현(1권 90쪽),
박자영(1권 266쪽), 조문영(2권 246쪽), 정규식(2권 287쪽)

● 노동자 주택, 게이티드 커뮤니티, 주택제도 개혁: 김승욱(1권 68쪽), 김도경
(2권 152쪽), 이성호·이승욱(2권 346쪽)

● 자본의 도시, 토지 사유화, 불평등: 신현방(2권 176쪽), 조성찬(2권 194쪽), 이
성호·이승욱(2권 346쪽)

● 도시화 전반, 이민도시, 신형도시화, 사회주의 도시화: 이현태(1권 172쪽),
박인성(2권 16쪽), 윤종석(2권 44쪽), 박철현(2권 79쪽)

● 도농 문제, 성중촌: 김재은(1권 212쪽), 성근제(1권 241쪽), 이선화(2권 386쪽),
장호준(2권 422쪽)

● 축적의 메커니즘: 하남석(1권 190쪽), 신현방(2권 176쪽)

● 공산당과 도시, 국가와 도시, 사회주의 도시 실험: 이원준(1권 14쪽), 박경
석(1권 38쪽), 박상수(1권 114쪽), 구소영(1권 149쪽), 이현태(1권 172쪽)

● 이동과 경계, 네트워크: 김재은(1권 212쪽), 이선화(2권 386쪽)

● 청년: 김재은(1권 212쪽), 성근제(1권 241쪽), 장정아(2권 112쪽), 조문영(2권 246

쪽)

- 시민권, 도시권: 박철현(2권 79쪽), 장정아(2권 112쪽), 신현방(2권 176쪽), 조문
  영(2권 246쪽)

- 변경도시: 김재은(1권 212쪽)

- 저항운동: 장정아(2권 112쪽)

『도시로 읽는 현대중국』이 두 권의 책으로 나오기까지 너무나 많은 분의 노력과 도움이 있었다. 먼저 잦고 번거로운 엮은이의 요구 사항에 진지하게 응해주시고 귀중한 글을 기꺼이 보내주신 필자들에게 고마움을 표한다. 다음으로 '중국 도시'라는 낯선 주제로 25편이나 되는 글들을 두 권으로 내자고 했던 엮은이의 제안을 흔쾌히 받아주시고, 한국출판문화산업진흥원의 '2017년 우수출판콘텐츠 제작 지원 사업'에 신청하여 지원을 받을 수 있도록 애써주신 역사비평사 정순구 대표님께 감사드린다. 그리고 중국, 북미, 유럽, 서울, 지방 등에 흩어져 있는 필자들에게 엮은이를 대신해 수고스런 연락을 하고 개별 필자들의 글이 매끄럽게 읽힐 수 있도록 윤문 조언까지 해주신 역사비평사 편집부 조수정, 정윤경 선생님께도 감사를 드린다. 이 두 권의 책이 현대중국을 읽을 수 있는 좋은 렌즈가 되기를 바란다.

2017년 11월
엮은이 박철현

中國都市

도시로 읽는 현대중국 **1**

1부 | 국가와 도시

도시로 간 농촌혁명가들과 '신민주주의혁명'

이원준

1. 중국공산당, 난제에 직면하다

1927년에 제1차 국공합작이 붕괴된 이후로 중국공산당에서는 마오쩌둥을 중심으로 농촌혁명 전략의 실험이 시작되었다. 이 전략은 대장정을 거치는 과정에서 마오쩌둥이 당권을 장악하는 데 성공하면서 마침내 중국공산당의 핵심 혁명 전략으로 확립되었다.

하지만 농촌혁명을 통해 국공내전에서 승리한 중국공산당일지라도 최종적인 승리를 위해서는 도시 접관接管(도시의 '접수'와 그에 따른 '관리'를 모두 포괄하는 용어)이라는 큰 관문을 통과해야 했다. 국민정부의 통치 기반을 철저히 무너뜨리고 전국을 통일하기 위해서는 반드시 도시를 점령해야 했고, 아울러 새로운 근대 국민국가를 건설하기 위해서도 반드시 도시 관리에 성공해야 했기 때문이다. 19세기 중엽 이후 장기간 중국 사회의 시대적 과제로 떠올랐던 '근대화'라는 목표는 결국 도시를 주요 무대 삼아 실현되어야 했다.

이런 상황을 공식화한 것이 바로 1949년 3월의 제7기 중앙위원회 제2차 전

제7기 2중전회에서의 마오쩌둥
제7기 2중전회는 1949년 3월 5일부터 13일까지 허베이성河北省 핑산현平山縣 시바이포西柏坡에서 개최되었다. 국공내전에서의 우세가 확보된 상황에서 중국공산당의 새로운 노선을 확정하는 계기가 되었다.

체회의(이하 '제7기 2중전회')였다. 이 회의에서 중국공산당은 당의 공작工作 중심을 향촌에서 도시로 옮길 것을 선언했으며, 당의 향후 중심 임무를 '생산의 회복 및 발전'에 필요한 각종 도시 공작을 학습하는 것에 두기로 하였다. 중국공산당은 도시 공작의 성공 여부가 정권 유지의 관건임을 강조했다.[1]

도시 접관을 성공적으로 수행하는 임무는 새로운 국가의 건설을 앞둔 중국공산당에게 매우 중요하고도 어려운 문제였다. 장기간의 농촌혁명으로 인해 도시 접관의 경험이 거의 없었기 때문에, 중국공산당은 먼저 도시 접관 정책부터 만들어가야 했다. 도시를 점령하여 각종 기관과 자산을 접수한 뒤 이를 관리하기까지의 제반 과정을 규정할 원칙과 규율을 수립해야 했으며, 이 접관 정책의 내용은 중국공산당의 혁명 노선 또는 국가 건설 전략을 효과적으로 실현할 수 있는 것이어야 했다. 따라서 중국공산당의 도시 접관 정책을 분석하는 것은 중국공산당이 갖고 있었던 국가 건설 전망의 중요한 일면을 살펴보는 일이기도 하며, 나아가 1949년 중국혁명의 성격을 이해하는 데도 매우 중요한 단서가 된다.

2. 승리(건국)의 전망과 정책의 전환

중일전쟁의 종결과 국공國共 대립의 격화로 항일민족통일전선의 효력도 약화되기 시작했다. 한편, 중국공산당의 농촌 근거지에서는 중일전쟁 말기부터 농민들의 토지 분배 요구가 고조되었다. 이에 중국공산당은 1946년 이른바 '5·4 지시'를 통해 토지의 몰수 및 분배를 사실상 인정하는 토지개혁에 착수했다. 이후 국공내전이 격렬해지는 가운데 중국공산당의 농촌 근거지에서 토지개혁은 확대일로를 걸었으며, 이는 1947년 10월의 전국토지회의 개최 및 「중국토지법대강中國土地法大綱」 제정으로 이어졌다. '추다보소抽多補少(기준 면적 이상의 소유지만 몰수하여 기준 면적 이하의 토지를 소유한 농민들에게 분배)' 방식의 토지 '조정'은 토지개혁의 심화에 따라 '타란평분打亂平分(전체 토지 일괄 몰수 및 재분배)'이라는 전면적 토지 재분배로 확대되었다. 농촌에서는 빈농단貧農團의 주도 아래 토지개혁이 전개되면서 '중농中農의 이익을 보장한다'는 규정이 대부분 유명무실해졌다.[2]

그러나 1947년 12월 말 산시성陝西省 미즈현米脂縣 양자거우楊家溝에서 개최된 이른바 '12월 회의'를 계기로 이 같은 토지개혁의 흐름에 제동이 걸리기 시작했다. 토지개혁의 급진화에 따른 농촌 사회의 정치적 혼란과 경제적 피해가 그 이유였다. 이 회의 이후 중국공산당 지도부는 1948년 초부터 그동안의 토지개혁에서 발생했던 '좌경의 오류'를 시정하기 위한 일련의 지시를 하달했다. 기존의 농촌 근거지에서 진행되고 있던 토지개혁은 축소되었으며, 새로 점령한 지역에서는 토지개혁이 연기되었다. 1947년에는 거의 사문화된 것이나 다름없는 '중농과의 단결'이 강조되면서 토지개혁의 시행 범위가 축소되었고, 심지어 부농과 중농의 계급 분류 기준을 조정하여 '부농'으로 분류될 농민을 '중농'으로 재분류함으로써 '투쟁 대상'의 수를 인위적으로 줄이기까지 했다.

이러한 정책적 변화는 비단 토지개혁의 영역에만 국한되지 않았다. 1948년 초부터 중국공산당은 토지개혁의 마무리에 이은 '정당整黨'과 '건정建政'을 강조하기 시작했다. '정당'은 농촌의 기층 당 간부에 대한 심사와 그에 이은 당 지부 개편을 핵심으로 하는 것으로서, 상급 당 조직에서 파견한 공작대工作隊의 주도로 군중 동원을 통해 시행되었다. '정당'이 시행된 뒤에는 곧이어 새로 개편된 당 지부를 중심으로 '농회農會 설립→농민대표회農民代表會 구성→촌정위원村政委員 선출(촌정부村政府 구성)'로 이어지는 '건정' 작업이 진행되었다.[3] 요컨대, 1948년 초부터 중국공산당은 농촌 근거지에서 토지개혁을 사실상 마무리하며 새로운 농촌 권력 구조 개편에 착수했고, 이는 최종적으로 '촌村→구區→현縣→성省→중앙'으로 연결될 전국적 행정 체계의 기층 정권을 수립하는 과정이기도 했다.

아울러, 토지개혁의 '좌경화'로 인한 문제를 시정하는 과정에서 중국공산당은 상공업 분야에 대한 피해 방지도 강조하기 시작했다. 이 무렵부터 당 중앙의 공식 방침에는 지주·부농의 '봉건적 착취'와 그들이 경영하는 상공업을 엄격히 구분해야 한다는 논리가 부각되었다.[4] 1948년 이후의 정책 전

제7기 2중전회에서의 런비스
런비스는 1948년 초부터 이루어진 중국공산당의 정책 전환에서 중요한 역할을 하였다.

환 과정에서 중심적인 역할을 한 런비스任弼時는 그동안 상공업에 대한 파괴가 빈발했다는 문제를 지적하면서, 이를 '일종의 자살 정책'이라고 비판했다. 반면, 지주와 부농이 경영하는 상공업 자산이라 하더라도 중국의 경제 발전에 필요하므로 장기적 이익의 관점에서 보호해야 한다고 주장했다.[5] 이때부터 중화인민공화국 초기까지 중국공산당은 줄곧 '국가 경제에 유익'한 상공업 자산을 보호하고 그 정상적인 영업을 보장함으로써 '생산 발전'과 '경제 번영'을 도모해야 한다는 목표를 전면에 내세웠다.

1947년의 '12월 회의' 이후 1948년 초부터 본격화된 이러한 정책 변화는 단순히 이전에 범한 '좌경의 오류'를 바로잡기 위한 것이었다기보다는, 중국공산당의 새로운 전략적 구상을 실현하기 위한 목적이 컸다. 국공내전 초기의 군사적 열세를 뒤집고 전면적인 반격에 나서기 시작한 1947년 말 무렵, 중국공산당은 내전의 승리와 그에 이은 건국의 전망을 공유하기 시작했다. 양자거우 회의에서 마오쩌둥은 중국혁명이 하나의 '역사적 전환점'에 도달했음을 강조한 뒤 정치·군사·경제 등 방면에서 새로운 '중심 정책'을 천명했다.

무엇보다도 이 회의에서 헌법 초안에 대한 보고와 논의가 이루어졌다는 점이 시사적이다. 헌법 기초 작업을 주관해온 왕밍王明은 이 회의에서 신민주주의新民主主義에 기반한 헌법 초안의 틀과 내용에 대해 보고했다.[6] 비록 아직은 헌법 초안을 발표할 시기가 아니라는 공식 결론이 내려지긴 했지만, 동시에 마오쩌둥은 지금이 헌법 연구에 착수해야 할 때라는 단서를 달았다. 헌법 초안의 연구를 심화해야 할 필요성을 인정했다는 점에서, 이 무렵 중국공산당이 건국 준비를 시작했음을 확인할 수 있다. 특히 1948년 9월에 개최된 정치국 회의에서 마오쩌둥은 "12월 회의에서는 [중앙정부 문제를] 생각해냈을 뿐이지만, 이번 회의에서는 반드시 의사일정으로 삼아 토론해야 한다"고 직접 언급하기도 했다.[7]

12월 회의를 계기로 부상한 '건국'이라는 목표는 1948년 초부터 도입된 일련의 정책적 변화를 가져왔다. 토지개혁의 수습을 통한 농촌 근거지의 사회질서 확립, '정당'과 '건정'을 통한 기층 정권의 건설, 상공업의 보호 및 발전을 통한 경제 회복 등의 방침은 새로운 국가의 건설을 위한 준비 과정이었으며, 또한 '혁명'의 무게중심이 '구질서 타도'에서 '신질서 건설'로 옮겨가고 있음을 의미했다. 중국공산당의 도시 접관 정책 역시 건국을 염두에 둔 1948년 이후 정책 변화의 흐름 속에서 구체적인 모습을 갖춰 나가기 시작했다.

3. 도시 접관 정책의 형성

양자거우 회의, 곧 1947년 '12월 회의' 이후 나타난 몇 가지 정책 변화 가운데 특히 '상공업 회복을 통한 경제 발전 추구'라는 새로운 방침은 중국 공산당의 도시 접관 정책 형성과 관련하여 매우 중요한 의미를 갖는다. 당시 중국의 상공업 자산 자체가 압도적으로 도시에 편중된 탓에 관련 정책들이 도시를 주요 배경으로 삼을 수밖에 없었기 때문이기도 하고, 게다가 도시의 상공업 자산을 보호하고 그 경제를 발전시키기 위해서는 그와 관련된 정치·사회·문화·노동 등 기타 여러 방면의 정책들을 조율할 필요가 있었기 때문이다. 장기간 유지해온 '농촌 중심의 혁명 노선'을 버리고 '도시 중심의 혁명 노선'으로 이행할 것을 천명한 1949년 3월의 제7기 2중전회에서도 중국공산당은 '도시의 모든 공작은 공업 생산의 회복 및 발전에 종속됨'을 천명했다.[8] 이처럼 중국공산당은 '도시 경제의 회복 및 발전'이라는 큰 틀에서 목표를 설정하고, 이를 실현하기 위한 구체적인 방법으로 도시 접관 정책의 내용을 채워가기 시작했다.

도시 상공업의 회복 및 발전을 위한 도시 공작의 중요성이 강조되던 무렵인 1948년 4월에 마오쩌둥은 도시 접관 정책의 기본적인 틀을 처음 제시했다. 뤄양洛陽의 전선사령부前線司令部 앞으로 보낸 전보에서 그는 다음과 같은 접관 방침을 하달했다.

① 국민당 통치 기구의 '청산'을 신중히 처리할 것.
② '관료자본'을 명확히 규정하여 국민당원 소유의 상공업 자산 전부를 몰수하지는 말 것.
③ 농민들이 도시로 가서 지주에 대한 청산 투쟁을 전개하지 못하도록 할 것.
④ 입성 이후에 임금 인상, 노동시간 단축 등의 구호를 경솔하게 제기하지

말 것.

⑤ '민주개혁'과 생활 여건 향상을 위한 투쟁에 시민들을 성급히 동원하지
   말 것.

⑥ 국민당원과 삼민주의청년단원은 반드시 검열하여 등록시킬 것.

⑦ 어떤 형태의 생산 설비도 파괴하지 말고, 소비 물자를 낭비하지 말 것
   등.[9]

이와 같은 몇 가지 주요 방침의 요지는 기본적으로 도시 접관에 따른 정
치적 혼란과 경제적 피해를 최소화하는 데 있었다. 내전 승리의 가능성이 높
아지자 중국공산당은 도시의 장기 점령을 전망하면서 도시를 '소비'의 공간
이 아닌 '생산'의 공간으로 전환하겠다는 목표를 설정했고,[10] 이를 실현하는
과정에서 가급적 상공업에 피해가 가지 않는 방향으로 접관 정책을 입안했
던 것이다.

이후 지난濟南, 선양瀋陽, 톈진天津, 베이징北京 등 주요 대도시의 접관 경험
이 축적됨에 따라 중국공산당의 접관 정책도 더욱 구체화되었다. 1949년 4월
에 창강長江 도하작전을 앞두고 결정된 장난江南 지역 도시들에 대한 접관 방
침, 그리고 「해방군총부약법팔장解放軍總部約法八章」의 주요 내용에는 다음과
같은 항목이 있다.

● **군사 관제**

① 인구 5만 명 이상의 도시에서는 군사 통제를 실시한다. 군사관제위원회
   軍事管制委員會의 주관하에 저항 세력 숙청, 사회질서 확립, 정권 건설 등
   의 '기본 임무'를 수행한다. 군관회軍管會는 병력을 배치하여 각종 시설

을 보호하고, 공영기업과 공공기관들을 신속히 접관하여 '원직원신原職
原薪(기존 직원들을 원래의 직위에 유임시키고 그들에게 원래의 봉급을 준다)'의 원칙
에 따라 생산을 재개한다.

② 입성 부대에게는 상공업 자산을 보호할 책임만 있으며 이를 몰수하여
처리할 권한은 없다. 또한 어떠한 기기나 물자도 시외로 반출할 수 없
다.

● 물자 및 기업의 접관

① 관료자본 및 공공기업의 설비와 자산은 '상급 단위부터 하급 단위로, 각
기관별 계통대로, 원상태 그대로 유지한 채 통째로 접수한다(自上而下, 按
照系統, 原封不動, 整套接收)'는 원칙에 따라 일률적으로 접수한다. 기업의 기존
제도와 조직은 그대로 유지하며, 군관회는 생산을 감독하기만 하고 직
접 개입하지 않는다.

② 사영기업과 모든 민족자본은 일률적으로 보호하며, '공영경제와 사영경
제를 함께 배려하고, 노동자와 자본가가 함께 이익을 누리도록 한다(公
私兼顧, 勞資兩利)'는 방침에 따라 노동자의 처우를 개선하되 경제적 피해를
방지한다.

● 정치·언론·문화기관의 접관

① 국민당과 삼민주의청년단 등의 '반동 조직'은 모두 해산하고 모든 자산
과 자료를 압수한다. 다만 국민당 기관의 인원이나 보갑保甲 인원 중 인
민정부의 법을 충실히 따르는 자는 체포하지 않고, 그중에 능력이 있는
자들은 교육을 실시한 후 등용한다.

② 각계인민대표회의各界人民代表會議를 조직하여 시정부와 인민 사이의 매
개로 삼는다.

③ '반동적' 성향의 언론 매체는 모두 몰수하여 폐쇄하고, 기타 개별 매체는 모두 등기登記하여 시정부 감독 아래 계속 운영한다.[11]

주요 부분만 추렸음에도 이 무렵의 접관 정책 역시 기본적으로 1년 전인 1948년 4월 마오쩌둥이 제시한 정책 방향을 충실히 계승하면서 내용 면에서는 더욱 구체화되었음을 볼 수 있다. 군사적인 통제 아래 사회질서를 유지하면서 관료자본을 몰수하되, 일반 민간자본에 대한 무분별한 접수 및 분배를 제한하고, 최대한 기존의 기업 운영 방식과 인력을 유지함으로써 생산의 피해를 최소화하는 방향을 취하고 있는 것이다. 특히 정치적인 방면에서는 국민당과 삼민주의청년단, 보갑 등 명백한 '반동 조직'은 철저히 해체하되, 그 인원 중에서 '죄질이 무겁지 않은' 이들은 새로운 시정부에서 계속 활용한다든지, 도시사회 각 분야의 대표들로 구성된 각계인민대표회의를 조직함으로써 당·정기관과 인민을 매개하는 수단으로 활용한다는 등의 방침이 포함되었다. 이는 대도시 접관의 경험이 축적되면서 중국공산당의 접관 정책이 한층 구체화된 결과라고 할 수 있다.

중국공산당의 이러한 정책적 방향은 베이징 접관을 준비하고 있던 간부들을 대상으로 실시한 예젠잉葉劍英의 다음과 같은 보고에서도 명확히 확인된다.

'접接'과 '관管'의 관계를 명확히 해야 합니다. 과거에는 이 점을 명확히 알지 못하여 '접'과 '관'을 분리함으로써 그 완전성을 파괴하였습니다. 의복을 접관하면서 단추를 모두 뜯어내는 식이었으니 일을 번거롭게 만들었습니다. 우리는 '접수'할 때 반드시 '관리'를 고려해야 합니다. '접수'는 '관리'를

인민해방군의 베이징 입성(1949. 2. 3)

1949년 1월 22일에 푸쭤이傅作義가 중국공산당이 제시한 조건을 수락함으로써 베이징의 평화적 인계가 확정되었다. 이후 약 열흘간의 준비를 거친 뒤 2월 3일에 인민해방군이 정식으로 입성하였다.

위한 것입니다. '접'은 일시적인 것이고 '관'은 장기적인 것이며, '접'은 '관'

에 종속되어야 함을 인식해야 합니다.[12]

요컨대 오직 도시 접수에만 집중했던 과거와 달리, 앞으로는 도시의 향후 관리를 염두에 두면서 당장의 접수 작업을 진행해야 한다는 말이다. 이는 곧 눈앞의 물질적 이익만 생각하며 도시 자산을 접수하거나 분배함으로써 "단추를 모두 뜯어"냈던 과거의 방식에 대한 비판이었다. 또한 접관 정책의 주안점을 바로 얻을 수 있는 정치적·경제적 이익보다 '도시 경제의 회복 및 발전'이라는 장기적 관점에 두어야 한다고 강조한 것이었다.

중국공산당은 건국의 계획이 갖춰질 즈음 1948년 초부터 몇 가지 방면에서 정책적 변화를 시작했는데, 1948년 4월 이후 점차 틀을 잡아 나간 도시 접관 정책 역시 이러한 전체적 배경과 무관하지 않다. 접관 정책은 건국을 앞둔 정책 변화의 핵심 목표라 할 만한 '도시 경제의 회복 및 발전'이라는 큰 틀의 목표를 실현하기 위한 좀 더 구체적인 차원의 정책이기도 했다.

4. 도시 접관 정책과 신민주주의론

건국을 앞두고 이루어진 전반적인 정책 변화의 과정에서 형성된 도시 접관 정책은 새로운 국가에 대한 중국공산당의 이론적 구상에 토대를 두었다. 주지하듯이 중화인민공화국 건국의 이론적 배경은 마오쩌둥이 1939년 말부터 제기한 신민주주의론에 기초하고 있다. 중화인민공화국 탄생의 요람이 된 중국인민정치협상회의中國人民政治協商會議에서 통과된 「공동강령」의 '서언' 에는 "신민주주의, 즉 인민민주주의를 중화인민공화국 건국의 정치적 기초"로 삼는다고 명시되어 있으며, '서언' 이하 각 정권 기관과 경제정책 등에 관한 조항에서는 신민주주의의 분야별 실천을 위한 방침들이 서술되어 있다.[13] 따라서 지금부터는 신민주주의론의 핵심 내용을 검토하고, 신민주주의론과 도시 접관 정책의 관련성에 대하여 살펴보도록 하겠다.

마오쩌둥은 중국혁명의 성격을 반제국주의의 '민족혁명'이자 반봉건 '민주혁명'으로 규정하면서, 중국혁명의 단계는 기본적으로 부르주아지 민주주의 혁명에 해당된다고 보았다. 다만 그는 제1차 세계대전과 러시아혁명 이후 세계 민주주의혁명에 변화가 나타났고, 중국에서도 5·4운동 이후 이러한 변화가 현실화되어 프롤레타리아트의 지도하에 '여러 혁명 계급'의 연합 독재를 통하여 민주주의혁명을 수행하는 '신민주주의혁명'의 조류가 형성되었다고 보았다. 신민주주의혁명은 부르주아지 민주주의혁명의 성격과 프롤레타리아트 사회주의혁명의 성격을 동시에 갖고 있으며, 국영경제와 합작경제로 대표되는 사회주의경제와 함께 자본주의경제의 성장도 견인하게 될 것이라고 전망했다. 중국공산당의 과제는 신민주주의혁명을 완수한 뒤 "일체의 필요한 조건들이 구비되었을 때" 사회주의혁명의 단계로 나아가는 것이 되었다.[14]

이와 같은 신민주주의론의 내용을 정치적 측면과 경제적 측면에서 구체화한 것이 '인민민주통일전선'과 '혼합경제' 정책이었다. 마오쩌둥이 1949년 6월 30일에 발표한 「인민민주독재를 논하다(論人民民主專政)」에는 신민주주의혁명을 실천할 '혁명 세력'의 범위와 그 국체國體를 언급한 대목이 있다. 노동계급과 농민계급, 도시 프티부르주아지, 민족부르주아지의 네 계급이 단결하여 노동계급의 지도하에 통일전선을 결성함으로써 노농연맹 기초의 '인민민주독재' 국가를 건설한다는 것이다. 이 네 계급이 '인민'을 구성하여 제국주의의 주구, 지주, 관료자본가, 국민당 반동파 등에 대하여 독재를 실행하고, '인민' 내부에서는 민주 제도를 시행한다는 구상이었다.[15]

신민주주의 경제 역시 인민민주통일전선의 계급적 기반과 밀접한 연관을 갖고 있다. 마오쩌둥은 신민주주의 경제 정책의 '3대 강령'으로 '봉건지주의 토지 몰수 및 분배', '관료자본의 몰수 및 국유화', '민족 상공업의 보호'를 내세우고, 신민주주의혁명 단계에서는 중소자본가의 존재와 발전이 필요하다고 강조했다.[16] '공사겸고公私兼顧(공영경제와 사영경제를 함께 배려한다)'와 '노자양리勞資兩利(노동자와 자본가 모두에게 이익이 되게 한다)'의 방침 아래, 신민주주의 경제는 국영경제와 합작사경제, 사영경제의 동시성장을 통한 경제발전을 추구하는 전략이었다. 아울러 노동계급이 인민민주통일전선을 지도하듯이, 이 혼합경제의 구상에서도 전체 국가경제를 이끌어 나가는 중심은 국영경제로 설정되었다. 1949년 4월, 당·정 건설 작업을 총괄하던 류사오치劉少奇의 이른바 '톈진강화天津講話'는 중국공산당의 이러한 경제 정책을 충실히 구현한 것이었다.

1948년 초부터 구체화되기 시작한 건국 구상은 이러한 신민주주의론을 이념적 배경으로 삼아 이루어졌으며, 따라서 그 과정에서 구체화된 도시 접관 정책 역시 그 이론적 배경의 테두리 안에 있었다. 신민주주의혁명의 주요 과제인 '반反봉건'이 농촌의 토지개혁을 통해 실현되었다면, 또 다른 과제인 '반反관료자본'과 '사회주의의 물질적 토대 창출'은 도시에서 실천을 통해 실현시킬 일이었다. 혁명의 대상이 되는 관료자본가 계급이 주로 도시를 기반으로 삼고 있었고, 물질적 토대의 구축을 위한 공업화 역시 도시를 주요 무대로 수행되어야 했기 때문이다. 따라서 중국공산당에게 도시 접관은 국공내

1950년대의 마오쩌둥과 류사오치
류사오치(왼쪽)는 중화인민공화국 건국 과정에서 정치적으로 매우 중요한 역할을 하였다. 하지만 이후 사회주의 국가 건설의 노선을 둘러싸고 마오쩌둥과 경쟁관계에 놓이게 되었고, 결국 문화대혁명 시기에 박해를 받아 사망하였다.

전의 최종 승리를 위해 쟁취해야 할 과제일 뿐만 아니라, 동시에 신민주주의 혁명의 궁극적 실천을 위한 임무이기도 했다.[18] 실제로 앞에서 살펴본 도시 접관 정책의 주요 내용을 통해 볼 때, 다음과 같은 점에서 우리는 그것이 신민주주의론에 기초한 혼합경제론과 인민민주통일전선론에 근거하여 세워졌음을 확인할 수 있다.

먼저, 도시에서의 혼합경제 구상은 접관 정책 속에서 매우 명확한 형태로 드러난다. 앞에서 신민주주의 경제론의 '공사겸고' 및 '노자양리' 방침을 살펴보았는데, 중국공산당은 도시 접관 정책을 세울 때 이를 실천하기 위하여 국민정부의 기존 국유자산과 관료자본을 모두 몰수하되 사영기업과 모든 민족자본은 일괄적으로 보호한다는 지침을 수립했다. 중국공산당은 도시 정책의 목표를 '보호'와 '건설'로 설정하고, 관료자본의 공장과 상점, 주요 전범의 재산 등은 몰수하여 국유화하되 몰수 전에 반드시 상급 당·정기관의 승인을 받도록 했으며, 그 경우를 제외한 모든 상공업 자산에 대해서는 몰수를 일절 금지했다. 또한 몰수한 자산을 도시 노동자와 빈민들에게 분배하지 않고, 생산의 지속과 회복을 위해 군사관제위원회의 엄격한 관리 아래 두도록 했다.[19] 즉, 신민주주의혁명의 과정 중 몰수 대상이 된 관료자본에 대해서는 무분별한 몰수와 분배를 방지하고자 군사관제위원회의 엄격한 관리 아래 생산 재개에 주력하도록 하고, 그 밖에 개인 소유의 상공업 자산에 대해서는 몰수를 일절 금지함으로써 사영경제의 회복과 발전도 도모했던 것이다. 중국공산당의 도시 접관 정책은 기존의 관료자본을 몰수하여 국영경제의 중추로 삼는 반면 민간의 일반 개인자본과 합작사는 보호하려 했는데, 이것이 곧 신민주주의론의 혼합경제 구상이 구체화된 내용이었다.

다음으로, 신민주주의론의 인민민주통일전선 구상은 도시 접관 정책 속에서 각계인민대표회의의 설립 방침으로 구체화되었다. 중국공산당이 '각계대표회' 또는 '각계인민대표회의' 등의 명칭을 내세워 더욱 광범위한 사회 집단과 계층을 포괄하는 대표 제도를 구상하게 된 것은, 인민해방군이 점차 더 많은 도시를 장악하면서 도시 접관 정책도 더욱 구체화되었던 1948년 후반 무렵이었다. 몇몇 대도시에서 통치 경험이 축적되자 중국공산당은 '군중과의 연계'를 강화하기 위한 방안으로 도시 점령 초기에 각계대표회의를 소집한다는 방침을 수립했다. 이 각계대표회의는 군사관제위원회와 시정부로부터 초빙된 사회 각계의 대표들로 구성되는 일종의 협의 기구였다. 각계대표회의의 권한은 당국의 정책에 대해 토의하고 당국의 정책을 도시 각계의 군중에게 전달하는 것으로 설정되었다.[20] 이러한 구상에 따라 중국공산당은 1948년 겨울과 1949년 봄에 걸쳐 각지에서 인민대표회의를 개최하고, 그와 동시에 몇몇 시범 지역을 골라 정식 선거를 실시하여 1949년 가을 이후에는 이를 전면적으로 확대 시행한다는 계획을 세웠다.[21] 중국공산당은 각계인민대표회의라는 제도적 장치를 마련함으로써 정권 창출의 정통성을 확립하고 나아가 새로운 국가와 통치 체제의 수립을 준비했던 것이다.

각계인민대표회의는 신민주주의론의 정치적 표현인 '인민민주독재'의 실천을 위한 형식으로서 인민대표회의 제도에 기초하고 있다. 중국공산당이 각계인민대표회의를 통해 시행하고자 했던 인민대표회의 제도는 서구식 의회 제도와도 다르고 소련의 소비에트 제도와도 달랐다. 마오쩌둥이 제기한 '인민민주독재'의 개념이 제국주의·봉건주의·관료자본에 반대하는 '자유자산계급自由資産階級'의 대표까지 '인민'의 범주에 포함시킴으로써 레닌의 '노농연맹'과 구분되었듯이, 각계인민대표회의 제도는 민족부르주아지와 프티부르주아지를 정권 구성에 포함시킨다는 점에서 소련의 노농병 소비에트 제도와 구분되었다.[22] 즉, 각계인민대표회의는 노동자와 농민, 민족부르주아지, 프티부르주아지라는 네 '혁명 계급'의 연합을 혁명(국가 건설)의 주체로 설정한 신민주주의론의 구체적 실천이기도 했던 것이다.

5. '인민민주통일전선'의 실천: 베이징시 각계인민대표회의

이제부터는 인민민주통일전선의 한 사례로 베이징 접관 초기의 각계인민대표회의를 살펴보자.

베이징에서 얻은 접관 경험은 중국공산당이 도시 접관 정책을 확립하는 데 매우 중요한 계기를 제공했다. 새로 수립될 국가의 수도로 내정되었다는 점에서 베이징 접관의 중요성이 크기도 했지만, 1948년 중반 이래로 몇몇 도시들을 접관하는 과정에서 축적된 경험, 그리고 그에 기초하여 수립된 중국공산당의 접관 정책이 베이징이라는 대도시를 접관하면서 크게 보완되었기 때문이다. 베이징 접관의 경험은 하나의 정형화된 모델로 집약되어 이후 중국 남부 도시들에 대한 접관 정책의 뼈대를 이루었다. 이 글에서 베이징을 사례로 선정한 이유이기도 하다.

베이징은 스자좡石家莊, 상하이上海, 타이위안太原 등과 함께 각계인민대표회의가 일찍 개최된 도시 중 하나였다. 새로운 국가의 수도로 이미 내정된 터라 그 어느 지역보다 신속히 대표회의를 소집해야 했을 것이며, 게다가 시장 예젠잉의 광둥廣東 이임이 예정되어 있는 상황이라 대회 소집을 서둘러 마무리할 필요도 있었기 때문이다.[23]

베이징의 첫 각계인민대표회의는 1949년 8월 9~14일까지 중산공원中山公園 중산당中山堂에서 거행되었다. 각계대표회의의 권한과 의무는 군사관제위원회와 시정부의 시정 방침·정책·계획 등에 관한 보고를 청취하고 이를 군중에게 전달하는 것, '각계 인민의 의견과 요구'를 시정부에 전달하는 것, 군사관제위원회와 시정부의 인민 동원에 협조하는 것 등이었다. 여타 도시의 각계인민대표회의와 마찬가지로 당시 베이징의 각계대표회의에서 주로 논의된 것은 생산의 회복 및 발전에 관한 문제였다. 산업 원료를 어떻게 공급할 것인지, 생산품의 판로는 어떻게 확보할 것인지, 노사관계는 어떻게 조정할 것인지, 도시의 식량은 어떻게 공급할 것인지 등, 경제 활성화를 위한 방안 모

중산공원 중산당

중산당은 영락 19년(1421)에 지어졌으며, 원래의 명칭은 '拜殿'이었다. 명·청 시대에 황제들이 제사를 지낼 때 휴식을 취하거나, 악천후 시에 실내 제사 공간으로 사용되었다. 1925년에 쑨원孫文이 사망하였을 때 이곳에 영구를 안치했기 때문에, 1928년에 쑨원을 기리기 위해 이곳의 명칭을 '중산당'으로 변경했다. 1949년 8월의 첫 베이징시 각계인민대표회의가 개최된 장소이기도 하다.

색이 주요 토의 사항이었고, 이 밖에도 청결이나 위생 문제와 같이 주민의 일상생활과 관련된 구체적인 문제도 함께 논의되었다.[24]

　　제2기 각계인민대표회의 제1차 회의는 중산당에서 1949년 11월 20~22일까지 개최되었다. 이때부터 베이징시 각계인민대표회의는 마오쩌둥의 지시에 따라 인민대표대회의 직권을 대행했으며, 시정부의 각종 정책 및 보고에 대해 승인하는 일을 맡았다. 아울러 13명으로 이루어진 베이징시 인민정부위원회(시장 녜룽전聶榮臻, 부시장 장여우위張友漁·우한吳晗)도 정식 선출되었다. 이는 베이징에서 처음으로 인민대표대회 제도의 운영 원리에 따라 시정부가 구성되기 시작한 분기점이었다. 이후 제2기 각계인민대표회의는 1950년 2월에 제2차 회의, 8월에 제3차 회의, 12월에 제4차 회의를 개최하여 1950년도 업무 계

획과 집행 경과 등에 관한 시정부의 업무 보고를 통과시켰다.[25]

제3기 각계인민대표회의는 1951년 2월부터 1952년 8월까지 활동했다. 2월의 제1차 회의에서는 중국공산당 베이징시위원회 서기이기도 했던 펑전彭眞이 새로운 시장으로 선출되고, 29명으로 이루어진 새로운 베이징시 인민정부위원회가 구성되었다. 1952년 8월에 제4기 각계인민대표회의 제1차 회의가 개최되기 전까지 약 18개월 동안 총 세 차례의 회의(2월·6월·12월)가 소집되었으며, 주로 시정부의 1952년도 주요 업무와 재정 현황, 시정市政 건설, 항미원조抗美援朝 운동, 진반鎭反 운동(반혁명진압운동), 삼반三反 운동(부패·낭비·관료주의 반대운동) 등에 관련된 보고 및 의결이 이루어졌다.[26] 특히 제3기 각계인민대표회의의 대표들은 제2기 각계인민대표회의 제4차 회의에서 결정된 대로 인민대표의 다수가 선거를 통해 선출되었다. 일부 당연직 대표와 초빙 대표들을 제외하고, 이때부터 인민단체 대표, 국영공업기업 대표, 지역대표 등을 뽑는 선거가 실시되었으며, 그 결과 제3기 인민대표 519명 가운데 83%에 달하는 431명이 직접선거 또는 간접선거로 선출되었다.[27]

제4기 각계인민대표회의는 1952년 8월 11일에 처음 소집되었고, 베이징의 첫 인민대표대회가 개최된 1954년 8월 17일까지 약 2년간 활동했다. 제1차 회의에서는 33명으로 이루어진 새로운 베이징시 인민정부위원회(시장 펑전, 부시장 장여우위·우한)가 선출되었다. 베이징시 전체 인민대표 555명 중에서 공산당원의 비중은 43%에 달했다. 1953년 8월에 제2차 회의, 10월에 제3차 회의, 1954년 6월에 제4차 회의가 개최되었으며, 주로 애국증산절약 운동, 문맹퇴치 운동, 애국위생 운동, 금독禁毒 운동(아편퇴치운동) 등이 논의되었다.[28]

이처럼 1954년 8월에 제1기 베이징시 인민대표대회가 개최되기 전까지 베이징에서는 총 4기의 각계인민대표회의가 구성되어 그 권한을 대행했다. 인민대표대회와 같은 보통선거의 원칙이 적용되지는 못했지만, 베이징시 각계인민대표회의는 선출 대표의 비중을 점차 늘리면서 시정부위원회 선출, 시정부 보고 청취 및 승인, 당·정 정책 하달, 여론 상달 등 인민대표대회의 기능을 대행하였다. 인민대표대회 시스템을 정권 구성의 기본 원리로 삼은 중국 공산당으로서는 정식 인민대표대회를 개최하기 전까지 각계인민대표회의를 통하여 정치적 정통성을 확보하려 했던 셈이다. 이런 점에 비춰 각계인민대표회의는 보통선거를 통한 인민대표대회의 개최가 어려웠던 상황에서 시행된 과도기적 조직 형식으로 평가받기도 한다.[29]

하지만 필자는 각계인민대표회의와 인민대표대회 사이에는 인민대표의 선출 방식에 따른 차이 외에도 또 하나의 중요한 차이가 있음을 강조하고 싶다. 그 차이란 바로 전자가 '각계 인민'의 대표체라면, 후자는 '인민'의 대표체라는 점이다. 각계인민대표회의 체제에서는 사회 각계의 집단을 대표성 창출의 기본 단위로 설정하고 있는 반면, 인민대표대회 체제에서는 도시사회의 구성원들을 '인민'이라는 범주로 동일화하여 오로지 지역적 구분에 따라서만 대표성을 부여했다. 요컨대, 각계인민대표회의 제도는 신민주주의론에 기초한 인민민주통일전선론에 의거했던 반면, 인민대표대회 제도는 1953년의 '과도기 총노선' 선포 이후 본격화된 사회주의 건설 노선에 기초했기 때문에 이 같은 차이가 나타났다.

실제로 제1기부터 제4기까지 베이징시 각계인민대표회의의 대표 구성을 보면, '노동자와 농민, 프티부르주아지, 민족부르주아지 등 네 계급의 통일전선'이라는 신민주주의론의 정권 구성 원리가 비교적 충실하게 구현되어 있음을 확인할 수 있다. 제1기 각계인민대표회의의 대표 구성은 〈표 1〉과 같다.[30]

〈표 1〉 제1기 베이징시 각계인민대표회의의 대표 구성

대표	인원수	세부 구성
군관회 및 시정부	15	군사관제위원회(2), 시정부(13)
당파	24	중국공산당(5), 중국국민당혁명위원회(5), 중국민주동맹(5), 중국농공민주당(3), 구삼학사(3), 중국신민주주의청년단(3)
단체	169	공회(70), 농회(30), 민주청년연합회(10), 민주부녀연합회(10), 학생연합회(14), 중소학교직원연합회(12), 원교교직원연합회(12), 합작사(3), 의료공작자협회(8)
군대 및 기관	25	위수부대(10), 기관공작인원(중앙·화북·시/15)
소수민족	4	
기타	95	공상계(45), 신문계(4), 문예계(5), 노점상(2), 기타 애국민주인사(39)
총계	332	

* 괄호 안은 인원수.

'군관회 및 시정부' 대표 15명, '당파' 대표 24명, '군대 및 기관' 대표 25명 등 64명을 제외하면, 총 332명의 대표 중에서 268명은 베이징의 여러 사회계층과 집단을 포괄하고 있다. 특히 그 계급적 배경을 비교적 명확하게 특정할 수 있는 공회工會 대표 70명(노동자), 농회農會 대표 30명(농민), 공상계工商界 대표 45명(민족부르주아지), 각종 교직원 및 전문가 대표 41명(프티부르주아지)은 '네 계급의 통일전선'을 기초로 한 신민주주의적 정권 구성의 한 단면을 잘 보여준다. 제2기, 3기, 4기 인민대표의 구성 방식 역시 기본적으로 제1기의 구성을 토대로 세부 내용에서 약간의 조정이 이루어졌을 뿐이다.

반면, 1954년 8월에 처음 소집된 베이징시 제1기 인민대표대회의 구성은 전혀 다른 원리에 기반하여 이루어졌다. 전체 564명의 대표 중에서 10명의 인민해방군 대표를 제외한 나머지 554명은 모두 지역적 구분(區)에 따라 선출되었다(둥단구東單區 47명, 둥쓰구東四區 61명, 시단구西單區 54명, 시쓰구西四區 57명, 충원구崇文區 45명, 첸먼구前門區 42명, 쉬안우구宣武區 55명, 둥자오구東郊區 41명, 난위안구南苑區 20

명, 펑타이구豊臺區 23명, 하이뎬구海淀區 61명, 스징산구石景山區 12명, 징시쾅구京西鑛區 36명).

'인민'은 더 이상 다양한 사회계층이나 집단으로 구분되는 범주가 아니었으며, 하나의 균질적인 집단으로서 오직 거주 공간의 구분에 따라 대표성을 갖는 존재로 간주되었다. 각계인민대표회의 체제로부터 인민대표대회 체제로의 전환이 이루어진 시점이 바로 중국공산당이 신민주주의 노선을 버리고 사회주의 건설 방침을 공식화한 때이다. 그렇다면 각계인민대표회의 제도가 인민민주통일전선론에 입각한 신민주주의 혁명 노선의 제도적 구현이었다고 평가해도 무리가 없을 듯싶다.[31]

6. 1949년 중국혁명과 '신민주주의혁명'

중국공산당은 국공내전에서 열세를 보이다가 우세로 전환되자 1947년 말 무렵부터 건국을 염두에 두기 시작했다. 그리고 이는 1948년 초부터 시행한 여러 정책적 변화로 이어졌다. 정책 변화의 중심은 사회질서의 안정, 상공업의 회복 및 발전을 도모하는 데 두어졌으며, 이러한 새로운 정책 목표는 1948년 중반 무렵부터 형성된 중국공산당의 도시 접관 정책에도 적용되었다. 그런데 이러한 새로운 정책적 전환은 어디까지나 건국 구상과 맞물려 이루어진 만큼, 중국공산당의 도시 접관 정책 역시 신민주주의론의 이론적 토대에 기초했다. 신민주주의론은 정치적으로는 인민민주통일전선론에 기초한 '인민민주독재론', 경제적으로는 국영경제·합작사경제·사영경제의 동시 발전을 추구하는 혼합경제를 주요 특징으로 하는데, 이러한 특징들이 중국공산당의 도시 접관 정책에서는 각계인민대표회의의 개최, 관료자본 몰수 및 일반 개인 자본의 보호 등과 같은 방침으로 구체화되었다.

　도시 접관의 성공 여부는 중국공산당에게 중차대한 문제였다. 일차적으로는 국공내전에서 최후의 승리를 거두기 위해 기존의 농촌 근거지에 더하여 도시 지역을 점령한 뒤 안정적으로 관리하는 데 성공해야 했기 때문이다. 이차적으로는 당시 중국공산당의 혁명 노선인 신민주주의혁명의 성공적 수행을 위해 도시에서 반관료자본 투쟁과 사회주의 물적 토대의 축적을 달성해야 했기 때문이다. 중국공산당의 도시 접관 정책은 이러한 과제를 수행하기 위한 구체적인 전술이었으며, 그 점에 비춰 볼 때 도시 접관의 성공 여부는 중국공산당에게 국가 건설 전략의 성공 가능성을 가늠하게 해주는 중요한 시험대이기도 했다. 과거나 현재나 도시 정책은 중국공산당의 국가 건설 전략과 밀접한 연계 속에서 입안되고 실행되었다.

　신민주주의론은 개혁·개방 이후의 '사회주의 초급 단계론'과 표면적으로 유사한 까닭에 새롭게 주목을 받고 있다. 심지어 1950년대 중반 이후의 '성급한 사회주의화' 때문에 경제적으로 후퇴했다는 아쉬움 속에서 다시 신민주주의로 회귀해야 한다는 주장도 나오고 있다.[32] 마오쩌둥과 중국공산당이 신민주주의론을 표방한 것은 애초부터 정치적 필요를 위한 기만의 전술이었다는 관점도 제기되고 있지만,[33] 신민주주의 노선의 단명이라는 결과론적 관점에 근거하여 1949년의 중국혁명이 갖는 신민주주의혁명으로서의 성격까지 부정하기는 힘들 것이다.

수도 베이징의 '도심' 정하기
—'양진 방안'의 제기와 좌절

박경석

1. 건국 초기 베이징 도시 건설의 문제

개혁·개방 이후 중국은 경제발전을 최우선 목표로 설정하고, 목표를 달성하기 위해 경제적 자원을 분배하는 핵심 기제로서 시장경제를 도입했다. 고도의 경제성장과 함께 급속히 확산된 시장경제는 중국 사회를 크게 바꾸어 놓았고, 이는 '도시 공간'에서 가장 압축적이고 명시적으로 드러났다. 이 글은 '도시'를 통해 중화인민공화국 건국 이후 현재에 이르는 중국 사회와 경제의 역동적 변화를 파악하려는 의도에서 출발했다. 당, 국가, 사상, 정치운동, 계급 등에 대한 기존의 분석이 조명하지 못한 1949년 이후의 다양한 면모를 드러내고자 한다.

구체적으로 이 글은 건국 직후 '사회주의 시기'의 도시 건설 문제를 다룬다. 장기간 농촌에 근거지를 두고 활동했던 중국공산당에게 도시는 낯선 공간이었다. 그러나 근대적 국민국가 건설과 산업화의 주요 무대가 될 '도시 공간'에 대한 성공적 관리 여부는 중국공산당의 국가 건설이 성공하느냐 실

38 | 도시로 읽는 현대 중국 1 : 사회주의 시기

패하느냐를 가를 수 있는 중차대한 문제였다.

특히, 베이징北京의 도시 건설은 베이징이 수도首都로서 조속히 정치와 행정의 중심 역할을 감당해야 한다는 점에서 매우 시급하고도 핵심적인 과제였다. 이에 건국 직후 중앙정부의 각 기관이 들어설 행정중심구行政中心區를 어디에 배치할 것인가를 둘러싸고 베이징의 도시계획에 대한 논의가 비교적 활발히 전개되었다. 구체적으로, 기존의 구도심(古城)에 배치하자는 의견과 새롭게 신도시(新城區)를 건설하자는 의견이 서로 대립했다. 당시 제기된 후자의 주장을 이른바 '양진 방안梁陳方案'이라고 하는데, 이는 1950년 2월 량쓰청梁思成과 천잔샹陳占祥이 제출한 「중앙인민정부 행정중심구 위치에 관한 건의」라는 도시계획 방안을 말한다. 이 글에서는 바로 이 '양진 방안'을 중심으로 당시 베이징의 도시계획을 둘러싼 논쟁을 살펴보려고 한다.

'양진 방안'은 결국 실행되지 못했으나 중국 학계에서는 다양한 분야의 연구자들이 많은 관심을 보여왔다. 먼저 도시계획과 직접적으로 관련된 도시건축학이나 인문지리학 분야에서 많이 주목했다. 이 분야의 연구자들은 대체로 '양진 방안'이 당시 세계적 수준의 도시계획으로서 고성古城의 온전한 보호와 도시의 분산 발전을 도모했다고 높이 평가한다. 다만 '양진 방안' 자체는 매우 합리적이고 과학적이지만 그 무렵 중국의 재정 상황이나 기술 수준으로는 실천하기가 어려웠다고 지적한다.

'양진 방안'에 대한 높은 평가와 관심은 기본적으로 개혁·개방 이후 베이징의 난개발(攤大餅)과 무분별한 확장에 대한 문제의식에서 기인하고 있는 듯하다. 현재의 심각한 도시 문제에 대한 불만이 '양진 방안'에 대한 관심으로 이어지고 있는 것이다. 또한 새로운 도시 발전 모델의 창출과 전환을 강조하기 위해 '의례적으로' 역사적 경험을 끌어들이고 있다. 실제 '양진 방안'이 역사적 경험과 교훈을 연상시키는 데 적합한 측면이 있는 것도 사실이다. 하지만 해결책을 강구하는 데 구체적인 시사를 줄 수 있을지는 의문이다.

역사학 영역에서 '양진 방안'을 다룬 연구도 적지 않은 편이다. 대부분 량쓰청과 천잔샹을 회고하는 관점에서 '양진 방안'이 제출되는 과정과 그 핵심적인 내용, 그리고 결국 채택되지 못했던 저간의 사정 등을 밝히는 데 역점을 두고 있다.[1] 이 글에서는 기존의 연구 성과를 참고하면서 '역사적 맥락'에 좀 더 주목하여 접근해보려고 한다. 상대적으로 '양진 방안'에 대한 역사적 관점의 서술이나 고찰이 부족하다고 생각하기 때문이다. 요컨대, 베이징 또는 수도에 대한 도시계획은 '양진 방안'이 제출되기 이전의 국민정부 시기, 일본 점령 시기, 중일전쟁이 끝난 뒤 국민정부 시기에도 세워진 바 있고, 그 이후 이른바 '일오一五(제1차 5개년 계획第一個五年計劃)'시기와 문화대혁명 시기에도 수립된 바 있다. 따라서 '양진 방안'을 전후한 시기를 시야에 넣어 살펴보겠다는 말이다. 그뿐만 아니라 '양진 방안'의 전개와 관련해서도 건국 초기의 '시대적 성격'을 염두에 두면서 기존의 설명을 보완하고 진전된 평가의 가능성을 모색해보려 한다. 이를 통해 건국 초기 베이징 도시계획의 역사적 맥락을 이해하고, '양진 방안'의 제기와 좌절이 갖는 의미를 한층 면밀하게 살펴보겠다.

먼저 '양진 방안'이 제기되었다가 조기에 좌절되는 일련의 과정을 살펴본다. 이는 논지의 전개를 위해 필요할 뿐만 아니라, 그와 관련된 국내 연구가 전혀 없기 때문에 처음으로 소개하는 의의가 있다. 또한 '행정중심구'를 어디에 배치할 것인가의 문제를 둘러싸고 대립했던 소련 전문가 자문단과 베이징시 건설국建設局의 방안, 그리고 '양진 방안'의 내용을 정리하여 각 방안에 어떤 차이가 있는지를 드러낼 것이다. 이어서 중국공산당 지도부가 왜 '양진 방안'을 거부하고 소련 자문단의 제안을 수용했는지를 집중적으로 고찰한다. 마지막으로, 20세기 전반에 있었던 '수도 및 베이징의 중앙정부 행정중심구 건설'에 초점을 맞춰 '양진 방안'이 제기되는 역사적 맥락을 고찰할 것이다.

2. '양진 방안'의 제기와 좌절

'양진 방안'이 제기된 것은 무엇보다 중화민국 시기(1911~1949)에 '베이핑北 平'이라 불리던 베이징이 수도로 낙점되었기 때문이다. 베이징이 수도로 확 정된 후 '신중국'의 수도에 걸맞은 면모를 갖추기 위한 노력이 전개되었다. 쓰레기 청소, 상하수도, 하천, 교통, 전기, 주택, 녹화, 공장 등 여러 가지 문제 가 제기되었으나,[2] 가장 먼저 논쟁을 불러일으킨 문제는 중앙정부 '행정중심 구'의 위치였다. 베이징이 수도였던 베이징정부(1912~1928 중화민국 정부) 시기에 는 청대淸代부터 고성 안에 있던 주요 건물을 중앙정부 청사로 전용했고, 난 징 국민정부 시기(1927~1949)에는 난징에 수도를 두었기 때문에 문제될 것이 없었지만, 1949년 중화인민공화국의 건국과 함께 중앙정부 청사를 마련하는 일이 급선무가 되었던 것이다.

1) '양진 방안'의 좌절(1949~1952)

베이핑시 시장 녜룽전聶榮臻은 화난구이華南圭, 량쓰청, 류즈핑劉致平, 주자오 쉐朱兆雪 등 도시계획 전문가를 초청해 1949년 5월 8일 베이하이北海 공원의 회방재畵舫齋에서 '베이핑시 도시계획 좌담회'를 열고 도시계획 방안을 모색 했다. 이때 좌담회에서는 베이핑을 소비도시에서 생산도시로 변모시키는 방안과 함께 '서교西郊 신시구新市區'를 건설하는 방안이 논의되었다.[3] 또한 5월 22일에는 첫 번째 '베이핑시 도시계획위원회' 회의가 열렸는데, 건설국이 책임지고 '서교 신시구'를 측량하기로 했고, 량쓰청과 그의 학생들이 '서교 신시구' 설계 초안을 작성하기로 했다. '서교 신시구'는 중앙정부의 '행정중심구'가 들어설 베이징 서쪽 교외 지역의 신도시를 가리키는 것으로, 특히 량쓰청이 그 필요성을 역설했다.[4] 처음 도시계획을 논의하는 자리에서 '서교 신시구'가 거론되었다는 것은 량쓰청이 제기한 방안이 이미 전문가들에게 어느 정도 공감을 얻고 있었음을 의미한다. 량쓰청은 각종 회의에서 '서교 신시구' 구상을 여러 차례 제기한 바 있었으며, 이 구상이 나중에 천잔샹과 공동으로 제출한 이른바 '양진 방안'으로 이어졌다. 이처럼 중앙정부 '행정중심구'를 신도시에 건설하자는 구상은 비교적 일찍부터 제기되었다.

베이핑시정부는 중국인 전문가 외에도 소련의 도시계획 전문가를 초빙했다. 류사오치劉少奇가 소련 방문을 마치고 돌아온 직후인 1949년 9월 16일, 모스크바 소비에트 부주석 아브라모프(P. V. Abramov)가 이끄는 17인의 소련 전문가 대표단이 베이징에 도착했다. 그들은 베이징의 도시계획과 건설 문제 연구에 협조하는 임무를 맡았다.[5]

1949년 12월에는 베이징시 시장 녜룽전의 주재로 '베이징시 도시계획위원회'가 열렸다. 시정부 관계자와 소련 전문가 자문단, 중국인 전문가로는 량쓰청과 그가 추천한 천잔샹 등이 참석했다.[6] 회의에서는 먼저 소련의 도시계획 전문가 바란니코프(M. G. Barannikov)가 「베이징시 장래 발전 계획의 문제」를 보고하면서 중앙정부 '행정중심구'를 창안제長安街를 비롯한 구도심에 집중적으로 건설해야 한다고 주장했다. 게다가 소련 자문단을 대표하는 아브라모프도 「베이징 시정 개선에 관한 건의」를 제출하면서 량쓰청의 '신도시 개발 방안'을 비판하고 바란니코프 방안의 타당성을 강조했다. 회의에 참석했던 량쓰청과 천잔샹은 소련 측의 주장에 '경악'했다고 한다. '행정중심구'를 구도심에 건설한다면, 무엇보다 천년 고도의 면모가 크게 훼손될 것이 불을 보듯 뻔했기 때문이다. 결국 두 사람이 소련 측의 방안에 반발하면서 논쟁이 벌어졌고, 소련 대표단의 단장인 아브라모프도 량쓰청의 이의 제기에 적극적으로 반론을 펼쳤다.

회의가 끝나고 논쟁에 대응하는 차원에서 량쓰청과 천잔샹은 1950년 2월 「중앙인민정부 행정중심구 위치에 관한 건의」를 제출했다. 이른바 '양진 방안'이다. 아래 천잔샹의 회고는 이런 사정을 간명하게 설명해주고 있다.

> 1949년 10월 우리는 방안을 만들기 시작했다. 당시 소련 전문가들은 귀국하지 않고 계속 활동했다. 나중(12월)에 녜룽전 시장이 주재한 회의가 열리고, 거기서 우리는 반대 의견을 제출했다. 나와 량쓰청 선생은 의논을 했다. 그는 그의 의견을 말했고, 나는 나의 의견을 말했다. 회의 이후에 나는

계획도를 그렸고, 량쓰청은 글을 썼다. 이것이 방안이 나온 경과이다.[7]

회의 직후인 1949년 12월 19일, '양진 방안'이 정식으로 제출되기에 앞서 건설국 국장 차오옌싱曹言行이 부국장 자오펑페이趙鵬飛와 함께 「베이징 장래 발전 계획에 대한 의견」을 제출하여 소련 측 방안을 지지하는 입장을 표명했다.[8] 또한 '양진 방안'이 제출된 직후 건설국 소속의 엔지니어인 주자오쉐朱兆雪와 자오둥르趙冬日가 1950년 4월 「수도건설계획에 대한 의견」을 제출하여 역시 소련 측 방안을 지지했다.[9]

이상에서 살펴보았듯이, 1949년 말에서 1950년 초반에 이르기까지 중앙정부 '행정중심구'의 위치를 둘러싸고 구도심에 건설하자는 방안과 '서교'에 신도시를 개발하자는 방안이 대립했다. 전자를 주장하는 소련 자문단의 방안에 대해 후자를 주장하는 '양진 방안'이 맞서면서 상호 비판하는 형국이었다. 이 와중에 베이징 건설국은 소련 측의 방안을 지지했다.

1952년까지도 '행정중심구'의 위치를 둘러싼 논쟁은 절충점을 찾지 못했고, 더욱이 공식적으로 중국공산당 중앙의 승인을 얻은 도시계획 방안이 나오지도 못했다. 그러나 실제 건설은 행정중심구를 구도심에 둔다는 구상에 따라 안배되고 추진되었다. 창안제와 고성古城 여러 곳에 중앙정부 건물이 들어섰고, 문교구文教區에 대해서도 대체로 의견 일치를 보아 서북부 칭화대학清華大學과 옌징대학燕京大學을 기초로 건설되기 시작했다. 휴양원과 요양원은 시산西山에 짓기 시작했으며, 공장은 동교東郊에 건설했다.[10] 따라서 실질적으로는 1952년에 이미 '행정중심구'를 구도심에 두는 것으로 결정되었던 셈이다.

2) 베이징 도시계획 방안의 전개(1953~1966)

중앙정부 '행정중심구'의 위치를 둘러싼 논쟁이 실질적으로는 조기에 일단락되었다고 볼 수 있지만, 한국전쟁이 발발한 급박한 정세 속에서 최종적인 정책결정을 명문화하는 절차는 보이지 않는다. 이런 상황에서, 이후 베이징의 도시계획은 성벽의 존폐, 중앙행정부서 건물의 집중과 분산, 기존 도로망 체계의 유지 여부 등을 둘러싸고 매우 복잡한 양상을 보였다. 구체적으로 1953년부터 1957년까지 '제1차 5개년 계획' 기간에는 1953년 9월의 「베이징시 재개발과 확대 건설 계획 초안」(이하 「계획 초안」)[11]과 1957년 6월의 「베이징 도시 건설 총체 계획 초보 방안」(이하 「초보 방안」)[12]이 마련되어 있었다.

「계획 초안」은 1949년 이래 베이징의 도시계획에 대한 각종 견해를 총결하여 몇 가지 지도 원칙을 제출했다. 가장 중요한 원칙은 "베이징은 위대한 조국의 수도이므로 반드시 도시 전체의 중심 지역을 중앙 수뇌기관의 소재지로 삼아야 하고, 이는 도시 전체의 중심일 뿐만 아니라 전국 인민이 향하는 중심이 되어야" 한다는 것이었다. 강한 정치색을 띠었음을 알 수 있다. 또한 "고대부터 전해오는 건축물을 일괄적으로 부정하는 것은 옳지 않지만, 고건축이라고 해서 일괄적으로 보존하려는 것, 심지어 고건축이 우리의 발전적 관점과 방법을 속박하는 것도 지극히 잘못된 것인데, 현재 보이고 있는 주요한 경향은 후자"라고 하여 베이징 고성의 총체적 보존을 주장하는 '양진 방안'을 겨냥했다. 이 밖에 성벽의 존폐 논쟁을 암시하는 듯 "낡은 도시 구조(格局)의 제한과 속박을 타파해야" 한다고 주장했다. 그뿐 아니라 "베이징의 가옥은 대다수가 오래된 단독주택이므로 과다하게 제약을 받아서는 안 된다"는 원칙을 제시했는데, 이는 량쓰청이 문제점으로 지적했던 가옥 철거와 주민의 강제이주를 용이하게 하려는 의도로 보인다.

이렇듯 베이징시 당국이 1949년 이래 베이징의 도시계획에 대한 각종 견해를 총결하여 제시한 몇 가지 원칙은 '양진 방안'을 상당히 염두에 두고 있었다. 물론 당국은 량쓰청과 천잔샹의 제안에 반대하는 입장이었으므로 당연히 비판적일 수밖에 없었다. 그런데 그 비판적 견해는 정치적 성향을 강하게 띠면서 고성의 전통을 보호하려는 측의 주장을 무시해버렸다. 다시 말해 정치적 현실과 필요를 중시했던 것이다.

1957년의 「초보 방안」도 기본적인 입장은 1953년의 「계획 초안」과 일치한다. 다만 내용이 풍부해지고 구체화되었을 뿐이다. 특히 1953년의 「계획 초안」과 비교해, 1954~1956년의 재개발 과정에서 드러난 여러 가지 문제점과 그 대응 방안을 담고 있다. 예컨대, "재개발이 중지되는 사태가 일어났는데, 기존 가옥 철거가 과다하고, 주민을 안정적으로 이주시키는 것이 어려우며, 건설 비용이 과다해지는 문제가 발생했기 때문"이라고 진단했다. 량쓰청이 이미 지적했던 난개발 문제가 나타났음을 알 수 있는 대목이다. 난개발 심화의 문제점은 베이징시 당국이 1950~1962년까지 13년간의 도시 개발을 평가하여 1962년 12월에 작성한 「베이징시 도시 건설 총결 초안(13년 총결)」[13]이라는 보고서에서도 여실히 드러난다.

이후 주목할 만한 베이징의 도시계획 방안은 1964년 3월 국무원 부총리 리푸춘李富春이 작성한 「베이징 도시 건설 사업에 관한 보고」이다.[14] 베이징 도시 개발의 '4가지 모순'을 지적한 뒤 6가지 대응 방안을 제시했다. 특히 '행정중심구' 건설이 매우 부진하다는 지적이 이목을 끈다. "신속히 동서 창안제長安街 재개발 규획을 작성하여 창안제 연변에 사무용 건물과 대형 공공건물을 많이 건설해야" 한다고 했는데, 결국 철거 문제 때문에 1960년대 중반까지도 '행정중심구' 건설이 제대로 이루어지지 못했다. 이는 량쓰청의 '도시계획 원론'에 비춰 보았을 때 어느 정도 예견되었던 일이기도 하다.

　그렇지 않아도 진행이 저조하던 차에 1966년 '문화대혁명'이 시작되자 리푸춘의 방안은 실시되지 못했고, 베이징의 도시 건설은 무정부 상태로 빠져들고 말았다. 1966년 5월부터 1976년 10월까지 계속된 '문화대혁명'으로 인해 베이징의 도시 건설은 건국 이래 가장 엄중한 좌절과 손실을 입었다. 가장 먼저 '베이징시위원회'가 비판에 직면해 충격을 받았고, 기존의 도시계획 방안도 집행이 중단되었다. 나아가 '베이징시 도시계획관리국이 철폐되고, 도시 건설에 무정부주의가 범람하고, 본위주의가 성행하여 수도 건설에 커다란 혼란과 파괴가 조성되었다'고 한다. '문화대혁명' 시기에는 사실상 아무 대책도 없이 기존의 방안을 무조건 중단시켰다가 그나마 1970년대 들어 뭔가 새로운 일을 도모하려 했지만 우왕좌왕하다 세월만 허송한 형국이었다.[15]

　1953년 이후의 도시계획 방안에서 지적할 것은, 해당 시기에 '중앙정부 행정중심구의 위치'를 둘러싼 쟁점이 더 이상 거론되지 않았다는 점이다. 그렇다면 '양진 방안'과 관련된 논쟁은 1952년 이전 시점에서 종결되었고, 실질적으로는 구도심에 '행정중심구'를 건설하는 방안이 조기에 확정되었다고 할 수 있다. 더욱이 앞서 언급했듯이 1953년 이후의 도시계획 방안은 '강한 정치적 성향을 띠고 정치적 현실과 필요를 중시'했는데, 이는 '순수한' 도시계획의 원칙에 충실하려 했던 '양진 방안'과 대비된다.

3. '양진 방안'을 둘러싼 논쟁의 쟁점

이제 '중앙정부 행정중심구의 위치'를 둘러싸고 논쟁을 벌였던 소련 전문

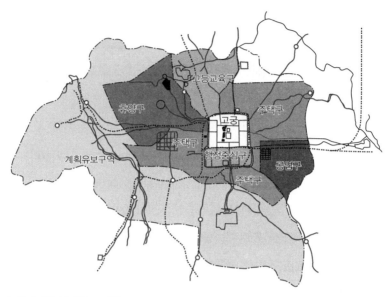

〈그림 1〉 베이징시 분구分區 계획

* 출처: 北京建設史書編輯委員會編輯部 編, 『建國以來的北京城市建設資料 第一卷 城市規劃(內部資料)』, 編者刊, 1995. 11, 5쪽.

가, 량쓰청과 천잔샹, 그리고 베이징시정부 건설국 등이 제기한 방안의 근거와 쟁점을 살펴보자.

1) 소련 전문가의 주장과 '양진 방안'의 반론

먼저 논쟁을 촉발한 소련의 도시계획 전문가 바란니코프가 제시한 방안을 살펴보자.[16] 이는 그가 제출한 「베이징시 장래 발전 계획의 문제」라는 보고서에 잘 드러난다. 보고서는 도시의 규모, 도시 구역의 분배와 배치, 도시계획과 건설에서 유의해야 할 사항 등을 서술하고 있는데, 문제가 된 '행정기관의 건물을 건축하는 일에 관해서'는 비교적 소략한 편이다. 〈그림 1〉에서 보듯이, 수도의 '행정중심구'를 동쪽 창안제長安街의 남쪽 도로변, 톈안먼天安門 광장의 오른편, 시피시西皮市에서 서쪽 창안제를 거쳐 푸유제府右街에 이르는 톈안먼 광장 왼편에 건설해야 한다는 주장이다.

여기에서 바란니코프가 가장 먼저 강조한 것은 톈안먼 광장의 정치적 상징성이었다. 다음과 같은 구절이 이를 잘 보여준다.

> 장래 도시의 외모가 파괴되지 않도록 가장 먼저 간선과 광장을 재개발해야 한다. 말하자면, 근래 열병식을 거행했고, 중화인민공화국 성립의 영광스런 전례를 치렀고, 인민이 행진을 함으로써 <u>역사성을 갖추게 된 톈안먼 광장 같은 것이다</u>. 이제 그것의 중요성이 더욱 증가했다. 따라서 <u>톈안먼 광장은 수도의 중심구가 되어야 한다</u>. 광장을 중심으로 주요 도로의 방향이 정해져야 한다. 이는 어떤 설계 전문가도 바꿀 수 없고, 어떠한 이유로도 바꿀 수 없는 것이다.[17](밑줄—인용자)

1949년 10월 1일 중화인민공화국 '개국대전開國大典' 행사를 거행하여 새로운 국가 수립의 상징이 된 톈안먼 광장의 정치적 상징성을 강조하고 있다. 이 정치색 짙은 관점은 「중국인민정치협상회의 강령」의 한 구절을 인용하면서 '행정중심구'의 건물이 '장구성'과 '기념성'을 가져야 한다고 강조한 부분에서도 드러난다.

그런데 정작 바란니코프의 보고서에는 '행정중심구'와 관련된 도시계획상의 조건이나 원칙을 언급한 내용이 거의 없다. 소련 전문가의 '양진 방안' 비판에서는 그렇지 않지만, 바란니코프의 보고서는 '행정중심구'에 관해 위와 같은 정치적 고려를 간략하게 언급하는 데 그치고 있다.

논쟁의 반대편에는 이른바 '양진 방안'이 있었다. '양진 방안'을 담은 보고서는 서두에 3개 항의 건의사항을 명시하고, 그 이유와 근거를 상세히 설명했다.[18] 첫째, 조속히 수도의 '행정중심구' 소재지를 결정해야 한다고 건의했다. '행정중심구'의 소재지를 결정해야 비로소 다른 구역을 배치할 수 있고, 도로 및 교통 체계도 계획할 수 있다는 것이다. 총체적인 계획이 수립되기 전에 개별적으로 도시개발이 이루어지면 혼란을 수습하기 어렵다고 강조했는데, 정말 그런 일이 실제 벌어졌다. 둘째, '서교西郊 신시구新市區'를 개발하여 '행정중심구'를 건립해야 하는 근거와 구도심(古城)에 건설해서는 안 되는 이유 등을 설명했다. 셋째, 현재의 재정 상황으로는 신도시를 개발하는 일이 불가능에 가깝다는 지적을 의식한 듯, '서교 행정구의 발전'은 재정 상황에 보조를 맞춰 점진적으로 실시할 수 있음을 강조했다.

위에서 언급한 세 가지 가운데 핵심적인 내용은 '신도시 개발' 방안의 타당성을 설명하는 둘째 부분으로, 여기에 대부분의 지면을 할애했다. 〈그림 2〉에서 보듯이 량쓰청과 천잔샹이 말하는 '서교 신시구' 방안을 한마디로 정리하면, 구도심은 원형을 유지하는 선에서 정돈하고 '서교 성벽 밖의 웨탄月壇에서 서쪽으로 궁주펀公主墳까지의 지역을 신도시로 개발해 중앙행정부서를 집중적으로 배치하자'는 것이었다.

량쓰청과 천잔샹은 먼저 수도의 행정기관 건설이 갖추어야 할 11가지 '객관적인 조건'을 열거하고, 구도심에 행정중심구를 건설해서는 안 되는 이유를 설명했다.

첫째, 베이징은 전통적인 도시계획의 원리에 따라 모든 배치 계통(布局)이 일정한 완결성을 가지고 있는데, 여기에 방대한 '행정중심구'가 들어서면 원래의 완결성이 파괴될 수밖에 없고, 이는 문물 보호의 원칙에 어긋난다는 것

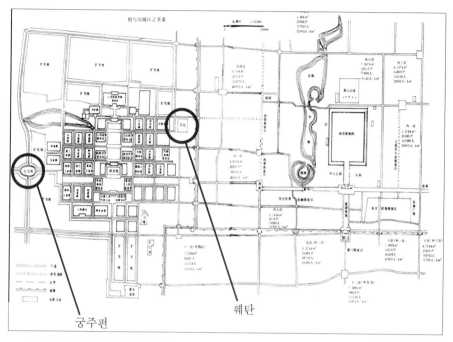

궁주펀   웨탄

〈그림 2〉 '양진 방안'의 '행정중심구' 배치도

* 출처: 徐亞東, 「探析"梁陳方案"及其對中國現代城市規劃實踐的影響」, 宁波大学 碩士論文, 2014. 6, 10쪽.

이다. 량쓰청은 평생을 중국 고대 건축 연구와 보호에 심혈을 기울여온 세계적인 건축사가建築史家로서,[19] 베이징 도시계획에 참여하기 직전인 1948년 4월에도 「베이핑 문물을 정리하고 보존해야 함(北平文物必需整理與保存)」이라는 글을 통해 "베이핑시의 완결적인 건축 배치와 구성은 도시계획, 역사, 예술의 관점에서 볼 때 세계적으로 보기 드문 보물"이라고 강조했다.[20] 이처럼 그가 '양진 방안'을 통해 '행정중심구'를 신도시에 건설하자고 주장한 것은 도시건축가로서의 오랜 학문적 지향에서 나온 소신이었다.

둘째, 다수의 고층 건물을 구도심에 건설하면 필연적으로 도심 과밀화와 난개발 문제가 발생한다는 것이다. 현대의 행정기관에 요구되는 면적은 예전의 황성皇城보다 훨씬 넓고, 향후 확대할 여지도 있어야 하는데, 구도심 안에서는 적당한 터를 찾을 수도 없고 충분한 면적을 확보할 수도 없었다.

셋째, 그 밖에 여러 현실적인 문제도 지적했다. 예컨대, 대지를 확보하기 위해 수많은 가옥을 철거하고 주민을 이주시켜야 하는데 이를 해결하기 쉽지 않다는 점, 많은 건물이 새로 들어서면 극심한 교통난이 발생할 것이라는 점, 각 행정기관을 분산 배치할 수밖에 없으므로 그에 따라 행정상 효율성이 떨어질 것이라는 점 등이다.

이어, 기존 도시와 인접한 서교 지역에 '행정중심구'를 건설한다면 위와 같은 문제를 전면적으로 해결할 수 있다고 강조했다. 무엇보다 고성의 문물을 잘 보호할 수 있으며, 결국 구도심과 신도시 모두를 온전하게 안배할 수 있다. 결코 톈안먼 광장이나 고성을 포기하는 것이 아니라는 말이다. 이와 관련하여 천잔샹은 "신도시(新城)를 건설하자고 제안하자 저들은 톈안먼을 포기하는 것이라고 여겼다. 그러나 행정중심을 밖으로 빼지 않으면 구도심(舊城) 위에 신도시를 짓게 될 것이고, 고도古都의 풍모가 파괴될 것"이라고 회고했다.[21]

서교 지역에 '행정중심구'를 건설할 경우 이점은 또 있었다. 대지를 충분히 확보할 수 있고, 이미 과밀화된 구도심의 인구를 분산할 수 있으며, 부서의 건물을 한곳에 모음으로써 행정의 효율성을 확보할 수 있다. 배후지에 주택가를 조성함으로써 교통 문제도 미연에 방지할 수 있고, 가옥 철거 및 주민 이주가 필요 없어 비용도 절약할 수 있다. 마지막으로, 서두에서 지적한 11가지 도시계획의 '객관적인' 조건을 적절히 만족시킬 수 있다고 강조했다.

사실 '서교 신시구' 구상은 1950년 '양진 방안'에서 처음 나온 것이 아니다.

1949년 5월 녜룽전이 개최한 좌담회에서 논의되었던 '서교 신시구'는 중일전쟁 시기 베이징을 점령한 일본 당국이 계획하고 추진했던 방안이었다. '양진 방안'은 일본인이 남긴 신도시 구상을 수용한 결과이다. 이는 일본 제국주의 침략을 옹호했다는 비판을 받을 수도 있었는데, 이를 역으로 보면 량쓰청이 '정치적' 고려 없이 '순수하게' 도시계획의 관점에서 베이징의 장래를 고민했다는 반증이 될 수도 있다. 신도시를 개발한 일본의 의도와 상관없이, 결과적으로 신도시 개발이 고성의 역사성을 온전히 보존하고 구도심의 인구를 분산하는 데 가장 적합했기 때문에, 제국주의의 침략을 옹호한다는 비판을 무릅쓰고 도시계획의 '순수한' 원리를 지켰다는 것이다.

2) '양진 방안'에 대한 소련 전문가의 비판

물론 '양진 방안'에 대한 소련 전문가 자문단의 반론도 만만치 않았다. 그 내용은 소련 자문단 대표인 아브라모프의 건의와[22] 발언에[23] 잘 나타나 있다. 양자의 내용은 대동소이한데, 한마디로 요점을 정리하면 "새로운 행정 건물을 현재의 도성 안에 건축해야 경제적으로 빠르게 정부기관을 배치하는 문제를 해결할 수 있다"는 것이었다. 나아가 경제성 및 효율성, 시급성의 관점에서 '양진 방안'을 비판했다.

구체적으로, '행정중심구를 도성 밖에 짓는 것이 경제적이라는 주장은 옳지 않다'며 '양진 방안'의 논리를 반박했다. 모스크바의 경험에 따르면 '행정중심구'를 조성하는 데 필요한 비용의 절반 이상이 상하수도, 전기, 전화, 도로, 학교, 병원, 목욕탕, 극장, 상점 등 기반시설 구축에 소요된다. 구도심에는 이미 기반시설이 갖추어져 있으므로 절반가량의 비용을 절약할 수 있다. 또한 일부 공무원은 이미 구도심에 살고 있어, 그만큼 주택을 추가로 확보할 필요도 없다. 반면에 기존 가옥을 철거하고 주민을 이주시키는 데는 전체 비용의 20~25%밖에 들지 않는다. 따라서 구도심이 신도시에 비해 전체 비용의 25% 이상을 절약할 수 있다. 가옥 철거 및 주민 이주를 감당하기 어렵다는 량쓰청의 지적에 대한 구체적인 반론인 셈이다.

그뿐만 아니라 '양진 방안'은 실제 소요되는 비용 이외에 시간적으로도 경제적이지 못하다고 지적했다. 요컨대 '양진 방안'을 따를 경우 '몇십 년이 지나야만 신시구를 베이징 시내와 같이 만들 수 있다'고 하여, 베이징의 시급한 수요를 효율적으로 충족시키려면 구도심에 '행정중심구'를 지을 수밖에 없다는 것이었다.

량쓰청이 특별히 강조한 베이징의 '역사적 원형(완결성)'을 보호해야 한다는 주장에 대해서도 다른 견해를 제시했다. '전통을 가진 고건축을 보호해야 한다는 량쓰청의 의견에 동의'한다고 전제했으나, 곧이어 '현대적 기술과 새로운 요구에도 부합하도록 해야 한다'고 덧붙임으로써 '보호'보다는 건국 당시 시급했던 개발 수요에 방점을 찍었다. 같은 맥락에서 아래 언급은 '신중국 수도의 중요성 또는 위상'을 높여야 하는 건국 초기의 현실적 정치적 필요를 강조하고 있다.

> 베이징이 역사성을 가지고 있지 않다면 재개발을 포기하고 정리해버릴 수도 있다. 그러나 베이징은 매우 아름다운 도시이다. 아름다운 고궁, 대학, 박물관, 공원, 강과 바다, 곧은 대로와 귀중한 건물 등이 있고, 몇백 년의 수도로서 면모를 갖추고 있다. 양호한 행정 건물을 짓고, 광장과 가도를 잘 정돈한다면, 신중국 수도의 중요성을 높일 것이다.[24] (밑줄—인용자)

아브라모프는 현실의 정치적 필요와 관련하여 발언 말미에서 '많은 문제들은 정치의 방향에 따라 결정되는 것'이라고 했는데, 이 역시 '행정중심구'의 위치를 결정하는 데 '신정부의 정치적 지향'을 우선적으로 고려했음을 암시한다. 그는 실제로 중국공산당 베이징시위원회 서기 펑전彭眞으로부터 '정부 기관은 성내城內에, 정부의 부차적인 기관은 신시구에 건설해야' 한다는 마오쩌둥의 뜻을 전해 듣고 '그 결정이 매우 정확하고 가장 경제적'이라고 말했다.

소련 전문가의 방안과 '양진 방안'이 대립하는 가운데 베이징 도시계획 방안의 실무 담당 부서인 베이징시 건설국은 소련 자문단의 방안을 적극적으로 지지했다. 국장 차오옌싱과 부국장 자오펑페이는 "국민경제의 상황, 현실적 수요와 가능한 조건 등을 고려해보았을 때 소련 전문가가 제출한 방안이 합리적"이라 생각한다고 밝혔다. '양진 방안'에 대해서는 "주관적 바람에 편중되어 있고, 실제 가능한 조건을 충분히 고려하지 않아 채택할 수 없다"고 비판했다.[25] 그 비판의 근거도 소련 자문단이 지적한 비용과 시간의 문제를 그대로 인용했다.

건설국 소속의 엔지니어 주자오쉐와 자오둥르가 공동으로 작성한 이른바 '주조朱趙 방안'도 소련 자문단의 방안을 그대로 수용하기는 마찬가지였다. 그들이 제출한 「수도건설계획에 대한 의견」(1950. 4. 20)은 사실상 바란니코프의 보고서를 바탕으로 베이징시정부 청사의 위치, 교외의 공업단지, 교통 문제 등에 대한 약간의 의견을 추가한 정도이다. 그들은 '행정중심구'를 구도심에 건설한다 해도 "어떠한 문물도 파괴하지 않고, 혼잡하게 하지 않고, 포위되지 않고, 방해되지 않고, 영향을 주지 않고, 동시에 톈안먼 이북의 고예술 문물, 베이징의 도시 배치, 건축 형체를 발양할 수 있다"고[26] 주장했다. '양진 방안'에서 제기한 '역사성 문물 훼손'의 우려를 무시하는 것이나 다름없는 태도였다.

4. '양진 방안' 좌절의 원인과 의미

그렇다면 왜 신도시를 개발해서 중앙정부의 '행정중심구'를 건설하자는 '양진 방안'이 채택되지 못했을까? 그 역사적 의미는 무엇일까? 우선, '양진 방안'이 채택되지 못한 이유(명분)를 종합적으로 정리해보면 다음과 같다.

첫째, 구도심을 이용하지 않고 신도시를 새롭게 개발하여 '행정중심구'를 건설하는 일은 건국 초기 매우 어려웠던 국가재정을 고려할 때 불가능했다. 소련 자문단이나 베이징시 건설국이 제기한 방안에서도 경제 문제가 중요한 근거로 제시된 바 있다.

둘째, 신도시를 건설하는 것은 기존의 베이징을 포기하는 것과 같다. 이는 두 가지 측면에서 불가했는데, 그 하나는 중화인민공화국 '개국대전'을 거행한 톈안먼 광장을 비롯해 베이징이 갖는 정치적 상징성, '전국 인민이 향해야 하는' 통합의 중심, 역대 왕조의 수도로서 정치적 권위 등을 포기할 수 없다는 것이었다. 다른 하나는, 구도심에 원래 있던 건물과 공용시설은 매우 낡고 낙후했는데, 만약 구도심을 내버려두고 새로 신도시를 건설했다면 구도심을 정비하지 못했을 것이다. 국가경제가 좋더라도 신도시를 건설하는 일은 결코 쉽지 않다. 또한 소련 자문단이나 건설국이 주장했듯이 구도심의 기반시설을 활용할 필요도 있었다.

셋째, 문화와 상업의 중심은 고성에 그대로 두면서 굳이 정치 중심을 서교 신시구로 옮긴다는 구상은 정서상 시민들이나 중국공산당 및 각 당파 인사들을 납득시킬 수 없었다. 고성과 서교 신시구를 비교해볼 때, 고성은 중국의 전통문화와 '대일통大一統'을 대표하고 '서교 신시구'는 일본 제국주의의 중국 침략 행위를 상징했기 때문이다. 서교 신시구는 일제가 남긴 '골칫거리'였으며 도저히 '신중국'의 발전에 동반자로 삼을 수 없었다.

그 밖에도 여러 가지 현실적 문제들이 '양진 방안'을 수용하기 어렵게 만들었다. 요컨대, 당시는 '신정권'을 조속히 안정시켜야 할 긴박한 상황이었고, 당국은 베이징을 소비도시에서 생산도시로 탈바꿈시켜야 한다는 생각이 앞선 탓에 베이징 고성의 역사성을 보호하려는 인식을 갖지 못했다. 게다가 '개국대전'을 거치면서 톈안먼 광장은 이미 대중의 마음속에 '신중국'의 상징이자 베이징 도시 공간의 절대 중심이 되어 있었다. 더욱이 중국공산당 중앙및 각 부서가 이미 구도심 곳곳에 진주해 있었으므로 이를 다시 바꾸기란 매우 어려웠다.

위와 같은 논거로 볼 때 건국 초기의 전후 사정이나 정치적 여건을 감안하면 구도심에 중앙정부의 '행정중심구'를 건설하는 방안을 채택한 것은 매우 자연스럽다. 건국 초기 베이징시의 최고위 지도자라고 할 수 있는 중국공산당 베이징시위원회 서기 펑전의 비서로 일했던 마거우馬句의 다음과 같은 회고는 구도심에 '행정중심구'를 건설하자는 방안이 자연스럽게 결정되는 장면을 어렴풋하게나마 보여주고 있다. 역시 관건은 최고 지도자 마오쩌둥 주석의 뜻이었다.

마거우 소련 전문가의 의견과 펑진 및 류런劉仁 동지의 의견이 같았고, 매우 설득력이 있었습니다. 전문가의 건의가 제출된 후 녜룽전 시장은 매우 기뻐했습니다. 그는 "실제에 부합합니다!"라고 말했습니다. 네룽전은 친히 시정부 회의를 소집하여 논의했고, 소련 전문가의 건의에 만장일치로 동의 했습니다. 그는 펑전에게 "주석에게 보고하러 가야겠습니다!"라고 말했습니다. 펑전은 "좋습니다!"라고 대답했습니다. 네룽전 선생은 직접 소련 전문가의 건의서를 들고 가서 마오쩌둥 주석에게 보고했고, 주석은 즉시 베이징 고성古城을 중심으로 점차 수도를 확대 건설해 나간다는 방침을 승낙했습니다.

기자 그것이 언제 일입니까?

마거우 대략 1950년 4월입니다.[27] (밑줄—인용자)

쟁점이 되었던 중앙정부 '행정중심구'의 문제에 대해 마오쩌둥이 구체적으로 어떤 생각을 가졌는지는 알 수 없다. 아마도 '시급한 사안이 산더미 같았던' 건국 초기의 긴박한 상황에서 '상대적으로 사소해 보이는' '행정중심구' 문제에 마오쩌둥이 많은 신경을 쓰지는 못했을 것이다. 다만 베이징을 수도로 결정한 이유와 관련해 미루어 짐작해볼 수 있을 듯하다. 이에 관해서는, 1949년 9월 중화인민공화국의 근간을 결정했던 중국인민정치협상회의에서 제기된 '나라의 수도를 정하는 문제'에 대한 의견이 주목된다. '베이징이 통치 세력의 핵심 근거지였다'는 점 외에, 수도로서 이미 7백 년의 역사를 갖고 있다는 점, 정치적으로 '화북華北 해방구'의 인민이 중후한 역량을 지녔다는 점, 경제적으로 중공업이 발달한 동북 지역과 가까워 공업 발전에 유리하다는 점, 문화적으로 수백 년의 찬란한 문화유산을 보유하고 있다는 점을 지적하였다. 또한 5·4운동 이래 신문화사상이 성장한 곳, 대평원 지역이어서 지리적으로 확대의 여지가 충분하다는 점, 교통이 사통팔달이라는 점 등을

강조하였다.[28]

그 밖에 난징에 기반을 둔 국민정부와의 차별성을 강조하려는 의도, '소련 일변도'의 외교 정책을 확립한 상황에서 소련과의 지리적 인접성을 통해 소련의 지원을 용이하게 받으려는 속셈도 작용했다고 한다.[29] 특히 소련의 전문가들은 모스크바의 경험을 언급하곤 했는데, 1931년 모스크바 도시계획에서도 신도시 개발 구상이 제기된 바 있었으나, 스탈린이 '소부르주아의 비현실적인 환상'이라고 비판함으로써 무산되었다고 한다.[30]

이처럼 매우 정치적인 문제들을 고려해 베이징을 수도로 결정한 마당에, 마오쩌둥을 비롯한 중국공산당 지도부가 구도심을 내버려두고 '일본 제국주의의 침략을 연상시키는' 신도시에 중앙정부의 행정중심을 건설한다는 방안을 채택하기는 어려웠을 것이다. 이런 거시적인 차원 외에 마오쩌둥 자신이 '양진 방안'에 불쾌한 감정을 가졌다는 점도 영향을 미친 듯하다. 이와 관련하여 량쓰청의 두 번째 부인인 린주林洙의 회고가 흥미를 끈다.

> '양진 방안'이 부정된 것은 돈이 없어서가 아니라 주석이 반대했기 때문이다. 문화대혁명 당시 어떤 홍위병이 전하기를, 마오 주석이 "황제는 중난하이中南海에 거주했는데, 왜 나라고 그렇게 못하는가!"라고 말했다고 한다. 마오 주석은 '양진 방안'에 대해 매우 열 받은 듯했다. "왜 꼭 중앙인민정부를 내보내야 하는가?"라고 말하기까지 했다. 내가 보기에 '양진 방안'은 마오 주석이 싫어했기 때문에 채택되지 못했다. 만약 마오 주석이 좋아했다면 소련 전문가의 의견은 전혀 문제될 것이 없었다.[31] (밑줄—인용자)

량쓰청의 아들인 량충제梁從誡도 기자를 만났을 때, "당시 상황을 잘 아는 어떤 나이 많은 동지가 나에게 말했는데, '양진 방안'이 제출된 후 마오 주석이 기분 나빠하면서 '듣자니 어떤 교수가 우리를 [도성 밖으로] 내쫓으려 합니까?'라고 했다 한다"고 말했다.[32] 물론 여기서 "어떤 교수"는 량쓰청을 말한다. 근대 이전의 황제까지 들먹였다는 것이 사실이라면 마오쩌둥의 불만을 짐작할 수 있을 듯하다.

'양진 방안'은 채택되지 않았지만 량쓰청은 자신의 구상을 곧바로 포기하지는 않았다. 본인이 직접 비용을 들여 보고서를 백 부나 인쇄해 관계자들에게 발송했다. 저우언라이周恩來와 펑전, 녜룽전, 장유위張友漁, 우한吳晗, 쉐쯔정薛子正 등에게는 따로 편지를 보내서[33] 자신이 보낸 보고서를 잘 살펴봐달라고 간청했다. 이후에도 성벽 철거를 비롯하여 고성의 문물이 파괴될 위기에 처할 때마다 그는 베이징 고성의 역사성을 지키기 위해 많은 노력을 기울였다.[34]

그러나 '양진 방안'이 좌절된 이후 각종 정치운동이 끊임없이 일어나면서 량쓰청도 이에 휩쓸려 정치적 비판을 숱하게 받았고, 변화무쌍한 정치 형세에 적응하기 위해 툭하면 '자아비판'을 해야만 했다.[35] 예컨대, 1951년 12월 「나는 누구를 위해 20여 년을 복무했는가?」라는 장문의 '반성문'을 『인민일보人民日報』에 게재했다. 여기에서 량쓰청은 부친인 량치차오梁啓超의 보수적 개량주의와 낡은 전통을 존숭하는 사상에 영향을 받았고, 미국 유학 경험으로 인해 '숭미·친미의 사상'을 갖게 되었다고 스스로를 비판했다.[36] 1952년 4월 『광명일보』에 게재한 「나의 자산계급 사상이 조국에 끼친 손실을 인식하였다!」라는 글에서는 '삼반운동三反運動을 계기로 관료주의·영웅주의·가부장주의 등 부르주아 사상을 개조하기로 결심했다'고 말했다.[37]

1955년에는 전국적인 '반낭비反浪費·반복고反復古' 운동의 일환으로 건축 사상에 대한 비판운동이 일어났는데, 이때 량쓰청은 유심주의·형식주의·복고주의를 대표하는 건축가로 지목되었다.[38] 이러한 비판에 량쓰청은 또다시 '자아비판'을 하지 않을 수 없었다. 이전의 '자아비판'에서는 도시계획이나 건축에 대한 언급이 없었으나, 건축과 관련해 비판이 제기되자 피할 도리가 없었다. 결국 그는 1956년 2월 정치협상회의 제2계 전국위원회 전체회의에서 스스로 '유심주의·형식주의·복고주의의 엄중한 착오를 범했다'고 비판했다. 다음은 이 같은 량쓰청의 자아비판 중 한 구절이다.

> 도시계획과 건축설계에서 나는 일관되게 당党에 대항하여 나의 잘못된 이론을 적극 전파하였고, 이를 베이징시 도시계획, 건축 심사, 교육에 관철하려 했다. 수도에서 전국으로 영향을 끼쳐, 건축계에서는 형식주의와 복고주의가 뒤죽박죽이 된 나쁜 풍조가 일어났다. 다수 노동자, 농민이 피땀 흘려 마련한 건설 자금을 낭비했으며, 조국의 사회주의 건설을 방해했다. 또 신중국 건축사建築師 대오의 예비군인 수많은 청년들에게 해독을 끼쳤다.(밑줄―인용자)

'공산당에 대항', '베이징시 도시계획'이라는 표현에서 보듯이, 문맥상 '양진 방안'을 스스로 부정하고 있다. 1956~1957년 '백화제방百花齊放·백가쟁명百家爭鳴'에서 '반우파 투쟁'으로 이어지는 혼란한 정세의 한가운데서 정치적 탄압을 피하기 위한 고육지책이었겠지만, 스스로 작성했다고는 믿기 어려운 '자기부정'이다. 도저히 자신의 도시계획 구상과 원칙을 온전히 주장할 수 없게 만든 강압적인 상황 탓이었을 것이다. 도시계획이라는 전문지식을 바탕으로 한 '실용 위주'의 지향이 '무분별한' 정치운동을 통한 '정치 위주'의 지향에 압도되었음을 그대로 보여준다.

5. '양진 방안'의 역사적 맥락

지금까지 1950년 2월 량쓰청과 천잔샹이 공동으로 제출한 이른바 '양진 방안'을 중심으로 건국 초기 '중앙정부 행정중심구의 위치' 문제를 둘러싼 논쟁을 살펴보았다. 논쟁은 1949년 12월의 '베이징시 도시계획위원회' 회의에서 처음 촉발되었다. '행정중심구'를 구도심에 건설하자는 소련 전문가 자문단의 방안에 '서교'에 신도시를 개발하여 건설하자는 '양진 방안'이 맞서면서 상호 비판하는 형국이었다. 이런 가운데 베이징시 건설국은 소련 측의 방안을 지지했고, 결국 소련 전문가의 방안에 따라 건설이 진행되었다. 이후 베이징시의 도시계획 방안에서는 '행정중심구의 위치'가 더 이상 쟁점이 되지 않았다.

논쟁을 촉발한 소련 도시계획 전문가 바란니코프는 톈안먼 광장과 창안제를 축으로 그 주변에 '행정중심구'를 건설해야 한다고 주장하면서 톈안먼 광장의 정치적 상징성을 강조했다. 이에 대해 '양진 방안'은 도시계획의 '객관적'인 원칙을 강조하면서 신도시를 개발해 '행정중심구'를 건설해야 고성古城의 '역사적 원형'을 보호하고 '분산·균형 발전'을 통해 구도심의 과밀화와 난개발을 막을 수 있다고 주장했다. 그러자 소련 자문단은 경제성·효율성·시급성의 관점에서 '양진 방안'에 반박했다. 건국 초기 중국의 정치적 상황이나 재정 곤란 등을 고려할 때 '행정중심구'를 구도심에 지을 수밖에 없다는 것이었다.

결국 '양진 방안'은 채택되지 못했다. 재정 상황을 비롯하여 건국 초기의 제반 여건이 매우 곤궁했다는 점, 기존의 베이징을 포기할 수 없다는 점, 정서상 받아들이기 어렵다는 점이 이유로 지적되었다. 여러 가지 현실적 문제들도 '양진 방안'을 수용하기 어렵게 만들었다. 하지만 역시 가장 직접적이고 결정적인 요인은 마오쩌둥의 결정이었다. 마오쩌둥은 여러 가지 정치적 이유를 고려해 베이징을 수도로 결정한 이상 '일본 제국주의의 침략을 연상시키는' 신도시에 중앙정부의 행정중심을 건설하기는 어려웠을 것이다. 사실 이런 이유 외에도 마오쩌둥은 개인적으로 '양진 방안'을 탐탁지 않게 여겼다고 한다.

이러한 결정은 당시 상황을 고려할 때 필연적이었던 것처럼 보이지만, 결정 이후 베이징의 미래에 실질적으로 큰 영향을 끼쳤다는 점에서 분석할 가치가 있다. 요컨대 '양진 방안'이 채택되지 못했기 때문에 '행정중심구'가 구도심에 건설되고, 이후 베이징시의 도시 발전이 구도심에 지나치게 의존하는 방식으로 이루어져 오늘날의 '난개발'이 초래되었다. 심지어 최근 베이징시 행정 기능의 전부 또는 일부를 통저우通州 신도시(新城)로 옮기게 되는 결과를 초래했다고도 볼 수 있다.[39]

다만, 이런 설명에만 그치면 '양진 방안'을 둘러싼 논쟁에 내재해 있는 더 깊숙한 역사적 맥락이나 의미를 놓치게 된다. 앞에서 누차 지적했듯이 량쓰청 등은 '고성의 역사적 원형 보호', '도시의 분산 및 균형 발전'과 같은 도시계획의 원칙을 '순수하게' 강조했다. 그 대척점에 있으면서 실제 결정 권한을 쥐고 있던 소련 전문가 대표단, 베이징시 건설국, 중국공산당 지도부 등은 정치적 필요와 현실 등을 강조했다. 량쓰청의 '자아비판'을 통해 짐작할 수 있듯이 각종 정치운동에 내재해 있던 '정치 위주'의 지향이 도시계획이라는 '실용적' 사안까지 압도했던 것이다.

이런 점에서 '양진 방안'의 무산은 당시 '세계적 수준에 다다랐던' 도시계획 전문가의 조사·분석·기획의 결과가 정치적 상황에 의해 좌절된 사례라고 할 수 있다. 즉 '정치 우위'의 지향이 '실용 위주'의 경향을 압도했던, 어찌 보면 건국 이래 문화대혁명 시기까지 흔히 볼 수 있었던 사례이다. 데이비드 브레이(David Bray)는 '양진 방안'의 실패를 "건축가의 유토피아적 순수주의에 대한 현실주의(실용주의)의 승리(a victory of pragmatism over utopian architectural purism)"[40]라고 평가했는데, 일견 이해가 되기도 하지만 차라리 '정치적 지향의 압도'라고 하는 편이 나을지도 모르겠다.

그런데 '양진 방안'이 내포하고 있는 역사적 맥락의 문제는 건국 초기에 국한되지 않는다. 중앙정부의 '행정중심구'를 수도에서도 구체적으로 어느 곳에 건설할지, 베이징의 발전 방향을 어떻게(집중·분산) 설정할지는 1949년 이전에도 문제가 되었기 때문이다. 다시 말해, 1950년의 '양진 방안'은 20세기 전반 도시계획의 두 가지 역사적 맥락에 따라 제기되었던 것이다. 하나는 중화민국의 수도인 난징의 「수도 계획首都計劃」과 관련이 있고, 또 하나는 베이징의 발전 방향과 관련이 있다.

먼저, 난징 「수도 계획」과 어떤 관련이 있는지 살펴보자. 1928년 4월 국민정부는 수도를 난징으로 정하고 '중앙정치구中央政治區'의 건설을 모색한다. 12월 1일 쑨커孫科 주도로 '국도설계기술전문가사무처(國都設計技術專員辦事處)'를 조직하고 미국인 도시계획 전문가(Henry K. Murphy, Ernest P. Goodrich)를 고문으로 초빙했다.[41] 그들은 1929년 6월 난징 도성 동교東郊의 쯔진산紫金山 남쪽 기슭에 '중앙정치구'를 배치하는 방안을 제출했고, 이를 토대로 「수도 계획」이 마련되었다. 이는 고성 바깥에 신도시를 개발하여 분산 발전을 도모하는 도시계획의 모범적인 사례였다.

1929년 7월 쑨커가 「수도 계획」을 국민정부에 정식으로 제출하자 국민정부는 '중앙정치구'의 위치를 명고궁明故宮 지역으로 변경한다는 명령을 내렸다. 쑨커의 대척점에 있던 장제스蔣介石와 난징시 시장 류지원劉紀文이 1928년 가을에 이미 난징 성내 명고궁 지역에 '중앙정치구'를 건설하는 방안을 마련해 놓고 있었다. 1929년 6월 장제스 주도로 조직된 '수도건설위원회'와 쑨커의 '국도설계기술전문가사무처'는 이 문제를 두고 몇 개월 동안 '정치투쟁'을 벌였는데, 결국 장제스의 뜻대로 결정되었다. 이는 기본적으로 당권黨權과 군권軍權의 분쟁이었다. 그러나 장제스가 정치적 고려에 따라 비용 문제를 명분으로 내세워, 도시계획의 원칙에 입각한 원안을 뒤집었다는 점에서 '양진 방안'과 맥락이 닿아 있다. 또한 고성을 중심으로 밖으로 확산시키는 집중 방식과 교외에 신도시를 개발하는 분산 방식의 대립이었다는 점에서도 유사성이 발견된다.

1930년 1월 국민정부는 '중앙정치구'를 명고궁 지역으로 결정했지만 실행에 옮기지는 못했다. 중일전쟁이 끝나고 난징으로 돌아온 국민정부는 1947년 6월 '난징시도시계획위원회'를 조직하고 다시 「수도 계획」을 제정했다. '중앙정치구'의 위치는 여전히 명고궁 구역이었다. 이때, 1946년 영국에서 귀국한 천잔샹이 1948년 레이다오신類道信과 함께 「수도정치구계획총도首都政治區計劃總圖」를 제출했다. 이 '진류 방안陳類方案'은 국민당 정권이 무너지면서 쓸모없어졌다. 하지만 천잔샹은 량쓰청의 초청으로 베이징의 도시계획에 참여하게 되고, 그 일을 할 때 난징에서 「수도 계획」에 참여했던 경험을 많이 참고할 수 있었다. 사실 1949년 전후前後의 '진류 방안'과 '양진 방안'은 고대 도성의 전통을 계승하고 이를 바탕으로 현대의 행정중심을 규획해내야 한다는, 지극히 유사한 하나의 과제에 도전했던 것이다.

다음으로 베이징의 발전 방향, 즉 1949년 이전의 신도시 구상에 대해 살펴보자. 앞서 이미 언급했듯이, 베이징의 도시계획과 관련하여 서교에 신도시를 개발하는 구상은 '양진 방안'에서 처음 나온 것이 아니다. 1929년 베이징에서는 독일에서 귀국한 철학박사 장우張武가 구도심을 중심으로 한 동심원 방식의 발전을 주장했는데, 이에 반해 당시 베이핑시 공무국工務局 국장인 화난구이는 구도심 밖에 신도시를 개발하여 분산·균형 발전을 모색하자고 주장했다.[42] 1934년에는 베이핑시정부가 서교를 '신시구'로 개발하는 「도시계획 대강都市計劃大綱」을 제출하고, 도시계획 전문가들을 초청하여 구체적인 방안을 논의했다.[43]

본격적으로 베이징에서 신도시를 구상하여 구체적인 실천에 옮긴 것은 일본인이다. 중일전쟁 시기 베이징을 점령한 일본은 1938년 화북정무위원회華北政務委員會 건설총서建設總署를 조직하고, 일본에서 전문가를 초빙해 11월 「베이징 도시계획 대강」을 마련했다. 이 방안의 골자는 구도심을 문화관광 도시로 보존하고, 서교에 '신시구'를 개발해 군사령부 등 일본의 각종 행정기관을 배치하고 그 배후지에 일본 교민이 거주할 주택지구를 개발한다는 것이었다. 여기서 서교 신시구의 범위는 서쪽 성벽에서 4km 정도 떨어진 곳으로부터 시작하여 서쪽으로 바바오산八寶山에 이르고, 남쪽으로는 경한선京漢線 철로 부근, 북쪽으로는 서교 비행장에 이르는 지역이었다. 1939~1943년간 일정 정도 실제 건설이 진행되었다. 천잔샹의 건의로 '양진 방안'에서는 신도시의 위치와 범위가 다소 바뀌었으나, 량쓰청이 신도시를 구상한 것 자체는 일본의 「베이징 도시계획 대강」에서 연유했다.

중일전쟁이 끝나고 베이징을 회복한 국민정부의 베이핑시 공무국은 일본 측에서 점령 당시 이미 조직했던 건설총서의 도시계획 인원을 동원하여 1946년「베이핑 도시계획 대강 초안北平都市計劃大綱草案」을 제정했다. 제목에서도 드러나듯이 일본의 방안을 약간 수정한 것이다. 베이핑을 장래의 수도로 상정하고, 일본인이 남긴 '서교 신시구'에 중앙행정중심구를 건설한다는 것이 이 방안의 핵심이다. 신시구의 중앙에는 중앙정부 청사를 배치하고, 남단에는 '국민대광장'을 건설하며, 동서로 주택과 상점을 배치하고 주위에는 녹지를 조성한다는 내용이었다. 창안제長安街, 시즈먼西直門, 푸청먼阜成門, 창안먼長安門으로 이어지는 구도심의 간선도로를 신도시까지 연장하여 구도심과 연계를 도모한다는 계획도 들어 있었다. 물론 국민정부의 이런 계획은 실시되지 못했다.

지금까지 서술했듯이 '서교 신시구'는 1930년대에 아이디어 차원에서 구상된 뒤, 1937~1943년 일본 점령 당국의 계획과 건설, 1946~1948년 국민정부의 수정과 모색을 거쳐 1949년에 이르렀다. '신중국'의 베이징 도시계획을 처음으로 논의한 1949년 5월의 좌담회에서 거론된 '서교 신시구' 방안에는 이처럼 여러 가지 도시계획 구상이 응축되어 있었다. 여러 도시계획이 전개되는 과정에서 고성의 역사성을 보호해야 한다는 명제가 제기되었다. 이런 명제를 둘러싸고, 구도심을 중심으로 도시를 개발하는 집중 방식과 도시의 여러 곳에 부도심(신도시)을 개발하는 분산 방식이 대립했다. 따라서 '서교의 신도시'라는 역사적 유산은 중화인민공화국 건국 초기 어떻게든 처리하고 넘어가야 했던 문제였고, 당시 중국공산당 지도부는 정치적 고려를 앞세워 집중 방식을 채택하였다.

공인신촌엔 누가 살았을까
―상하이 차오양신촌의 사회주의 도시 개조

김승욱

1. 상하이사의 빈 자리, 사회주의 시기

상하이사 연구에서 1949년 중화인민공화국의 수립부터 1978년 개혁·개방까지 대략 30년 기간은 아직 빈 자리가 많다. 우선 19세기 중반 개항 이래 20세기 중반까지 이 도시의 국제도시로서의 성장은 중국 내에서만 아니라 동아시아 지역세계에서 전례 없는 사례로 기록된다. 또한 개혁·개방에서 오늘날까지 이 도시가 이뤄온 성장도 실로 눈부신 것이어서, 마치 과거의 영화를 잇고 재현하고 있다는 인식을 갖게 한다. 그런데 이렇게 전후 두 시기가 '개방'과 '성장'이라는 단어를 공유하면서 연결된 맥락을 형성한다면, 그 사이에 놓인 사회주의 시기의 상하이는 그 맥락 속에 자리하지 못한다.

이러한 연구사상의 현상이 생겨난 데는 배경이 존재한다. 그것은 오늘날 학계 논의의 윤곽을 만들어놓은 주요 연구들이 개혁·개방 이후 본격적으로 등장했던 것들이고, 그 과정에서 사회주의 이전 구舊상하이의 역사가 소환되어 적극적으로 재구성되었던 측면이 강했기 때문이다. 논자들은 개혁·개방 이래 현 중국 사회의 진행 속에서 19세기 중반 '개항' 이래 과거 역사를 그와 짝을 지어 부각시켰던 것이다.

물론 상하이사 연구는 개혁·개방 이전, 사회주의 시기 이전에도 이미 많은 성과를 축적해왔다. 그런데 과거 이 도시의 성장이 제국주의, 부르주아지, 국민당 세력과 함께했던 측면이 강했기 때문에, 사회주의 시기에 접어들어 기왕의 연구를 계승하는 차원의 논의가 적극적으로 이루어지지 않았다. 그 연구들은 대개 사회주의 정권의 수립으로 연결되는 주요 혁명운동의 무대 또는 사회주의적 개조의 대상으로서, 국한된 범주에서 이 도시를 다뤄왔다. 이 점에서 사회주의 시기 상하이사 연구에는 모종의 단절이 있었다. 따라서 개혁·개방 이후 연구가 다시 활기를 찾았을 때, 상하이사 연구는 마치 처음 시작되는 듯한 느낌을 주었다. 이후 그 연구는 양적·질적으로 크게 제고되었다.[1]

상하이사 연구는 특히 1990년대 이후 이른바 '상하이열(上海熱)'이라 일컬어지는 연구 붐을 형성하기도 했다. 개혁·개방이 어느 정도 안정적인 궤도에 올랐다고 인식되는 가운데 이 도시의 역사에 드리워졌던 부정적인 이미지에 기인한 신중한 태도가 점차 해제되었고, 학계와 문화계에서 그에 대한 관심이 일시에 폭증하는 현상이 나타났다. 이들의 논의는 개혁·개방의 성과 속에서 제고된 이 도시의 지역적 위상을 새삼 주목하기 시작했던 사회 분위기로부터 전반적으로 힘을 받고 있었다.[2]

그런데 이 무렵부터 그동안 억압되었던 구舊상하이의 '부르주아지'적인 사회상, 문화상을 정면에 드러내놓고 다루는 움직임이 두드러지게 확대되었다. 예를 들어 리오우판(Leo Ou-fan Lee)은 *Shanghai Modern*이라는 저작에서 1930~45년간 상하이에서 만개했던 도시문화를 근대성의 관점에서 높이 평가했다.[3] 이 흐름에는 사회주의에 대한 자본주의적 요소의 회복이라는 측면이 내포되어 있었지만, 그것은 직접적인 이데올로기적 대립 구도로 심각하게 표면화되지는 않았다. 그런데 이런 추세가 계속되면서 구舊상하이의 역사상에서 과거에 부정되었던 요소까지 낭만적으로 묘사되는 경향이 생겨났다. '올드 상하이 노스탤지어(Old Shanghai nostalgia)'로 지칭되는 구舊상하이의 시공간에 대한 집단적 향수 현상은 1990년대의 특징적인 문화 현상이 되었다.[4] 물론 당시 재구성된 구舊상하이가 다수 도시 대중의 실상과 거리가 멀다는 문제도 제기되었으며, 뤼한차오(Hanchao Lu)는 인력거꾼, 펑후취棚戶區와 리룽里弄, 스쿠먼石庫門 주민 등 구舊상하이의 화려한 조명 이면에 놓인 서민의 일상에 주의를 촉구하기도 했다(펑후취는 노동자·빈민이 주로 거주한 판자촌 지역, 리룽과 스쿠먼은 시가지의 중국인 대중이 주로 거주했던 건축 양식).[5] 어쨌든 이 과정을 지나면서 구舊상하이는 중국 학계와 문화계의 높은 관심 대상이 되었다.

상하이의 역사 경험을 근대적 또는 그 대안적 모델을 지향하는 중국 사회의 과제와 관련해서 이론적으로 검토하는 작업들도 전개되었다. 그 가운데는 시민사회, 공론장 등 근대 서구에서 유래한 보편적 가치들이 근대 상하이의 사회·문화 현상 속에서도 발견된다는 점에 주목하면서, 이를 중국 사회와 권력 형태의 지향과 관련하여 중요한 시사점으로 삼으려 하는 논자들도 있었다.[6] 또한 문화 연구자들을 중심으로 서구 문화 이론을 수용·적용해서 근대 상하이에서 전개된 문화 현상을 보편적 문화 현상으로서 비판·검토하는 논의들도 활발히 전개되었다. 이 논의들 가운데는 서구 이론을 여전히 적용하면서도 그 비판의 연장선상에서 중국 전통 속에서 대안을 모색하고 사회주의 이전 시기의 상하이, 구舊상하이에서부터 사회주의 시기의 상하이로 관심을 옮겨가는 흥미로운 모습도 보인다.[7] 또한 구舊상하이의 역사 경험을 근대 중국이 낳은 특별한 역사 자원으로 유형화하는 '상하이 모델(上海模式)' 논의도 꾸준히 전개되었는데, 근래 이는 지구화 시대 도시의 보편 모델로 상하이 모델을 공유하려는 시도로까지 나아가고 있다.[8] 이런 연구들은 이론 지향과 현실 개입의 특성으로 인해 실증 면에서 약점을 노출하기도 하지만, 개항 이래 상하이 역사를 일관된 흐름으로 구성하는 데 이론적인 축으로 작용해왔다고 할 수 있다.

반면 상하이사의 전체 흐름에서 사회주의 시기는 단절적인 구도에서 서술된 경향이 강했다. 상하이는 사회주의 시기 중국의 도시 건설에서 분명히 중요한 비중을 점했던 도시의 하나로, 꾸준한 개조가 추진되었다.[9] 그렇지만 실제로 이 도시에서 사회주의 개조가 어느 정도 실현되었는지는 생각만큼 분명치 않다.[10] 상하이의 사회주의적 개조가 그 이론 및 정책 기조와 어느 정도 편차 또는 굴절을 보였는지는 세밀히 살펴보아야 한다. 이를 통해 전·후 시기와 어떤 면에서 단절적이었고, 또 어떤 면에서 연속적이었는지 구별해서 볼 수 있을 것이고, 상하이사의 전체 흐름을 어떻게 연결해주고 있는지에 대해서도 설명할 수 있을 것이다.

지면과 역량의 한계로 사회주의 시기 상하이의 도시 개조를 전면적으로 살펴볼 수는 없고, 이 글에서는 이 같은 문제인식을 바탕으로 우선 도시 공간의 문제를 검토해보려고 한다. 구체적으로는 이 시기 도시 개조 과정에서 출현한 새로운 주거 공간으로서 공인신촌工人新村, 특히 첫 번째 공인신촌인 차오양신촌曹楊新村의 사례를 살펴볼 것이다. 공인신촌에 관해서는 아직 관련 연구가 많지 않지만, 근래 뤄강羅崗, 양천楊辰 등이 사회주의 이념의 '공간 실천'이라는 차원에서 이를 주목하는 논의를 연달아 제출하고 있다.[11] 그런데 이 연구들은 대체로 공인신촌을 구舊상하이의 도시 공간과 대비해 부각시키는 의도가 강해, 구舊상하이와의 연속성을 살펴보는 시각이 부족하다고 생각된다. 따라서 필자는 사회주의 시기 공인신촌의 출현이 구舊상하이의 도시 공간과 어떤 단절과 연속을 가지는지 함께 살펴봄으로써, 추후 사회주의 시기의 상하이를 관찰하는 접근 시각을 다지는 기회로 삼으려 한다. 아래에서는 상하이의 사회주의 개조와 공인신촌의 건설 상황, 상하이의 도시 공간에서 공인신촌이 내포하는 의미 등에 관해 차례로 살펴볼 것이다.

2. 사회주의적 개조와 공인신촌

신정권이 수립되고 상하이에서도 사회주의적 개조를 위한 작업이 시작되었다. 과거 식민주의자의 무대, 자본주의 경제의 중심, 국민당 정권의 거점이었던 상하이는, 이제 사회주의 도시로 개조되어야 했다. 이 과정에서 중국은 다양한 이론적 모색을 시도하지만, 대체로 소련 전문가들을 초빙해서 소련의 사회주의 도시 건설의 경험을 적극적으로 참조하려는 움직임이 강하게 나타났다. 1949년 12월 중국 정무원政務院은 시마코프(Симаков), 페레니코프(Белеников) 등을 초청해 상하이 개조의 방향에 관해 자문을 구했다. 1950년 3월 제출된「상하이시 개축과 발전 전도 문제에 관해(關于上海市改建及發展前途問題)」라는 의견서는 그 결과물이다. 그에 따르면, 상하이의 인구 구성은 기본인구基本人口가 13.2%로 소련의 30~35% 수준에 비해 낮고, 복무인구服務人口는 34.7%로 소련의 18~23%에 비해 높아서 기형적으로 발전한 소비도시였다. 이들은 상하이를 소비도시에서 생산도시로 개조하기 위해서는, 적정인구를 500~600만 명 정도로 유지하면서 그 가운데 기본인구는 150만 명(20~30%) 선까지 늘려야 한다고 제안했다. 이를 위해서는 기본인구를 늘리고 비非기본인구를 분산시켜야 했다.[12] 이후 정무원이 1953년 9월에는 또 다른 소련의 도시계획 전문가 모신(можин)을 상하이로 초청해 「상하이시총도규획시의도上海市總圖規劃示意圖」를 작성, 보다 구체적인 도시 개조안을 마련했다. 이는 기존 도시를 노동자 등 기본인구를 중심으로 '철저히' 재설계하고 도심 인구를 분산시켜 생산 활동이 원활히 운영되는 사회주의 도시로 개조하는 계획이었다. 이를 위해 소련의 도시계획 지표와 건설계획 경험이 적극 수용되었다.[13]

그런데 건국 초 상하이는 이러한 개조 계획을 전면적으로 시행할 수 있는 정치적 위상과 재정 조건을 확보하고 있지 못했다. 신정권은 그때까지 자본주의 영향하에서 성장해온 대도시가 기존의 방식대로 경제, 도시 성장을 지속하는 것을 경계하는 입장이었다. 따라서 상하이를 비롯한 연해 대도시에 대해서는 그 경제적 위상과 개조의 상징적 의미에도 불구하고 결코 중점적으로 재원이 투자되지 않았다. "생산이 소비보다 우선", "내지內地가 연해沿海보다 우선"하는 신정권의 기조하에서, 상하이는 오히려 베이징이나 내지 건설을 위한 정권의 "호주머니" 역할을 해야 했다. 1950~1976년간 상하이는 시정 예산을 위해 거둔 수입보다 13배 많은 재정, 대략 그 조세 수입의 87%에 해당하는 돈을 베이징에 송금했다.[14] 이런 상황에서 상하이시정부가 도시 개축과 운영을 위해 투여할 수 있는 재원은 전반적으로 제한되었다.

이런 제한적 조건 아래서 상하이시정부가 상대적으로 집중했던 사업이 노동자 주택의 건설이었다. 상하이시의 노동자 숙소, 즉 공인신촌의 건설은 사회주의 시기 내내 꾸준히 진행되었다. 1949~78년간 상하이에 건설된 공인신촌은 총 256개, 총 면적은 2,031.39만m²에 달했다. 이 가운데 건설이 특히 집중된 기간은 1951~58년간으로, 이 기간 동안 건설된 공인신촌은 총 196개, 총

<표 1> 상하이 공인신촌 건설 통계

연도	신촌 수	건설면적(만㎡)	연도	신촌 수	건설면적(만㎡)	연도	신촌 수	건설면적(만㎡)
1951	7	24.52	1961	3	9.25	1971	0	0.00
1952	34	255.16	1962	0	0.00	1972	3	15.39
1953	29	157.13	1963	2	13.07	1973	3	6.66
1954	17	82.35	1964	2	8.33	1974	6	17.47
1955	3	20.50	1965	1	0.28	1975	3	50.77
1956	33	116.23	1966	3	9.16	1976	4	10.93
1957	33	329.38	1967	3	2.62	1977	5	62.02
1958	40	760.25	1968	5	7.55	1978	5	62.02
1959	2	4.73	1969	0	0.00			
1960	9	22.01	1970	1	2.06	합계	256	2,031.39

* 출처: 「上海住宅建設資和人均居住面積統計(1950~1978)」, 袁進·丁雲亮·王有富, 『身分建構與物質生活: 20世紀50年代上海工人的社會文化生活』, 上海書店出版社, 2008, 40~42쪽(楊辰, 「社會主義城市的空間實踐: 上海工人新村(1949~1978)」, 『人文地理』 2011年 第3期, 38쪽에서 전재).

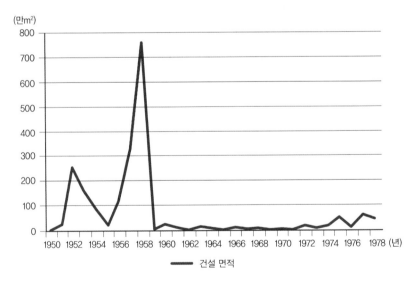

(만㎡)

<도표 1> 상하이 공인신촌 연도별 건설 면적

1949~78년간 상하이의 공인신촌 건설 상황. 특히 1951~58년간 건설이 집중되었다. * 출처: 楊辰, 「社會主義城市的空間實踐: 上海工人新村(1949~1978)」, 『人文地理』 2011年 第3期, 37쪽.

면적 1,745.52만㎡로 사회주의 시기 건설 총량의 86%에 달했다(표 1, 도표 1 참조).

상하이시가 공인신촌 건설에 우선 집중했던 것은, 이 도시에서 노동자의 주거 문제를 해결하는 것이 그만큼 시급한 일이었기 때문이다. 노동자는 생산도시로의 개조에서 핵심적인 기본인구였지만, 사회주의 이전까지 노동자의 거주 공간은 절대적으로 취약했다. 이는 공·상업 발전을 기반으로 성장해 온 다른 근대도시의 일반적 예와 비교할 때 매우 기형적인 것이었다. 노동자들은 화려한 건축물들이 늘어선 도심의 조계 공간으로부터 이격된 쑤저우허蘇州河의 연변과 도심 외곽에 분산해서 펑후취棚戶區(판자촌)를 형성하여 거주하고 있었다. 20년대 노동운동의 성과로 양수포楊樹浦 공업지대에 노동자 숙소를 운영하는 공장도 소수 있었지만, 대부분의 노동자들은 펑후취에 거주했다. 통계에 따르면 1949년 5월 상하이 전역에 산재한 크고 작은 펑후취에 총 115만 명에 달하는 노동자, 빈민들이 거주하고 있었다.[15] 따라서 노동자들을 생산 활동을 안정적으로 수행할 수 있는 위치에 배치하는 것은 상하이 사회주의 개조의 선결 과제였다.

그런데 공인신촌의 건설이 상하이의 사회주의 개조에서 중점 항목이었다고 해도, 그나마 노동자의 주택 수요에 부응하는 데는 절대적으로 한계가 있었다. 공인신촌에 입주할 수 있던 것은 소수의 노동자들이었고, 기본인구의 비중이 정책적으로 늘어나는 가운데 그 수가 많아지는 노동자들의 주택 수요를 모두 충족시키는 데는 훨씬 많은 재정과 시간이 투여되어야 했다. 통계에 따르면 1951~57년간 156개의 공인신촌(사회주의 시기 총량의 69%)이 건설되었지만, 노동자 1인당 평균 거주면적은 1950년 3.9㎡에서 1957년 3.1㎡으로 오히려 하락했다. 이후 1958년에 40개의 공인신촌이 한꺼번에 건설되는 등 공인신촌이 꾸준히 공급되었지만, 1인당 평균 거주면적이 1950년과 같은 3.9㎡로 복귀한 것은 1965년이 되어서였다.[16]

1956년 이후 중공 중앙이 연해 지역 발전 필요성을 일시 강조하면서 단기적으로 많은 투자가 이루어진 시기가 있었다. 마오쩌둥은 1956년 4월 25일 중공 중앙정치국 확대회의에서 「십대관계를 논한다(論十大關係)」를 발표해, 내지의 발전을 위해 연해 지역을 희생할 필요가 없으며, 생산 자료를 늘리기 위해 소비품 생산을 홀시할 수도 없다고 지적했다.[17] 이 지적은 상하이와 같은 연해 대도시에 전보다 많은 투자가 이루어질 거라는 기대를 갖게 했다. 7월 중공 상하이시위원회는 상하이 공업을 "충분히 이용하고 합리적으로 발전시킨다(充分利用, 合理發展)"는 방침을 확정했다.[18] 실제로 1957년부터 투자가 많이 늘어, 상하이는 도시 개조와 건설에 보다 많은 투자를 할 수 있었다. 상하이시정부는 상하이 개조 작업의 폭을 보다 적극적으로 확대했다. 공인신촌의 건설에 있어서는 이미 부지를 확보한 신촌은 건설 영역을 확대하고 추가로 새로운 신촌 단지도 개발되었다. 이렇게 해서 1958년 한 해에 40개의 신촌(총 면적 760.25만㎡)이 만들어져 사회주의 시기 중 최대의 건설이 이루어질 수 있었다.

그 과정에서 상하이의 행정구역을 더 광역화하는 조치도 이루어졌다. 그에 따라 도시 개조의 지역 범위도 더 광역화되었다. 상하이시정부는 1949년 5월 성립한 이래 이미 수차례에 걸쳐 행정구역을 소소하게 조정해왔지만, 1958년에는 전례 없이 대대적인 조정이 이루어졌다. 1958년 1월 장쑤성江蘇省에 속했던 자딩嘉定·바오산寶山·상하이上海 3현縣이 상하이시에 귀속되었고, 다시 11월에 촨사川沙·칭푸青浦·난후이南滙·쑹장松江·펑셴奉賢·진산金山·충밍崇明 등 7현이 귀속되었다.[19] 이로써 상하이시의 면적은 총 6,185㎢로 기존보다 10배나 확대되었다.

이렇게 확대된 지역 범위에서 더욱 적극적인 인구 분산과 건설 계획이 수립되었다. 1956년 9월 상하이시 규획건축관리국規劃建築管理局은 「상하이시 1956~1967년 근기성시규획초도近期城市規劃草圖」를 작성해 상하이 근교에 공업구를 건립하고 원교遠郊에 위성도시를 배치하여 도심 인구를 분산시킨다는 계획을 제시했다.[20] 이 계획은 1957년 12월 상하이시 일계이차당대회一屆二次黨大會에서 승인되었다. 또한 1958년 4월 「상하이시 1958년 성시건설초보규획총도城市建設初步規劃總圖」를 편제하여 계획을 더 구체화했다. 이를 통해 원차오빈蘊藻濱, 펑푸彭浦, 타오푸桃浦, 베이신징北新涇, 차오허징漕河涇, 가오차오高橋, 저우자두周家渡, 우징吳涇 등 8개 공업구과 우징吳涇, 민항閔行, 안팅安亭, 자딩嘉定, 쑹장松江 등 5개 위성도시의 건설이 추진되었다.[21] 이는 시가지 바깥에 근교 공업구, 원교 위성도시를 배치해 상하이 인구를 분산시키고 이들을 더욱 광역화된 지역 범위로 유기적으로 결합시킴으로써, 사회주의 상하이를 구舊상하이와 완전히 다른 면모의 도시로 바꾸어가겠다는 구상이었다.

공인신촌은 이렇게 분산 배치된 공업구, 위성도시와 밀착 건설되었다. 공인신촌의 건설이라는 국지적 차원에서의 도시계획은 이와 같은 총체적 차원의 도시계획과 밀접하게 연동되어 있었다. 그렇지만 더욱 광역화된 영역에 분산적으로 공업구, 위성도시, 그리고 공인신촌 등 주거 공간의 건설을 추진하면서 그 전체 영역을 하나의 유기적인 구조로 만들어가는 것은 결코 용이한 일이 아니었다.

실제로 1958년 이후 상하이의 도시 개조계획은 다시 위축될 수밖에 없는 상황에 직면해야 했다. 농촌경제와 경공업의 실조는 도시의 공업 생산에도 영향을 끼쳐, 중국 경제는 다시 조정기로 접어들었다. 아울러 중소분쟁, 베트남전쟁 등이 발발한 가운데 정권은 전략적인 고려하에 상하이 등 연해 대도시의 공업화 정책을 수정하고 내지에 기술과 인재를 지원하는 역할을 맡게 했다. 이후 1960, 70년대 문화대혁명을 거치면서 상하이의 주택 투자는 더욱 열악해졌다. 새로운 건설 사업은 물론이고 노후 주택의 수리 및 관리도 제대로 이루어지지 못했다.[22] 공인신촌도 신규 건설은 중단되었고 펑후취나 위성도시, 공업구에서 소규모 개조 사업이 진행되었을 뿐이다. 1959~78년의 20년 동안 단지 60개, 285만m² 면적의 공인신촌이 건설되었는데, 이는 사회주의 시기 건설 총량의 14%에 불과하다.

사회주의 시기 상하이의 도시 개조는 소비도시에서 생산도시로의 전화라는 기조 아래서 기본인구를 중심으로 인구를 분산하고 그 전체 영역을 다시 유기적으로 결합하는 과정으로 계획되었다. 공인신촌의 건설은 기본인구를 재배치하는 데 중요한 사업이었다.[23] 그렇지만 살펴본 바와 같이 상하이의 사회주의 개조는 여러 한계를 안고 있었다. 그 속에서 공인신촌이 실제로 어떤 성과와 한계를 갖고 있었는지 확인해볼 필요가 있다. 다음 절에서 최초의 공인신촌인 차오양신촌의 사례를 중심으로 살펴보자.

3. 차오양신촌과 노동자의 도시 공간

상하이시정부는 1951년 3월부터 펑후취가 밀집되어 있던 푸퉈구普陀區와 양푸구楊浦區 두 지역에 공작조를 파견해 노동자의 거주 실태를 조사하고 아울러 공인신촌 건설을 위한 장소 선정에 착수했다. 이들은 2개월 동안 5개의 후보지에 대해 현지조사를 실행했고 결국 중산북로中山北路 이북, 차오양로曹

楊路 이서에 신촌 부지를 최종 결정했다. 이곳의 환경이 양호하고 발전 여지가 있어 이상적인 장소라고 판단했기 때문이다. 또한 이곳은 북쪽으로 젠루진眞如鎭, 남쪽으로 다샤대학大夏大學(현 화동사범대학華東師範大學)을 접하고 있어 가용 면적이 넓었다. 공작조는 5월 17일 「푸퉈구 시정 건설계획 공작에 대한 초보 정리(關于擬訂普陀區市政建設計劃工作的初步總結)」, 「푸퉈구 노동자 주거 실태 조사보고(普陀區現有工房調查報告)」를 작성하고 아울러 「푸퉈구 차오양신촌 노동자 숙소 건설계획 초보정리(普陀區曹楊新村工人宿舍建設計劃初步總結)」 등을 차례로 의정했다. 그리고 그를 근거로 상하이시도시계획연구위원회는 「상하이시 발전방향도上海市發展方向圖」를 참고해 「차오양신촌 설계(曹楊新村規劃)」, 「차오양신촌 배치모형도(曹楊新村地盤布置模型圖)」를 제작했다.[24] 당시 조사보고는 다음과 같이 현지 노동자의 거주 상황을 기록했다.

푸퉈구 62만km^2 경내는 과거 수십 년 동안 장기간 제국주의와 국민당 반동파의 통치하에 놓여 시정 건설이 극히 기형적으로 되었기 때문에, 노동자의 거주지는 일반적으로 매우 비좁을 뿐 아니라 통풍도 잘 안되며 햇볕도 들지 않는다. 노동자가 밤에 퇴근하고 돌아와서 수면을 잘 취할 수 없다. 그리고 절대 다수의 노동자 주택(工房)은 이미 사용 연한을 초과해서 심히 낡았으며 때로는 무너질 위험성이 있다. 펑후취棚戶區는 도로가 전혀 없어서 비가 오면 진흙탕으로 변해 걷기 힘들고, 사방에 악취가 진동하여 환경이 열악하다. 생산력을 진일보 발전시키기 위해서는 반드시 노동계급의 물질 생활 조건을 개선하고 제고해야 한다. 오늘날 이 도시를 개조하고 건설하면서, 주거 조건을 향상시키고 점차 새로운 주택을 대량 건축차지 않는다면 앞으로 생산에도 직접적인 영향을 끼칠 것이다. 이번 시정 건설은 우

선 푸퉈구 노동자 숙소를 건설한다는 내용을 중점으로 삼는다.[25]

　8월부터 건설 작업이 시작되었다. 건축 부지가 수용되고 9월에는 정식으로 개공되었다. 공정은 빠르게 진행되어 1952년 5월에 1차분 48동, 총 167개 단원單元, 건축 면적 32,366m²에 달하는 공인신촌이 완공되었다. 이 주택 단지는 차오양로曹楊路에 연해 있어 차오양신촌曹楊新村이라 명명되었고, 1차 완공한 주택 단지는 '차오양1촌曹楊一村'이라 불렸다. 당시 주택 분배 표준에 따르면 신축 주택은 1,002호戶의 주민에게 분배될 수 있었기 때문에 "1002호 공방工房"이라고도 불렸다. 이 '1,002호'의 주택 건설은 사회주의 상하이에서 노동자의 주거 조건을 개선하는 작업이 본격적으로 시작되었음을 알려주었다.

　차오양1촌은 곧 상하이에서 사회주의 권력이 노동자계급에 복무服務한다는 것을 상징하는 표지가 되었다. 이곳에 입주한 노동자들은 "노동모범", "선진생산자"들로서, 그들은 신촌 입구에 걸린 현수막과 환영 인파 속에서 마치 결혼식을 올리는 듯한 장면을 연출하며 입주했다. 또한 이는 사회주의 시기 노동자 주택의 모범으로 적극 홍보되었다. 1956년 상하이 커지아오 영화제작소(科教電影制片廠)이 제작한 〈그들은 어떻게 살아가는가(他們怎样過日子)〉는 바로 차오양신촌을 무대로 제작된 영화로, 공인신촌과 공장을 오가며 생활하는 두 노동자 형제의 생활을 사실적으로 묘사하고 있다.

　그런데 흥미로운 것은 당시 입주한 이들이 이 집을 서구식 정원주택을 의미하는 '양방洋房'이란 단어로 지칭하곤 했다는 점이다.[26] 붉은 지붕과 하얀 벽의 2, 3층 건물이 넓은 대지와 녹지에 어울려 있는 모습이, 그들에게는 마치 사회주의 시기 이전 조계 지역의 '화원양방花園洋房'같이 느껴졌던 것이다. 구舊상하이에서 양방은 노동자가 감히 누리지 못했던 공간이었기에, 공인신촌은 이들에게 사회주의 상하이에서 노동자의 지위가 완전히 달라졌음을 실감케 해주었다. 그런데 사실 입주자들이 이를 '양방'이라 부르는 것은 근거가 없는 일도 아니었다. 차오양신촌을 설계한 왕딩청汪定曾은 차오양1촌이 층수가 낮고 인구 밀도도 낮아서 1953년 중국을 방문한 영국인 건축사가 영국 건축 잡지에 이를 '정원도시(花園城市)' 유형으로 '잘못' 소개했던 일화를 전하기도 했다.[27]

왕딩청은 1938년 미국 일리노이대학에서 건축학 석사를 획득한 건축사로, 당시 상하이 성시규획위원회, 상하이시 성시규획관리국에 부임해서 차오양신촌의 총설계를 담당했다. 당시 그가 설계할 때 기반을 두었던 개념은, 1920년대 미국에서 페리(C. A. Perry)가 제기한 '근린주구단위(Neighborhood Unit, 鄰里單位)' 이론이었다. 이 이론은 공공편의시설, 상업, 문화 공간을 소규모 지역 단위로 구성해서 주민들의 독자적인 공동체 형성을 유도하는 것이었다(그림 1 참조). 차오양1촌은 그에 따라 반경 600m 정도의, 외곽에서 중심까지 도보로 7~8분 정도 걸리는 범위 내에 부지를 구성해 주민들의 생활권을 형성하려 했다. 그 중심에는 합작사合作社, 우체국, 은행, 문화센터 등 공공시설이 설치되었고, 주변에도 식료시장, 합작사 분점 등을 설치해 주민들이 집 근처에서 일용품을 구매할 수 있도록 했다. 초등학교(小學)와 유치원은 거주 단지 내에 설치하지 않고 집에서 10분 내에 통학할 수 있는 독립 구역에 배치하여, 거주 안정을 해치지 않고 아동들이 충분한 활동 공간을 확보할 수 있도록 했다(그림 2 참조).

차오양1촌은 입주 노동자들에게 매우 양호한 거주 환경을 제공했다. 그런데 이렇게 제고된 노동자 거주 복지는 오히려 비판의 대상이 되었다. 왜냐하면 절대다수가 아직 혜택을 누리지 못하는 상황에서, 선택받은 소수의 노동

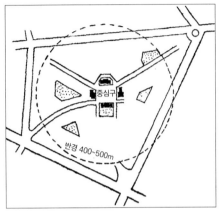

〈그림 1〉 근린주구단위의 설계 개념도
왕딩청이 소개하는 Perry의 'Neighborhood Unit' 이론
개념도. ◦ 출처: 汪定曾,「上海曹楊新村住宅區的規
劃設計」,『建築學報』 1956年 第2期, 2쪽.

〈그림 2〉 차오양1촌의 범위
도보로 7~8분 거리인 반경 600m 내에 주민 생활권이
형성될 수 있도록 계획. ◦ 출처: 朱曉明,「上海曹楊
一村規劃設計與歷史」,『住宅科技』 2011. 11, 49쪽.

자들에게 양호한 거주 환경을 제공하기 위해 지나치게 많은 돈을 쓴다고 인
식되었기 때문이다. 왕딩청에 따르면, 1931년 일찍이 소련공산당 중앙위원회
는 도시 개조와 건설에 관한 문제를 토론하면서, 소비에트 도시의 관점에서
볼 때 근린주구단위는 자본주의 국가의 '반동적 본질'을 지닌 건축 모델이라
고 비판한 바 있었다. 그것은 도로를 축으로 대칭 배치하고 공간을 하나로
묶어 대규모 주거 단지를 건설하는 소비에트 도시의 표준에 대비되는 것이
었다.[28] 1950년 시마코프 등 소련 자문단도, 상하이에서 정원주택을 넓은 지
역에 분산 건설하면 도로·수도·교통 등 기반시설 비용이 늘어나 경제적이지
못하므로 기존 시가지를 보수·확충하는 방향으로 개조를 진행하라고 조언했
다.[29] 왕딩청도 후에 "만약 우리가 건축계획을 세울 때 공인신촌 설계 방식을
소비에트 도시의 집단주택 방식으로 바꾸고 건축비에 대해서도 비교 분석했
더라면, 국가를 위해 건설자금을 절약할 수 있었을 것"이라고 반성했다.[30] 주

거 밀도가 낮게 설계된 차오양1촌은 노동자들에게 구舊상하이의 '양방'에 살게 된 듯한 느낌을 줄 정도로 주거 환경을 크게 개선했지만, 사회주의적 도시 모델에 부합하지 않는 비경제적인 건물이라는 비판에도 직면했던 것이다. 당시로서는 구舊상하이의 '극복'과 건설 경비의 경제성 확보는 양립하기 쉽지 않은 과제였다.

차오양1촌의 건설 이후, 1952년 4월 상하이시정부는 보다 큰 규모로 공인신촌의 건설을 확대했다. 그 건설 계획은 각기 10호가 거주하는 2,000개 단위의 주택을 노동자 가정에 제공하는 것으로서, '1,002호'에 대비해 총 2만 호의 노동자 주택이라는 의미로 '이만호 공방二萬戶工房'이라 불렸다. 그리고 차오양신촌 지구를 포함하여 양푸구楊浦區, 푸퉈구普陀區, 창닝구長寧區, 쉬후이구徐滙區, 황푸구黃浦區 등 상하이 전역에 9개 단지의 공인신촌이 건축되었다. 그 가운데 양푸구, 푸퉈구의 건축 면적이 가장 컸다.[31] 현재 해당 지역에 존재하는 신촌들은 모두 이만호 공방을 기초로 확충되어온 것들이다. 1952년 8월 15일 9개 단지에서 동시에 건설이 시작되어 이듬해 5월 양푸구가 먼저 준공했고 7월에 차오양신촌 부분도 완성되었다.

그런데 '1,002호'에서 '2만 호'로 공인신촌 건설이 확대되는 과정에서, 그 건축 기준은 하향 조정되었다. 이만호 공방은 '견고하고 실용적인 주택을 경제적으로 빨리 제공한다(堅固, 適用, 經濟, 迅速)'는 시공 원칙에 의거, 최대한 건축비를 아끼면서 많은 인구를 수용할 수 있는 방향으로 설계 표준이 조정되었다. 차오양1촌이 주거 밀도가 낮게 설계되어 호화롭다는 비판을 받았기 때문에 주거 밀도가 높게 조정되었고 주방이나 화장실 등을 공유시설로 하는 폭을 확대했다. 구체적으로 보면 1952년 건설된 '1,002호' 공인신촌은 3가구가 주방 1개, 화장실 2개를 함께 사용하는 형태로 매 가구당 면적은 32.3m², 건축비는 74원/m²이었는데, '2만 호' 공인신촌은 5가구가 주방 1개, 화장실 1개를 함께 사용하는 형태로 매 가구당 면적은 27.8m², 건축비는 57.9원/m²이었다. 기준은 그 뒤로도 계속 하락해서 1956~58년에 건설된 공인신촌은 가구당 면적이 16m², 건축비는 48.5원/m²으로 다시 조정되었다.[32] 1958년 대약진 이후에는 건축 투자 자체가 더 긴박되면서 건축 기준이 더욱 하락했다.

때문에 대부분의 공인신촌은 그 주거 조건의 수준이 차오양1촌에 비해 낮았다. 물론 이것도 예전 평후취에 비할 수 없이 개선된 것이기는 했지만, 사회주의 정권과 매체가 선전하는 차오양1촌으로 대표되는 공인신촌의 이미지는 노동자들이 일반적으로 경험했던 실제 생활 조건에 비해 과장된 것이었다고 할 수 있다. 밀집된 주거 공간 속에서 주방과 화장실 등을 공유하면서 노동자 가정 간에 갈등도 빈번히 발생했다.

그런데 사회주의 시기 공인신촌이 안고 있던 보다 근본적인 문제점은 도시 전체의 공간 구조 차원에 있었다. 앞서 지적했듯이 공인신촌이라는 국지적 차원의 도시계획은 상하이 전체의 총체적 도시계획과 밀접히 연동되어야 했다. 공인신촌은 대부분 '생산에 복무한다'는 원칙과 '주민들이 가능한 한 노동할 지점과 가까운 곳에 거주하도록' 하는 고려 속에서 모두 공업구가 밀집된 지역에 장소가 선정되었다.[33] 그렇지만 인근 공업구를 제외한 여타 지역과의 연결성이 취약해서 상하이 전체의 공간 구조 속에서 유기적인 성분으로서 기능한다고 보기 어려웠다. 차오양신촌은 푸퉈구 공업구에서 가까운 북서쪽 교외 농지에 자리했다. 왕딩청은 시가지와 거리가 멀다는 이곳의 단점을 의식하면서도 향후 교통망이 뒷받침된다면 기존의 시가지와 유기적으로 연결될 수 있다는 낙관적인 기대를 표했지만, 나중에는 "단순히 공업구에 가까워야 한다는 원칙 때문에 도시와의 관계에 소홀했다는 점을 부인할 수

없다"고 자인했다.[34]

한편 사회주의 시기에도 도심 지역의 면모는 기본적으로 유지되었다. 상하이시 당국은 재정적 한계 속에서 기존의 도시 자원들을 최대로 활용해야 했다. 주요 도로 등 공공자원들은 이름과 용도를 다소 변경하는 것 외에 큰 변경 없이 그대로 사용되었다. 당정 조직을 위한 건물이 새롭게 건설되지도 않았다. 외국 기업들이 남겨둔 와이탄의 건축물들은 이들의 업무 공간으로 전화되었다. 그 가운데 가장 화려했던 회풍은행滙豊銀行(Hongkong & Shanghai Banking Corporation) 건물은 이제 상하이시정부가 차지했다. 동방회리은행東方滙理銀行(Banque de l'Indochine) 자리에는 상하이시 공안국의 교통처交通處가 설치되었다. 그 외 상하이의 시정기관 대다수는 황포구에 위치했다. 이런 방식으로 외국 교민, 국민당, 자본가들이 남긴 조계 지역의 서구식 정원주택과 아파트는 신정권의 고위간부들이 접수해 사용했다. 상하이시장 천이陳儀는 프랑스 공동국 관리가 살던 집에 거주했다. 새롭게 건설된 건물은 1955년 공공 조계와 프랑스 조계의 경계에 세워진 중소우호빌딩(中蘇友好大廈, Exhibition Palace) 정도로, 이는 중소우호의 상징으로 소비에트 도시 건축물의 면모를 볼 수 있는 거의 유일한 예가 되었다.[35]

시가지의 스쿠먼, 리룽 주택도 그대로 남았다. 도심 건축물들과 달리 이 건물들은 이곳 주민들의 주거 및 업무 기능을 유지했다. 사회주의 정권하에서 지역 공동체의 관리와 업무는 집체적 방식으로 변화했지만, 이들이 처해 있던 상하이 시가지의 공간 구성과 위상은 대체로 지속되었다. 시가지 보수·유지에 충분한 재원이 투여되지 못했기 때문에 이 지역의 주거 조건도 열악해졌고, 이곳을 떠나 신촌 등으로 이주를 희망하는 경우도 있었다. 그렇지만 시가지에 위치한 이 구舊상하이의 도시 공간은 사회주의 시기에도 파괴를 피

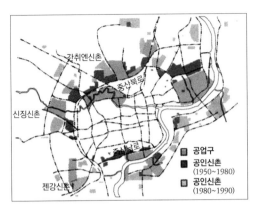

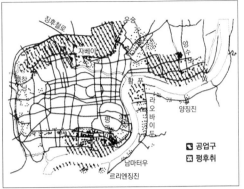

〈그림 3〉 상하이 공업구와 공인신촌 분포도(1950~1990)

1950~90년간 상하이 공업구와 공인신촌은 시가지 외곽에 분산
되어 있었다.

• 출처: 上海城市規劃志編纂委員會 編, 『上海城市規劃
志』, 上海社會科學院出版社, 1999, 93쪽, 100쪽, 523쪽.

〈그림 4〉 1949년 이전 상하이 공업구와 평후취 분포

1949년 이전 상하이의 공업구는 평후취와 마찬가지로 시가지
외곽에 배치되었다.

• 출처: 楊辰, 「社會主義城市的空間實踐: 上海工人新村
(1949~1978)」, 『人文地理』 2011年 第3期, 39쪽.

해서 살아남은 채로 여전히 그 주민들의 기억을 담고 있었다.

1949년 이전 평후취와 1949년 이후 공인신촌의 분포를 비교해보면, 공인
신촌의 분포는 기본적으로 평후취의 분포와 마찬가지로 상하이 시가지의 주
변에 분산되어 있음을 알 수 있다(그림 3, 4 참조). 전술했듯이 공인신촌들은 시
가지 구역과 유기적으로 연결되어 있지 않았다. 그런 점에서 구舊상하이에서
조계와 화계, 평후취 간에 형성되어 있던 중심-주변의 위계적 공간 구조는
사회주의 시기에도 근본적으로 변화하지 않았다.[36]

그 속에서 공인신촌은 주변화된 공간에 처해서,[37] '상척각上隻角'과 '하척각
下隻角'의 위계적 대비 가운데 후자의 위치를 벗어나지 못했다.

공인신촌의 건설은 사회주의 상하이의 노동자들에 대한 공간 실천으로 주
목될 만하다.[38] 그런데 국지적 차원에서 진행된 이 도시 개조가 총체적 차원
의 상하이 도시 개조와 연동되지 못하면서, 공인신촌이 도시의 전반적인 공

간 구조에서 점하는 비중은 제한적일 수밖에 없었다. 또한 공인신촌의 주거 조건 자체도 시간이 갈수록 점차 하향 조정되었다. 이런 측면에서 사회주의 시기 이들의 사회주의 도시에서의 경험은 번성했던 구舊상하이에 대한 기억을 완전히 떨쳐낼 수 있는 것은 아니었다고 할 수 있다.

4. 사회주의 기억의 재구성과 굴절

2003년 7월 후난위성티비(湖南衛視)의 〈상형도시(象形城市)〉라는 프로그램에서 〈누가 더 '대大상하이'를 대표할 수 있을까(誰更能代表"大上海"?)〉라는 주제의 흥미로운 토론이 벌어졌다. 상하이를 대표하는 건축물이 스쿠먼인지 아니면 공인신촌인지에 관한 논쟁이었다. 주지하듯이 스쿠먼은 태평천국을 계기로 조계 지역에서 폭증한 중국인의 주택 수요에 맞춰 보급된 주택 양식이다. 내부는 중국 강남 지역의 전통 민간주택 양식을 유지하고 외부는 서구의 타운타우스 양식으로 장식했기 때문에 '중서합벽中西合壁', 즉 중·서 문화의 융합 산물로 주목되며, 바로 이 점 때문에 개항도시 구舊상하이의 문화적 특징을 잘 보여주는 도시 공간으로 인식되어왔다. 이에 비해 공인신촌은 사회주의 시기 노동자 가정에 보급된 주택 양식으로, 사회주의 상하이의 도시 공간으로서 새롭게 주목되었던 것이다. 어떤 점에서 위의 논쟁은 도시 공간의 차원에서 구舊상하이를 주목할 것인지, 아니면 사회주의 시기—대비해서 말하자면 신新상하이—를 주목할 것인지를 둘러싼 논쟁이기도 하다.[39]

상하이의 사회주의 개조는 소비도시에서 생산도시로의 개조를 통해 구舊상하이의 면모를 사회주의 도시로 일신해가는 것이었다. 구체적으로는 상하이의 시구 영역을 확대하고 주변에 공업구, 위성도시를 배치해 기본인구를 중심으로 인구를 분산 재배치하며, 아울러 그 전체 영역을 다시 유기적 구조로 재구성하는 기획이었다. 그 가운데 공인신촌은 생산도시의 기본인구인 노동자 가구를 생산 활동과 밀접히 연관된 구조하에 자리 잡도록 하고자 했다. 이는 기존 논자들이 주목해온 바와 같이 사회주의적 지향을 도시 공간 차원에서 실천하는 작업으로서 중요한 의미를 갖는다. 그렇지만 공인신촌이라는 국지적 차원에서 전개된 도시 개조는, 상하이 전체의 총체적 도시 개조와 연동되어 진행되지 못했기 때문에 그 의미가 제한될 수밖에 없었다. 사회주의 도시 개조를 거치면서도 구舊상하이로부터 이어져온 이 도시의 공간 구도는 기본적으로 잔존했다. 상하이 도심의 서구식 건축물과 시가지의 스쿠먼·리룽 등은 낙후한 상태에서도 상하이라는 도시를 구성하는 주요 성분으로서 그 기능과 위상을 유지했다. 결과적으로 사회주의 시기 도시 공간에는 구舊상하이의 요소와 신新상하이의 요소가 병존하게 되었다.[40] 사회주의 시기 이 도시 주민이 살아가던 도시는 이 두 요소가 함께 존재하면서 복잡하게 작용하는 도시 공간이었다.

개혁·개방 이후 상하이사 연구가 활발해지고 구舊상하이의 역사상이 부각되면서 위 두 요소 가운데 하나의 흐름이 급격히 부상했음을 앞서 언급했다. '올드 상하이 노스탤지어'로 지칭되는 구舊상하이 시공간에 대한 집단적 향수 현상이 나타났을 때, 그 속에서는 사회주의 시기를 통해 복류伏流하면서 재구성된 구舊상하이에 대한 기억이 되살아나고 있었다. 당시 자주 인용되던 천단옌陳丹燕의 글은, 1970년대 관리·보수가 제대로 이루어지지 않아 낙후했던 도심의 한 어두운 밀실에서 열린 비밀무도회를 묘사하면서 어느 노인의 독백을 들려준다. "당신들은 다시는 그 찬란했던 상하이를 볼 수 없을 거야.

그때에 비하면 지금 당신들은 촌사람이지."[41] 개혁·개방 이후 학계와 문화계의 논자들이 구舊상하이를 적극적으로 재구성해갔던 움직임의 배후에는, 사회주의 시기 도시 개조의 현실 속에서 그와 대비되면서 재구성되었던 이 도시 주민의 구舊상하이에 대한 기억이 있었다고 할 수 있을 것이다. 말하자면 구舊상하이는 사회주의 시기 동안 복류하면서 재구성·굴절되다가 개혁·개방의 물꼬가 터지면서 분출되었던 것이다.

반면 그 속에서 공인신촌은 거의 기억되지 않았다. 사회주의 시기, 공인신촌의 주민들은 사회주의 도시의 기본인구였지만 상하이 전체의 도시 공간 구조에서 결코 중심적 위상을 점하지 못했다. 이들은 개혁·개방 이후 상하이와 구舊상하이가 화려하게 복원될 때도 도시 변두리의 주민으로서 상당 기간 소외되었다. 상하이시정부는 2005년 10월에 차오양1촌을 우수역사건축으로 지정해 보존하고, 나머지 차오양신촌은 개축하여 현재 고층아파트가 들어서 있다.[42] 현재 복원되고 있는 공인신촌에 대한 기억은 중국 사회주의의 성공에 힘입은 바가 크며, 그것을 둘러싼 문화정치의 구도도 작용하고 있다. 그런데 그 배후에는 마찬가지로 개혁·개방 시기를 복류했던 '신新상하이'에 대한 이 도시 주민들의 또 다른 기억이 있다고 할 수 있을 것이다. 그 과정에서 사회주의 시기와 개혁·개방 시기를 거치면서 억눌렸던 이들의 기억이 어떤 양상으로 재구성·굴절될지는 좀 더 두고 볼 일이다.

새로운 중국의 새로운 노동자 만들기
―선양시 노동경쟁 캠페인과 공인촌

한지현

1. 1950년대 초의 중국

중화인민공화국 건국 직후의 중국을 어떻게 이해할 수 있을까. 전 중국이 사회주의 개조와 대약진의 소용돌이에 빠지기 전, 1950년대 초의 모습은 어땠을까. 중화인민공화국을 건국한 시점의 중공은, 새로운 국가나 왕조를 세운 여느 집권 세력처럼 전 중국의 광활한 땅에서 방대한 물자와 사람을 다스리는 데 '초보'였다고 보아도 무방하다. 물론 국가 통치에 필요한 지식과 경험들이 건국 이전부터 축적되고는 있었다. '사회주의'라는 통치 이데올로기를 가지고 있었고, 소련이 그것을 현실화해서 전례로 보여주고 있었다. 또 국민정부, 혹은 그 이전 시기의 각종 제도, 인적 자원, 국가-사회관계 등을 이어 받고 있었다. 전국을 다스리는 것과는 규모 면에서 차이가 크겠지만, 중공 스스로 1920~40년대 변구 및 해방구를 통치한 경험도 있었다. 하지만 '전국 통치'는 중공에게 완전히 새로운 과제였다. 새로운 세상을 만들어 나가겠다는 열망이나 기대감과는 별개로, 여러 방면에서 시행착오를 경험할 수밖에 없었다.

필자는 중화인민공화국 건국 초기를 중공과 사회 간 컨센서스(consensus) 구축의 시기로 보려고 한다. 중공을 사회주의 이데올로기를 일방적으로 주입하는 권위주의적 통치자가 아니라,—적어도 1950년대 초에는—시행착오를 겪어가며 성장 중이었던, 그래서 협상의 여지가 있었던 초보 통치자로 보는 것이다. 새로운 통치자의 의중을 살피며 동조, 의심, 협상, 도피 등의 방식으로 대응하는 사회 각 방면의 사람들에게, 중공이 새로운 패러다임을 알리고 동의를 얻어내는 설득, 협박, 협상, 절충, 공격 등의 과정은 건국 초기 사회 각 방면에서 벌어졌다. 새로운 국가의 비전은 이러한 상호작용의 결과로 만들어져가고 있었다.

그 상호작용의 일환으로 중공은 새로운 노동자, 이상적 노동자에 대해서도 적절한 비전을 제시할 필요가 있었다. 중공이 농촌에서 인적·물적 자원을 효율적으로 조직하여 군사적 승리를 거두었던 것이 중국혁명의 주요 원동력이었음은 분명하다. 그런데 국공내전에서의 승리가 거의 확실시된 1949년 초, 중공은 당의 정책 방향을 농촌 중심에서 도시 중심으로 이행했다. 곧 수립하게 될 새로운 국가는 오랜 전쟁으로 피폐해진 국가경제를 회복시키는 데서 출발할 필요가 있고, 이를 위해 도시 성장과 산업 발달이 필수적이라고 인식했기 때문이다. 그러나 중공은 도시 및 산업 관리의 경험이 부족했으므로 새로운 정책을 실현하는 과정에서 사회적 협조가 불가피 했다. 그런 맥락에서 노동자는 도시의 주요 구성원이자 산업 발달의 역군으로서 중시되었다. 뿐만 아니라 중공은 이데올로기적으로 "노동계급의 선봉"을 표방하는 정당이었다. 새로운 국가와 새로운 사회에 걸맞은 새로운 노동자란 무엇인가, 새로운 노동자는 어떤 구체적인 방식을 통해 만들어질 수 있는가를 고민해야 했다.

1950년대 초 선양시潘陽市 톄시구鐵西區는 '새로운 노동자상'을 제시하고 창출해가기에 적절한 역사적 배경 및 사회경제적 구조를 가지고 있었다. 중국 동북東北 지역 랴오닝성의 성도인 선양시는 청 말부터 20세기 전반에 걸쳐 동북 지역 정치·경제의 중심지였다. 선양시의 서부에 위치한 톄시구는 러일전쟁에서 승리한 일본이 1907년 남만주철도주식회사를 건설하고 다롄과 창춘을 잇는 철도 권익을 확보한 후, 펑톈역奉天驛(선양역의 옛이름)을 기준으로 서쪽에 획정한 철도 부속지의 일부로 역사에 등장했다. '철로의 서쪽(鐵西)'이라는 이름은 그런 배경에서 유래했다. 일본의 대형 재단과 자본가들이 이 철도 부속지에 공장을 건설하기 시작했고, 만주국이 들어선 1931년까지 28개의 공장이 지어졌다. 만주국의 산업개발계획에 따라 선양시 전체에 제련, 화학, 전기, 기계설비 등의 중화학 공장들이 다수 건설되었고, 만주국 정부가 톄시구를 시 경제 건설의 핵심 지역으로 지정한 이후에는 295개의 공장이 톄시구 안에 더 세워졌다.[1] 이 공장들은 1945년 일본이 패전한 후 소련군, 뒤이어 국민당군에 의해 접수되었고, 1948년 11월 중공이 선양을 장악하면서 최종적으로 중공의 소유가 되었다. 중공은 '중공업 및 철도 교통 등의 기간산업은 국유화한다'는 원칙에 따라 기존 설비를 접수하고 있었기 때문에, 톄시구의 중공업 공장들은 모두 국유화되었다. 그 결과 중화인민공화국 건국 초기 선양시 톄시구는 국가 소유의 중공업 공장이 집중된 공업 지대였다.

이 지역에 집중된 중공업 공장들이 국가 소유였다는 점은 새로운 노동자상을 만들고 보급하는 과정을 이해하는 데 중요하다. 사회학자 앤드류 월더 (Andrew Walder)는 중국 국유기업의 인적 구조, 자원 분배 구조, 이데올로기 등으로 인해 노동자들이 노동과 생활의 거의 모든 측면을 국유기업에 고도로 의존할 수밖에 없었다고 주장한다.[2] 월더의 분석에 따르면 국유기업은 중공이 노동자를 대상으로 하는 활동을 펼치기에 효과적인 장이었을 것이다. 또 국유기업의 운영 방식과 노동 정책은 건국 초기에 중공에 아직 접수되지 않고 남아 있던 사영기업들에게 가이드라인을 제시했으므로 국유기업을 넘어선 다른 형태의 산업에까지 영향을 주었다고 할 수 있다. 따라서 국유기업이 집중되어있던 선양시 톄시구는 새로운 중국에서 새로운 노동자가 개인으로서 집단으로서 어떻게 재건설되어갔는지 효과적으로 보여주는 공간이라고 할 수 있다.

2. 톄시구의 생산 재개와 노동자 모집

중공은 1948년 11월 2일 선양에 입성하며 동북 전역을 손에 넣었다. 중국 전역에서 국민정부와의 전쟁이 계속되고 있었지만 동북에서만큼은 전쟁이 종식된 것이다. 이후 중공은 '회복과 발전'을 동북의 주요 목표로 설정했다. 당시 이 지역은 선양, 하얼빈뿐 아니라 철강도시 안산鞍山, 석탄도시 푸순撫順, 중형 공업도시 번시本溪와 톄링鐵嶺 등을 포함한 중국 최대의 공업 지역이었다. 따라서 중공은 이 지역에서 공업 생산을 재개하여 내전을 지원함과 동시에, 향후 국가경제 발전의 기반을 닦고자 했다.[3] 선양시 톄시구에 집중된 중공업 공장들은 비록 제2차 세계대전과 국공내전을 거치며 파괴당했지만, 중공의 향후 구상에 기여할 수 있는 잠재력을 가지고 있었다. 중공은 이 공장들을 빠르게 회복시키고, 더 나아가 효과적으로 발전시킬 필요가 있었다.

선양 접관接管 당시 이 공장들에 대한 중공의 태도는 이중적이었다. '일본 제국주의와 국민당의 잔재'지만 중국의 경제 발전에 필요한 공장들이었다. 선양 도시 접관의 주요 원칙은 "각 계통에 따라, 위에서 아래로, 원래 그대로, 접수가 먼저고 분배는 그 다음(各按系統, 自上而下, 原封不動, 先接後分)"이었는데, 이는 접관에 동원되는 인원이 충분하지 않은 상황에서 혼란을 최소화하고 모든 기구를 효과적으로 접수하기 위함이었다.[4] 이 원칙에 따라 여러 기구의 기존 체계가 그대로 유지된 것은 물론이고, 많은 수의 기존 인원이 유용(留用)되었다. '정치적으로 위험하다'고 판단되는 정부기관과 경찰 계통 등에서는 유용 비율이 낮았지만, 국영기업에서는 접수 당시 보고된 노동자의 95%가 유용되었다.[5] 그런데 도시 접관이 기본적으로 마무리된 이후에도 경제 분야에서 기존 인원을 해고하는 일은 거의 없었다. 한 보고서는 "기업 운영 시 발생할 수 있는 문제 상황에 관해 자문할 사람을 남겨두어 생산의 안정을 도모하고자" 기존 인원을 대부분 그대로 고용한다고 밝혔고,[6] 이는 "이들이 비록 국민당 정권하에서 일했지만 그 활동 자체는 인민에게 유익했었다"는 논리로 정당화되었다.[7] 경제발전의 필요성과 도시경제 및 기업경영에 대한 중공의 경험 부족이, '일본과 국민당의 잔재'를 적극 활용하는 데 정당성을 부여했다. 그 결과 선양시 톄시구의 중공업 공장들은 중공의 국유기업이 되고, 공장에서 일하던 노동자들도 국유기업 노동자로 탈바꿈하게 되었다.

접수 이후 각 공장의 설비 회복을 위한 작업이 이루어졌고, 1949년 중반부터 톄시구의 상당수 공장들이 생산을 재개했다. 그에 따라 노동력 수요도 증가하여 많은 수의 노동자가 새로 모집되었다. 1949년 이후 톄시구 국영기업의 노동자 고용 방식은 크게 네 종류가 있었다. ① 기존 노동자 유용, ② 원래 각 공장에서 일하다가 전쟁 기간에 실직한 노동자들의 재고용, ③ 외지 출신의 새로운 노동자 모집, ④ 전국 각지의 기술자 초빙이 그것이다. 그 외에 전쟁 후 제대한 군인들과 갓 고등학교를 졸업한 학생들의 채용도 있었다. 기존 노동자의 유용은 앞서 살펴본 대로이고, 실직 노동자의 재고용은 공장이 회복됨에 따라 각 공정에 익숙한 예전 노동자들을 다시 찾아 고용하는 자연스러운 과정이었다.

세 번째는 외부에서 유입된 노동자들, 주로 농촌 노동자들이었다. 중일전쟁과 국공내전의 혼란 속에서 주요 도시들이 그나마 안전한 곳, 돈벌이를 할 수 있는 곳으로 인식되어 많은 농촌 주민들을 끌어들였지만, 이들은 직업을 찾지 못해 도시의 실업자로 전락하는 일이 많았다. 도시에 유입된 농촌 노동자의 실업 문제를 우려한 중공은 각 도시를 접수한 뒤 노동취업위원회를 만들어 각 기업에 구직자를 배치했다. 다른 지역에 비해 실업 문제가 심각하지 않았던 선양에도 1950년에 노동취업위원회를 설립해 구직자와 구인 기업이 각자의 수요를 충족하도록 했다.[8] 그런데 공장들이 회복 발전하는 속도가 점차 빨라지면서 노동력 수요가 급증했고, 기업들 사이에 정부 주도의 고용 방식이 느리고 비효율적이라는 인식이 퍼졌다. 그에 따라 각 기업에서 농촌으로 인사 담당자를 파견해 노동자를 모집하거나, 친척이나 친구들을 데려오라면서 노동자들을 고향에 보내기도 했다. 선양에서 큰 사업이 벌어지고 있다는 소문을 듣고 산둥山東과 화북華北의 농촌에서 온 노동자들을 고용한 사례도 있었다.[9]

마지막 그룹은 전국 각지에서 초빙한 기술자들이다. 선양시 톄시구의 중공업 공장은 대부분 일본인들에 의해 설립·운영되었기 때문에, 공장의 설비를 다루는 기술부터 중공업 공장을 경영하는 기술에 이르기까지 그들에 의해 독점되었다. 안산철강의 경우, 대량의 일본인 기술자를 유용하여 생산기술을 유지하려 했지만,[10] 톄시구에서 그랬다는 기록은 찾지 못했다. 대신 기술자 부족 문제를 해결하기 위해 다른 지역에서 중국인 기술자를 초빙하려는 노력이 이어졌다. 당시에는 광둥, 산둥, 상하이 등지에 선진적인 공업기술을 보유한 기술자들이 많았기 때문에, 여러 공장에서 이 지역으로 채용 팀을 보내 기술자들을 초빙했다.[11]

테시구의 중공업 공장들은 중공에 의해 국유화된 뒤 점차 생산을 재개했고, 전국 각지에서 온 노동자 및 기술자를 고용함으로써 증가하는 노동력 수요에 대응했다. 새로운 중국의 새로운 노동계급은 테시구에서 이렇게 그 모습을 드러내기 시작했다.

3. 노동경쟁 캠페인과 모범노동자 선정
: 새로운 노동자상의 구체화

건국 초기 중공은 접관한 각 국영기업의 경영 제도 변화, 구체적 생산계획 설정, 재무관리 개선, 설비 확충, 기술 도입 등 여러 방면의 제도적 변화를 통해 생산성 향상을 도모했다. 다른 한편으로는 노동자 개개인의 생산력을 진작함으로써 전체 생산성을 늘리려는 시도가 이어졌는데, 대표적인 것이 대중운동 방식의 노동경쟁 캠페인이었다. 노동경쟁은 생산라인에서 독보적인 성과를 거둔 노동자에게 여러 혜택을 주고 그것을 널리 알림으로써, 노동자들 간의 발전적 경쟁을 유도하여 전체 생산성을 제고하려는 활동이었다.

노동경쟁은 1935년 소련의 스타하노프 운동(Стахановское движение)에 그 기원을 둔다. 1935년 8월 알렉세이 스타하노프(Алексей Григорьевич Стаханов)라는 광부가 기존 생산력 기준 14배 이상의 석탄을 채굴한 사실이 당 고위층에 보고되고 당 기관지 『프라브다(Правда)』에 보도되었다. 스타하노프는 국가적 영웅이 되었고 그의 이름을 딴 노동경쟁 캠페인이 전국에서 벌어졌다. 각 산업 분야에서 기존의 기준치를 크게 넘어선 생산 노동자들이 '새로운 시대에 걸맞은 이상적인 사회주의적 인간'으로 『프라브다』에 연이어 소개되었고, 당에 의해 모범노동자로 지정되었다. 모범노동자로 선정되면 당으로부터 인정받고 사회적 명망을 얻을 뿐 아니라, 성과급 등의 물질적 혜택도 얻을 수 있었다. 전국적인 명망을 얻은 노동자의 경우 당의 선전 부문으로 자리를 옮겨 활동하기도 했다. 소련에서는 전부터 각 공장마다 크고 작은 노동경쟁 활동을 펼쳐왔지만, 스타하노프 운동이 노동경쟁의 제도화에 가장 중요한 계기였다.[12]

중공이 이 운동을 전례 삼아 나름의 노동경쟁을 펼치기 시작한 것은 1940년대 초 옌안延安에서였다. 1943년 국민당군에 포위된 상황에서 자급자족적 경제를 건설하기 위한 방안으로 대생산운동大生産運動이 개시되었다. 농민과 공장 노동자들 가운데 뛰어난 생산 성과를 올린 이들을 모범노동자로 선정하여 그들의 성과를 보도하고, 모범노동자를 모아 대회를 개최하는 등 스타하노프 운동과 유사한 활동이 이어졌다. 이 활동을 통해 각 지역에서 모범노동자로 선정된 이들이 지역 지도자로 성장하여 중공의 영향권 전역에서 혁명적 분위기가 형성되는 데 공헌했다는 것이 이 운동에 대한 학자들의 공통적인 견해이다.[13] 하얼빈哈爾濱을 중심으로 동북 지역 북부를 장악한 이후 중공은 1946년 말에는 노동모범운동勞動模範運動을, 1947년 10월에는 생산입공운동生産立功運動을 벌였다.[14] 그런데 소련의 경험에서 배운 것은 중공만이 아니었다. 중일전쟁 시기 충칭 국민정부 역시 유사한 형태의 공작경쟁운동(工作競賽運動)을 벌였다. 이 운동은 농촌, 공장, 정부를 막론하고 사회의 거의 모든 영역에서 "일본에 대항하여 중국의 힘을 키우기 위해" 동원된 것으로, 장제스가 직접 지시했고 1945년 전쟁이 끝날 때까지 계속되었다.[15]

선양시 톄시구에서 노동경쟁 캠페인이 벌어진 것은 중공이 선양을 장악한 직후부터였다. 가장 먼저 동원된 전 시 규모의 노동경쟁은 기재헌납 운동(獻納器材運動)이었다. 이 운동은 동북 지역의 철강도시 안산에서 시작되었고, 중공의 인정을 받아 전 동북 지역으로 확대되었다. 중공에 의해 안산이 '해방' 되었던 1948년 2월 당시 안산철강은 소련이 전쟁 배상금 명목으로 무분별하게 설비를 철거한 데다 내전의 영향까지 겹쳐 생산 재개가 어려울 정도로 파괴되어 있었다. 이에 철강노동자 멍타이猛泰가 매일 공장 주변에 흩어져 있는 설비 부품들을 모아 공장에 '헌납'하기 시작했고, 다른 노동자들 또한 이 활동에 동참하여 1년 동안 약 20만 건 이상의 부품을 모아 공장 재개에 기여했던 것이 운동의 시작이었다는 게 중공의 공식적인 설명이다. 선양시 총공회 노동자학교에서 안산의 기재 헌납 운동 소식을 들은 노동자 탕광안唐廣安이 기기를 헌납하면서 선양에서도 이 운동이 시작되었고, 1949년 1월에는 전시 국영기업으로, 1950년 1월에는 전 동북 지역으로 확대되었다.

이 활동은 노동자들의 애국심이나 헌신적인 동기에서만 비롯되었다기보다는, 일종의 '정치적 의례'로 행해졌다고 볼 수 있다. 당시 동북 전역에 걸친 공장 파괴는 소련의 철거, 국민당군이나 미군의 폭격 때문만은 아니었다. 1945년 이후 혼란스러운 시기에 생계를 유지하기 위해 노동자 스스로 공장의 설비를 떼어다 팔거나 집에 보관해두었던 양도 상당했다.[16] 앞 장에서 살펴보았듯이 빠른 생산 재개를 위해 기존 노동자들을 대부분 유용해야 했던 중공 입장에서, 설비를 떼어간 말단 노동자들에게 중공 간부 수준의 정치적 순수성을 요구하기는 힘들었다. 오히려 기재들을 '반납'하는 게 아니라 '헌납'할 수 있는 기회를 제공함으로써 그들을 유용할 정당성도 확보할 수 있었다. 노동자들 입장에서는 과거의 잘못을 고백하고 '새로운 시대의 모범노동자'로 번신翻身할 기회이기도 했다.

1949년 들어 공장들이 점차 생산을 재개하면서, 각 공장에서 생산성 향상을 위한 본격적인 제도 개선과 대중운동이 시작되었다. 선양에서 가장 큰 반향을 불러일으켰던 노동경쟁은 신기록 창조 운동(創造新紀錄運動)이었다. 1949년 8월 선양 제3기기공장의 노동자 자오궈유趙國有는 2시간 20분 만에 원뿔형 도르래를 생산했는데, 이는 기존의 평균 생산시간인 7시간은 물론이고, 최단 기록인 만주국 시기의 4시간을 훨씬 넘어선 신기록이었다. 신기록을 세운 과정이 흥미롭다. 자오궈유는 선양 제4기기공장의 노동자 룽유팅榮雨亭이 5시간 만에 원뿔형 도르래를 생산했다는 소문을 듣고 경쟁심이 발동하여 동료 장상쥐張尚擧와 함께 경쟁하며 점차 생산시간을 축소해갔다고 한다. 이들의 신기록 생산 과정은 『동북일보』에 여러 차례 보도되면서 많은 노동자 및 당·정 간부의 이목을 끌었고, 1949년 11월 소집된 선양시 총공회 제1차 노동대표 대회에서 전 시 국영기업에서 신기록 창조 운동을 동원할 것이 결의되었다. 그에 따라 기존의 최단 생산시간을 넘어서기 위한 경쟁이 여러 산업 부문의 생산라인 각각에서 벌어졌다. 신기록을 세운 노동자는 다른 노동자의 경쟁심을 불러일으킬 수 있도록 각 공장 생산라인에 이름과 사진이 내걸리거나, 『동북일보』 혹은 『인민일보』에 보도되었다. 모범노동자로 선정되면 시·성·전국급의 모범노동자 대표회의에 소집되기도 했고, 일부는 중국 내 다른 지역으로 성과를 전파하는 홍보단이 되거나, 소련과 유럽 등지에 모범노동자 대표단으로 파견되어 외국의 선진 경험을 배워 올 기회를 얻기도 했다. 자오궈유는 톄시구가 배출한 가장 유명한 모범노동자이자 모범노동자의 전국적 상

징이 되었다.[17]

노동경쟁이 '신기록 창조'라는 형태로 동원된 것은 지역적 특수성에 기인한다. 여기서 말하는 '신기록'의 기준은 만주국 시기의 기록이었다. 건국 직후 중국의 공업기술은 그때까지 생산력의 최고치를 달성했던 1943년의 만주국의 수준을 한참 밑돌고 있었다. 만주국의 유산을 품고 있던 톄시구의 특성상, 노동자들의 부모나 조부모가 일했을 바로 그 공장들에서 만주국의 기록을 넘어서는 새로운 기록을 달성하자는 구호는 민족주의적이면서 역사적인 호소력을 발휘했다. 신기록이 계속 갱신되는 과정은 마치 새로운 시대의 새로운 노동자들이 미래를 향해 조금씩 나아가고 있음을 보여주는 것 같았다. 중공이 진작하려는 '새로운 시대의 노동'은 '식민통치하의 강제노동'이 아닌 개개인의 긍정적인 경쟁심에서 비롯된 자발적이고 창조적인 노동이었다. 중공이 이 운동을 동북 전역에서 적극적으로 장려했던 것은 이러한 정치적이고 정신적인 효과를 활용하기 위해서였다.

신기록 창조 운동이 계속되고 있던 1950년 10월에는 한국전쟁에 대응하기 위해 벌인 대중운동인 항미원조운동抗美援朝運動의 일환으로 애국주의 노동경쟁(愛國主義勞動競賽)이 개시되었다. 항미원조의 시대적 맥락을 접목시켰지만 신기록 창조 운동에서 이름만 바꿨을 뿐 사실상 동일한 노동경쟁 활동이었다. 자오궈유의 신기록을 넘어서자는 구호도 여전했고, 자오궈유가 계속 주요 인물로 이 경쟁에 동참했다. 애국주의 노동경쟁은 톄시구에 위치한 선양 제5기기공장의 노동자 마헝창馬恒昌이 그의 생산소조 소속 노동자들 10명과 함께 1951년 1월 『노동일보』와 『인민일보』에 「전국 노동자를 향한 도전서」를 보낸 것이 전국적인 반응을 불러일으키며 마헝창 소조 경쟁(馬恒昌小組競賽)으로 한 번 더 이름을 바꾸게 된다. 마헝창의 소조는 신기록 창조 운동이 벌어지고 있을 때 모범소조로 『인민일보』에 보도된 적이 있었다. 노동자 개개인 간의 경쟁을 넘어서서 소조 내부의 협동심을 진작시키고자 했던 중공이 마헝창 소조에 주목하여 이들의 도전서를 전국 언론에 싣게 한 것이 운동의 시작이었다. 노동경쟁은 1951년부터 이듬해까지 동북 전역의 정부과 국영기업에서 벌어진 증산 절약 운동增産節約運動의 일환으로도 지속되었다.[18]

이처럼 노동경쟁은 1948년 11월 선양이 '해방'된 직후부터 1952년까지 쉬지 않고 계속 동원되었다. 그 결과 1952년 이후 노동경쟁은 특별한 이름을 부여받으며 동원되는 것이 아니라 자연스러운 노동자 공장 생활의 일상이 되었다. 노동자들이 경쟁을 하고, 좋은 성과를 올린 노동자에게 혜택을 주고, 모범노동자를 위한 대회가 정기적으로 열리는 일련의 과정이 사실상의 제도로 정착되면서 특유의 작업장 문화가 형성되어 중공의 정치경제적 필요에 복무하게 되었다. 신기록 창조 운동에서 애국주의 노동경쟁으로 전환될 무렵, 애국주의 노동경쟁이 무엇이고 어떻게 진행될 것인지 노동자들에게 굳이 설명하지 않아도 다들 잘 알고 있었다는 보고서들이 그 효과를 뒷받침한다.[19]

이러한 운동들의 보편적이고 1차적인 목적은 노동자 개개인의 생산력 향상이었다. 제도적·기술적 개선과 더불어 노동자 개개인의 잠재력을 최대한 끌어내 전체적인 생산력을 제고하려는 기획이었다. 이를 위해 인간 본연의 경쟁심을 자극하거나, 민족주의적이고 역사적인 구호를 동원하거나, 사회적이고 물질적인 혜택을 제공하는 등의 방식이 전방위로 활용되었다.

또한 이 시기 중공의 정치경제적 상황을 고려해본다면, 노동경쟁은 정권 공고화를 위한 정치적 수단이기도 했다. 기재헌납 운동은 접관 초기 새로운 정권과 노동자 유용을 정당화하기 위한 정치적 의례의 장으로 활용되었다.

신기록 창조 운동과 그 후 일련의 노동경쟁은 사회주의 이데올로기의 적용 및 확산을 용이하게 했다. 노동경쟁이 벌어지는 생산라인 현장에서 중공의 이데올로기가 노동자 개개인에게 전달되고 학습되고 반복될 수 있었다. 모범노동자들은 대표회의에 주기적으로 초대되어 '모범노동자'라는 개인적이며 집단적인 정체성을 강화했다. 직접 전국을 돌아다니며 프로파간다의 확성기가 되기도 했다.

사회학자 마이클 부라보이(Michael Burawoy)는 자본주의 체제하의 노동자가 스스로에게 직접적으로 돌아오는 이익이 크지 않다는 것을 알면서도 왜 그렇게 열심히 일할까라는 질문을 던졌다. 그는 공장 작업장에서 "생산 목표 달성하기(making out)" 같은 현혹적인 "게임들(games)"과 그 반복을 통해 노동자 스스로가 자본주의적 생산관계라는 룰에 암묵적으로, 더 나아가 적극적으로 동의하게 된다고 분석하면서, 그 결과 다른 곳이 아닌 바로 그 작업장에서 자본주의적 계급관계와 이데올로기가 재생산된다고 주장했다.[20] 자본주의적 공장과 사회주의적 국유기업의 작업장 문화는 다를 것임에도, 이 장에서 살펴본 노동경쟁의 모습은 부라보이가 묘사하는 게임들과 닮았다. 선양시 톄시구의 국유기업에서도 작업장에서 생산을 진작시키기 위해 현혹적인 수단이 활용되었고, 노동자들은 그 게임을 당연시하면서 룰에 동의하게 되었으며, 그 결과 이데올로기가 재생산되고 정당화되었다. 자본주의적 공장과 달랐던 점은, 전 인민이 소유하는 국유기업에서의 노동은 결국 전 인민을 이롭게 한다는 사회주의 이데올로기가 이 모든 과정을 '정당하게' 뒷받침하고 있었다는 것이다. 그 결과 자본주의 공장의 모범노동자는 현혹되어 자신에게 이익이 되지도 않을 일에 에너지를 낭비한 자본주의 체제의 희생자이지만, 사회주의 노동경쟁의 모범노동자는 '국가와 전 인민을 위해 열심히 일한 이상적인 인간'이었다.

이렇게 노동경쟁은 사회주의 중국의 이상적인 노동자상을 제공했다. 새로운 시대의 노동자는 근면 성실은 물론 자발성, 창조성, 애국심을 지녀야 하며, 다른 노동자들과 경쟁하면서 또한 협동할 수도 있어야 했다. 그리고 높은 생산성으로 국가와 인민에 이익이 되어야 했다. 멍타이나 자오궈유처럼 정치적 필요에 따라 과도하게 신화화된 모범노동자도 물론 존재했지만, 대부분의 모범노동자들은 기본적으로 같은 작업장에서 일하는 실제 동료들이었다. 그들이 마냥 비현실적인 이상형으로만 제시된 것은 아니었다.

다만, 아무리 현실을 반영한 이상형이라 해도 평범한 노동자가 하루아침에 그렇게 번신翻身하기는 어려웠기 때문에 노동경쟁 과정에서 노동자들의 불만이 제기되는 건 당연했다. 신기록과 함께 나날이 갱신되는 기준을 따라가지 못해 해고의 공포를 느끼는 이들, 노동경쟁은 "노동자들로부터 더 많은 노동력을 짜내려는 국가의 음모"라며 불만을 품는 이들, 모범노동자들이 누리는 각종 혜택을 질투하거나 모범노동자들 때문에 일만 더 힘들어졌다고 불평하는 이들도 있었다. 어떤 노동자들은 공장 관리자에게 직접 항의하거나 모범노동자들에게 속도를 늦춰달라고 조르기도 했다. 심지어 자오궈유의 가족을 협박하여 문제를 일으킨 사람도 있었다.[21] 전체 흐름에 영향을 줄 만한 반대 세력 혹은 반대 활동은 없었던 것 같지만, 이러한 노동자들에 대한 기록은 모범노동자들의 영광에 가려졌던 '평범한 노동자들'의 존재를 상기시킨다.

1950년대 초 선양시 국유기업 작업장에서 광범위하게 벌어진 반복적인 노동경쟁은 '모범노동자'와 '비非모범노동자'를 재생산하며 이상적인 노동자에 대한 인식적 기준을 형성·보급했다. 이 '이상적인 노동자상'은 현실과 동떨어진 신화로만 제시된 것이 아니라 가까운 곳에서 일하는 직장 동료로 구체화되었기 때문에 노동자들에게 더 쉽게 이해될 수 있었다. 새로운 중국의 새로운 시민으로서 전체 노동자에게 목표점을 제공하는 모범노동자는 중화인민공화국 전 시기에 걸쳐 끊임없이 만들어졌다.

4. 1952년 공인촌 건설: 새로운 노동자상의 공간적 재현

1950년대 초 선양 톄시구에서 모범노동자로 선정되면 공인촌工人村에 입주할 수 있었다. 우선 지적해둘 것은, 공인촌과 같은 노동자 집단 거주지는 선양에만 건설된 것이 아니라 건국 초기의 전국적 사업 가운데 하나였다는 점이다. 중공은 주요 도시들을 통치하게 된 1949년경부터 도시 고유의 문제들을 발견하고 해결하고자 했는데, 노동자들의 열악한 생활 환경이 그중 하나였다. 상하이 인민정부는 1951년 5월 노동자와 그 가족 만여 명이 거주하는 푸퉈구普陀區에 대해 실태 조사를 벌였는데, 주택의 절대 수가 부족할 뿐 아니라 "쓰레기가 나뒹굴고, 하수 시설이 없어 도로는 늘 진흙투성이에, 하루만비가 와도 열흘 동안 장화를 신고 다녀야 하고, 위생이 나빠 전염병이 자주돌고, 사망률도 높"았다고 한다.[22] 이 보고서를 바탕으로 상하이 인민정부는 1952년 5월 48개 동 1,002호 규모의 차오양신촌曹楊新村을 건설했고, 1950년대내내 '2만 호 프로젝트'라는 이름으로 상하이 각지에 노동자 거주 구역을 조성해 나갔다. 1953년 베이징과 톈진에서도 산업지구 주변에 노동자들을 위한 집단 거주지가 조성되었다.[23]

중공은 전국 각지에 노동자 거주 구역을 건설하면서 '일본 제국주의와 국민정부는 노동자들의 생활 환경에 관심을 기울이지 않고 노동력만 착취했다'는 주장을 펼쳤다. 그에 반해 중공은 "노동계급의 선봉"으로서 노동자들의 생활 개선에 진정한 관심을 기울인다는 정치적 선전이 동반되었다. 선양시 부시장 자오뤄위焦若愚는 공인촌 시공식에서, 만주국과 국민당 통치 시기에는 노동자를 위한 기숙사 건설이 이루어지지 않아 많은 노동자들이 주택부족 문제에 시달렸다고 지적하면서, 신중국이 건설된 이후, 또 경제가 회복되면서 정치적·경제적 여건이 만들어졌으므로 공인촌 건설을 시작으로 노동자들의 생활수준을 제고해야 한다고 주장했다.[24]

그런데 노동자의 주택 문제는 오히려 중화인민공화국 건국 이후 경제가 회복되면서 더욱 심화되고 있었다. 공장 생산이 재개되고 전반적인 국가경제가 회복세에 들어서면서 전국적으로 노동자 수가 빠르게 증가했기 때문이다. 또한 오랜 전쟁의 영향으로 파괴된 시설들을 복구하거나 새로운 시설을 건설하는 사업들이 시작되면서 건설업이 일종의 붐을 이루었고, 단기간의 건설 노동에 동원될 노동자들이 주변 농촌에서 모집되었다. 게다가 도시에서 일하는 가족이나 친척, 친구들을 따라서 도시로 들어와 얹혀 지내는 구직자의 증가도 노동자 주택 환경의 질적 저하를 초래하는 원인 중 하나였다. 건국 초 도시 경제발전에 따라 도시 지역 내 노동자 수가 급증했고 이는 주택 부족 및 생활 환경 문제를 심화시키고 있었다.[25]

동북 지역은 건국 초기 전국 경제를 이끌던 중공업 집중 지역이었던 만큼 노동자 증가 속도가 다른 지역에 비해 더 빨랐다. 다른 주요 도시들이 실업 문제로 곤란을 겪고 있던 1950년에 이미 "동북에는 실업자가 없다"는 선언적인 진술이 동북 총공회 주석 장웨이전張維楨의 부고에 등장했고, 당 지도자 류샤오치劉少奇도 동북 지역의 경제성장이 실업 문제를 해결했다고 치하했다.[26] 실업자가 줄어든 것에 더해서, 앞서 살펴본 것처럼 전국 각지에서 노동자들이 유입되면서 1949년에 107,000명이던 선양시 국유기업 노동자 수는 1952년에 314,000명까지 늘어났다.[27]

문제는 노동자 주택 공급이 그 속도를 따라가지 못했다는 것이었다. 1953년의 한 보고서에 따르면, 동북 지역의 주요 공업도시 안산, 푸순, 선양 세 곳에서 노동자 기숙사는 전체 노동자의 57%밖에 수용하지 못하는 상황이었다. 살 곳이 없는 노동자들은 공장에 머무르거나 노숙을 하기도 했고, 작은 방에 삼대가 모여 사는 등의 불편을 감수하고 있었다. 몇몇 공장에서는 머물 곳을 구하지 못한 일부 노동자들이 그 이유 때문에 퇴직하기도 했다.[28]

이에 마오쩌둥은 "생산 제고를 바탕으로 노동자의 생활을 개선하라(在生産提高的基礎上改善工人的生活)"라는 지시를 내렸고, 이것이 전국 노동자 거주 구역 건설을 촉진했다. 기존에는 국가의 간섭 없이 각 기업이 필요할 때마다 자본을 투자해 주택을 제공해왔다. 기업 내 건설 단위가 노동자 주택 건설을 위한 재정 관리, 부지 선정, 건축, 건물 매입, 방 분배 등 전반을 도맡았다. 공장에서 멀지 않은 곳에 건물을 짓거나 구입해서 노동자들에게 분배하는 방식이었다. 선양시 톄시구에 소재한 각 공장 기숙사들은 톄시구에 제한되지 않고 선양시 전역에 분포해 있었다. 톄시구 내에도 여러 지역에 각 기업의 기숙사가 건설되어 있었다. 1950년대 톄시구 내 주택의 80% 정도가 각 기업이 건설한 것이었다.[29] 하지만 마오쩌둥을 비롯한 당 고위간부들은 노동자 주택 문제의 심각성을 인지했을 뿐 아니라, 지속적인 생산 증가를 위해서는 국가가 노동력의 효율적인 재생산을 도와야 한다고 보았다. 그 결과 1952년경부터 주요 산업도시에 시 정부 주도로 노동자 거주 구역이 건설된 것이다.

선양시 인민위원회는 1,200만 원을 투자하여 선양시 톄시구에 공인촌을 건설했다. 톄시구 서남부의 초지를 부지로 1952년 9월 23일에 공식적으로 시공되었고, 시공식에는 부시장을 비롯한 시정부 주요 인사들이 참여했다. 약 세 달 뒤인 1952년 12월에 108,408m²의 부지에 79동의 건물, 3,396칸의 기숙사로 1차 완공되었고,[30] 1954년에 13동, 1957년에 51동이 더 건설되어 약 730,000m²의 부지에 약 400,000m²를 차지하는 5개 건물군이 만들어졌다.[31]

주목할 것은, 애초에 공인촌 건설 사업이 시작된 이유는 '노동자들이 거주할 주택이 부족하고 환경이 열악하다'라는 문제 상황에 대응하기 위한 것이었지만, 그 사업의 결과물은 더 확장된 목표를 겨냥하고 있었다는 점이다. 중공은 '최소의 투자로 적절한 수준의 주택을 최대한 많이 지어 보급한다'는 단순한 해결책에 만족하지 않고, '노동자 주택' 또는 '노동자 거주 구역'을 통해 특별한 이데올로기적, 정치적 효과를 거두고자 했던 것 같다. 선양시 톄시구라는 국유 중공업 집중 지대는 그 효과를 극대화할 수 있는 공간이었고, 톄시구 공인촌 건설 또한 그러한 의도에서 추진되었다고 생각된다.

1952년 9월에 열린 대규모 시공식에는 선양시 부시장 자오뤄위가 참석하여 축사를 했다. 이에 호응하여 전국 각지에서 모인 약 7천여 명의 건설노동자, 기술인원, 관리간부들이 "공인촌을 잘 짓자!", "우리 계급 형제들이 하루라도 빨리 입주할 수 있게 하자!"라는 구호를 외치며 사기를 진작시켰다.[32] 이들이 마오쩌둥에게 빠른 시공을 다짐하는 편지를 썼다는 기록도 남아 있다.[33] 대중집회를 연상시킬 정도로 열띤 분위기였던 이 시공식은 건설에 참여한 노동자들뿐 아니라 앞으로 공인촌에 살게 될 노동자들, 살고 싶어 하는 노동자들, 그리고 대규모 행사를 목격한 시민들에게도 중공의 정책을 선전하는 장이었을 것이다.

톄시구 공인촌은 소련 공인촌의 건설 도안을 바탕으로 지어졌다. 붉은 벽

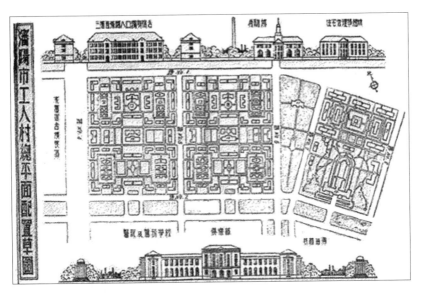

공인촌 설계도

1952년 『선양일보(瀋陽日報)』에 게재된 공인촌 설계도. ⁕출처: 政協瀋陽市鐵西區委員會文史委員會 編,『瀋陽市鐵西區老照片』上, 瀋陽出版社, 2006, 269쪽.

돌의 3층 건물도 소련 스타일이었고, 구역 내 거주 건물과 편의시설의 배치도 소련의 공인촌 모델을 거의 그대로 따랐다. 반면 상하이 차오양신촌은 당시 건설 책임자 왕딩청에 따르면 지리적 조건 및 건설 비용 등을 고려해서 소련이 아닌 미국의 근린 단위 모델을 따랐는데, 건설 당시에는 문제가 되지 않았지만 1950년대 후반에는 '반동적 주거 공간'이라는 비판을 받았다.[34] 톄시구 공인촌의 경우 건축의 이론적 배경에 대한 논의가 있었는지 기록을 찾지 못했지만, 당시 동북 지역이 소련으로부터 기술 조언을 적극 받아들이고 있었다는 점을 고려한다면, '사회주의 정권하의 노동자 거주지'라는 이데올로기를 경제적 효율성보다 더 중시했던 것으로 보인다.

공인촌의 편의시설은 다른 주택 단지와 비교했을 때 높은 수준이었다. 각

공인촌 전경

* 출처: 政協瀋陽市鐵西區委員會文史委員會 編, 『瀋陽市鐵西區老照片』上, 瀋陽出版社, 2006, 270쪽.

건물에는 상하수도, 가스, 난방시설이 완비되어 있었다. 한 가구가 한 칸을 차지하고, 두 가구가 부엌과 화장실을 공유하는 것이 보편적이었다. 건물 밖에는 놀이터와 공원이 조성되어 회전의자, 그네, 철봉, 미끄럼틀 등이 설치되었다.[35] 1953년에는 구역 내에 소비합작사와 쌀 보급점이 건설되었고, 1955년에는 우체국과 소학교, 1957년에는 유치원이 차례로 건설되어 거주민들에게 점점 더 많은 편의를 제공했다. 테시구 공인촌의 이러한 건설 배치와 주택 내외의 편의시설은 "층마다 전등과 전화기가 있다(樓上樓下,電燈電話)"는 표현과 함께 전국적으로 유명해졌다. 1960년대에 아버지를 따라서 10살 나이로 공인촌에 입주했던 양시샨楊喜善은 처음 공인촌에 갔던 날 본 붉은 벽돌 건물과 놀이터가 "동화 속에 나오는 집 같았다"고 회고했다.[36]

그러나 이런 편의시설을 누릴 수 있는 사람은 극소수에 불과했다. 1950년대 내내 점차 확대되고 있긴 했지만, 노동자 주택 '부족' 문제를 해결하기 위한 사업이라기에 무색할 만큼 공인촌의 실제 호구 수는 적었다. 1952년 12월에 완공된 1차 공인촌은 경복궁의 1/4 정도 규모로 톄시구 내에 아주 작은 구역을 차지할 뿐이었고, 3,396호의 가구 수는 1952년 말 톄시구 전체 호구수 51,505호의 6.5% 수준이었다.[37] 1952년 말 선양시 전체 노동자 수는 400,743명이었는데, 호당 1명의 노동자가 포함되어 있다고 대략 가정해보면 선양시 노동자의 약 1%만이 이 공인촌에서 거주할 수 있었던 셈이다.[38] 그리고 그 1%는 '상위' 1%였을 가능성이 높다. 공인촌의 첫 번째 입주자들은 "기업과 국가에 기여한 바가 큰" 공장장, 공장 간부, 모범노동자, 고급 기술노동자들이었다.[39] 당시 공인촌이 "귀족구역(貴族小區)"이라 불렸고, 원피스를 입고 배낭을 메고 다니는 공인촌 아이들이 다른 지역 친구들의 부러움을 샀다는 회고 역시 이를 뒷받침한다.[40]

노동자 주택의 수를 늘린 것은 오히려 각 기업의 추가적인 기숙사 건설이었다. 1957년 시정부 주도의 공인촌 건설이 기본적으로 마무리된 이후 선양 중형기기공장, 선양 야련공장, 선양 제1기기공장, 선양 제3기기공장, 선양 케이블공장, 선양 변압기공장, 선양 고압개폐기공장, 선양 전기기계공장 등 톄시구 내 44개 국유기업이 공인촌을 중심으로 그 주변에 기숙사를 건설해갔다.[41] 이 기숙사들은 공인촌 건축물을 본따 3층짜리 붉은 벽돌 건물로 지어졌다. 공인촌이 건축 측면에서 톄시구 내 공장 기숙사 건설의 표준을 제시한 셈이었다. 공인촌과 그 주변의 공장 기숙사들은 비슷한 외양을 가진 '노동자 거주촌'이 되었다. 그 결과 '공인촌'이라는 단어는 선양시 정부에서 1957년까지 건설한 고유명사로서의 '공인촌'과, 그것을 중심으로 확대된 '노동자 거주촌'이라는 뜻의 보통명사 '공인촌'을 포괄하며 그 외연을 확장해갔다.

중공은 톄시구 공인촌 건설 과정에서 사회주의적 주거지에 대한 소련의 이론을 바탕으로 도안을 작성하고, 대중집회의 열기를 발산하는 대규모 시공식을 벌여 중공 정권의 비전을 선전했다. 또한 노동자의 신체적·정신적 복지를 최대화해줄 각종 편의 시설을 갖춘 거주지를 건설하고, "열심히 일해서 기업과 국가에 기여하여" 모범노동자로 선정된다면 입주할 수 있다는 입주 기준을 세워 노동 열의를 진작하고자 했다. 요컨대 중공은 주택의 수적 증가보다 질적 향상에 훨씬 큰 무게를 두면서 공인촌을 건설했다. 톄시구 공인촌은 새로운 시대의 새로운 노동자상을 공간적으로 재현해서 배치한 일종의 쇼케이스로서 도시 내의 한 공간을 차지하고 있었던 것이다.

中國都市

도시로 읽는 현대중국 **1**

2부 | 공간의 생산, 도시의 실험

'국가'와 '사회'의 만남
─베이징 가도 공간의 '지도'와 '자치'

박상수

1. 도시 가도 공간의 문제

중국의 도시에서 가도街道는 행정 체계의 기층(말단)으로서 국가의 정책과
법령이 실행되는 현장이자 국가와 사회가 상호작용하는 접점이다. 중국 도
시의 '가도'를 한국 도시의 행정 체계에 기계적으로 대비한다면 '동洞'에 해
당한다. 가도라는 '정치사회적 공간'에 대한 분석은 국가권력이 어떤 방식으
로 사회를 관리하는지, 또 사회는 어떻게 국가에 대응하는지를 가늠해볼 수
있다는 점에서 국가-사회관계의 바로미터가 될 수 있다.

기존 연구들이 '전체주의' 시각에서 마오쩌둥 시대의 국가권력이 사회에
가한 전대미문의 '통제 기제'를 중심으로 가도의 국가-사회관계를 설명했다
면,[1] 필자는 1950년대 중국공산당(이하 '중공') 정권이 스스로 의도한 수많은
'도시 공작(城市工作)'을 사회의 적극적 호응과 참여를 통해 실현하고자 했다
는 점에 주목하여 도시 가도에서 전개된 국가-사회관계가 일종의 '거버넌스
(governance)' 방식에 기초하고 있었음을 주장한 바 있다.[2]

이 글이 건정建政(도시 정권 건설)과 가도 거버넌스 체제의 구축 과정을 탐구하기 위해 선정한 베이징의 사례는, 신생 공화국의 수도이자 화북華北 최대의 도시로서 국공내전 시기 이래 화북과 동북의 여러 중소 도시를 장악하는 과정에서 중공이 축적해온 얼마간의 도시 관리 경험의 총화였다는 점에서 매우 중요한 위상과 상징성을 지닌다. 뒤늦게 '해방'된 상하이를 비롯한 장강(양쯔강) 유역과 그 이남의 도시들이 '접관接管' 과정에서 베이징과 같은 '건정'의 우여곡절을 겪지 않았던 것도 베이징의 경험이 남긴 중요한 교훈 덕분이다. 구체적으로 말하면, 베이징을 비롯한 화북의 거의 모든 도시는 도시 장악과 함께 중공의 향촌鄕村 기층 정권 건설 방식에 기초한 가정부街政府의 설립을 통해 국가권력을 도시 기층에까지 직접 투사하고자 했지만, 활용 가능한 자원—특히 국가 간부 인력—의 한계로 인해 후퇴하지 않을 수 없었고, 대신 가도의 군중 조직, 즉 거민위원회居民委員會 설립에 의한 거버넌스 체제의 구축을 통해 도시 공작을 수행해갔다. 반면 1949년 중반 이후에 장악된 상하이를 비롯한 남방의 도시들은 베이징이 채택했던 가도 정권(정부)의 건립과 철폐에 이르는 시행착오를 겪지 않고 초기부터 가도 수준에서 군중 조직과 거민위원회를 설립하는 방향으로 나아갔다. 베이징의 건정 과정은 남방의 도시들과 달리 가도 수준에서 '자치적' 거민 조직을 건립하여 거버넌스 체제를 구축하고자 했던 신생국가의 구상과 실재를 잘 보여준다.

이 글에서는 국가-사회의 거버넌스 체제가 가도 수준에서 구체적으로 어떤 방식으로 작동했었는지를 분석하고자 한다. 무엇보다도 '공간'의 문제를 본격적으로 탐구할 것이다. 대도시 장악을 앞둔 시점에서 중공이 구상한 단위單位 공간과 가도街道 공간의 이분법적 접근은 최근 단위 체제의 이와 혹은 해체에 이르기까지 변함없이 유지되어왔다고 해도 과언은 아니다. 많은 연구자들이 중공의 도시사회를 설명하기 위해 단위 체제를 탐구하면서도 가도에 대한 연구는 매우 부차적으로 치부한 경향이 있지만, 이 글에서는 1950년대 '단위와 가도 공간의 중첩 현상'에 주목한다.

다음으로 가도 공간의 형성을 앙리 르페브르(Henri Lefebvre)의 공간 이론, 즉 '공간의 생산(production of space)'을 둘러싼 논의에 주목하여 살펴볼 것이다.[3] 모든 형태의 권력은 자신의 의도에 따라 공간을 규정한다는 점에서, 국가권력은 공간의 생산을 주도한다. 다만 공간의 생산이 국가의 일방적 강요라기보다는 주어진 조건, 경험, 논쟁의 산물에 가깝기 때문에 공간 생산에 작용하는 하는 힘은 다양하다고 볼 수 있다. 이 점을 감안하여 1950년대 초 '가도'가 정치사회적 '공간'으로 재편되는 과정을 검토하고, 가도 공간의 생산이 무엇을 의도했으며 어떤 효과를 낳았는지 분석한다.

이어 가도 공간에서 국가-사회 거버넌스의 핵심어 격인 '자치성自治性'의 의미를 천착한다. 그것은 국가권력으로부터 분리된 자율(autonomy)과 다른 개념인데, 가도 거민위원회가 어떻게 가도 수준의 지역사회 문제를 스스로 해결하게끔 고안되고 인도되었는지 고찰한다. 국가의 주도와 지도가 단순한 사회통제의 의미를 넘어 지역사회 거민 간의 사회자본(social capital)의 형성과 자발성의 발양에 기여한 측면을 검토한다.

마지막으로 거민위원회의 성립 후 재연된 가도 공작상의 '망란忙亂'(분주하고 혼란스러움) 현상에 주목하여 거버넌스 작동의 문제점과 그 의미를 분석한다. 가도에 대한 정부 각 부문의 과도한 업무 부과, 거민위원회에 대한 시市-구區정부의 지도 방식에 나타난 문제점, 가도판사처辦事處와 파출소派出所의 업무상 비협조와 불화 등에 대한 검토는 전체주의 모델과 거리가 먼 가도의 국가-사회관계를 드러내줄 것이다.

가도 공간과 거민위원회의 작동 방식에 대한 다면적 접근은 최근 공개된 정부의 공식 문서(당안檔案)를 분석할 수 있었기에 가능했다. 베이징시당안관 北京市檔案館 소장 자료들을 폭넓게 활용한 본 연구는 1950년대 도시 기층의 가도 거민위원회가 단순히 사회통제와 감시를 위한 장치를 넘어 도시 기층의 사회적 관계성을 제고하고 국가–사회 거버넌스의 작동에 핵심적인 역할을 했음을 확인하게 해줄 것이다.

2. '단위'와 '가도'의 관계

　1948년 11월 화북 최대의 도시 베이핑北平과 톈진天津의 해방을 앞둔 시점에서 화북인민정부華北人民政府는 도시 '민주건정회의民主建政會議'를 소집하여 도시에 적합한 통치 방식을 토론했다. 이는 오랫동안 농촌을 중심으로 성장해온 중공이 공작 중심을 점차 도시로 전환한 것과 밀접하게 관련된다.[4] 회의에 제출된 '도시 팀(城市組)'의 문건에서는 도시 관리의 공간 개념이 처음으로 제시되었다.[5]

　문건은 먼저 농촌과 다른 도시의 특성으로 상공업 경제의 집중, 인구의 집중, 교통의 편리성을 언급하면서, 도시에서 전개하는 공작은 조직·집중·연계의 측면에서 용이한 측면이 있다는 점에 주목했다. 그리고 이러한 도시의 집중적 특징으로 인해 도시 관리에서 중시해야 할 대상도 생산자, 특히 노동자(工人)와 근로자(勞動者)이며, 도시 정권의 기초는 마땅히 산업 조직과 각 행업의 공회工會 조직, 그리고 조직화된 직업단체가 되어야 한다고 주장했다.

　문건은 또한 위에서 언급한 도시의 기본적 특성 외에도 베이핑이나 톈진과 같은 중국 도시의 발전 단계를 아직 완전한 근대화를 달성하지 못한 '비교적 근대화된 도시(較近代化城市)'로 규정했다. 특히 이들 도시에는 대규모 상공업이 많지 않고, 대량의 조직화되지 않은 독립노동자, 수공업 노동자, 흩어져 존재하는 분산적 노동자(零散工人) 및 노점상(小商販)이 광범하게 존재한다고 여겨, 이에 대한 관리의 중요성을 강조했다.[6]

건정, 즉 도시 정권 건설 구상에 관한 이상의 초기 인식은 향후 도시 공간의 구성이 노동자 중심의 '조직화된 단위單位'와 '무조직 군중의 지역적(地區性) 가도街道'로 나뉠 것임을 시사했다. 건국 후 1950년대 사회주의 개조(생산수단의 국유화 및 집체화)의 진전에 따라 중국의 도시에서는 '단위'와 '가도'라는 두 공간이 제도적으로 구체화되는 과정을 거치게 된다.[7]

주지하듯이 마오쩌둥 집권 시기 단위 체제의 중요성과 1990년대 이래 단위 위상의 변화에 대해서는 많은 연구가 쏟아져 나왔다. 연구자들은 대체로 단위의 기원, 사회 통제, 강압, 단위인의 국가에 대한 의존성 등에 주목했다.[8] 최근 데이비드 브레이(David Bray)와 루돤팡盧端芳의 연구는 단위의 '공간'적인 측면에 주목했다는 점에서 이 글의 주제와 맞닿아 있다.[9] 이 연구들은 모두 르페브르의 '공간의 생산'에 관한 입론에 따라 공간이 사회·정치적 지배를 위한 중요한 구성 요소라는 점에 주목하면서도[10] 공간 생산에 작용하는 다양한 요인들을 이끌어낸다. 브레이는 계보학(genealogy)의 접근법을 통해 단위 공간 형성에 미친 다양한 요인들을 추적하고, 단위 '공간'의 상징적 의미 및 단위 구성원의 주체성·정체성 형성에 미친 공간 구조의 영향 등을 분석했다. 이에 비해 루돤팡은 '제3세계 국가'인 중국이 근대화를 추진하는 과정에서 직면했던 자원 결핍이라는 역사적 조건과 그 결핍 의식으로부터 도시 공간 형성의 기원을 탐구하면서, 단위의 건조 환경(built environment)이 국가와 도시계획가, 그리고 단위 지도자들의 길항의 산물이었다고 주장한다. 두 연구 모두 르페브르의 공간 생산 이론을 원용하되, 공간의 형성을 단순히 국가권력의 일방적 의도로만 보지 않고 공간 개입에 연관된 복잡한 이해관계에 주의한다. 특히 브레이는 정부의 의도와 행위 외에도 특정한 사회관계의 맥락이 공간 형성에 작용하는 측면을 강조한다. 그에 따르면 공간 생산은 위로부터의 일방적 주도에 의해 이루어지는 것이 아니라 일련의 실천들, 즉 오랜 실험 과정, 이론 논쟁, 실제 경험 등을 통해 생산된다. 그러한 시각에서 브레이는 르페브르의 관점이 '국가 중심의 분석(state-centered analysis)'으로 지나치게 일반적이고 단순해서 공간 생산의 복잡성을 설명해주지 못하는 한계를 지닌다고 지적한다.

단위 공간 및 그 공간성에 대한 브레이와 루돤팡의 탐구는 공간 생산에 작용하는 다양한 요인들을 환기시키고 공간의 의미에 다층적으로 접근했는데, 이는 이 글을 통해 밝히는 가도 공간 연구에 적잖은 시사점을 제공한다. 앞으로 서술하겠지만 가도 공간의 형성 과정도 단위 공간과 마찬가지로 단순히 국가의 일방적 강요에 의한 것이 아니라 국가가 권력을 확장하는 의도와 한계, 공간 관리를 둘러싼 논쟁, 그리고 가도 수준에서 이루어진 정책 실험의 경험에 따라 달라질 수 있다.

브레이와 루돤팡의 연구는 그 초점이 단위에 있는 만큼 단위 밖의 삶의 공간인 가도에 대한 관심은 미미하다. 브레이는 도시에서 가도가 단위와 평행을 이루는 또 다른 도시 공간이었다고 언급했지만, 건국 초기 가도 공간의 설정을 도시 문제의 임시적 해결을 위한 방편으로 치부했다. 이는 사실 사회주의 건설이 진전되면서 점차적으로 가도 주민들이 사회주의 단위 체제로 흡수될 것이라 예측했던 건국 초기 중공의 전망과 궤를 같이한다.[11] 브레이는 1957년 무렵 국유 또는 공유 단위가 도시 노동력의 90% 이상을 포괄하게 된 통계를 인용하면서 그러한 전망의 정확성을 확인했다.

그러나 도시 가도의 상황을 조금 더 자세히 들여다보면 도시민의 삶이 단지 단위를 중심으로 전개되지는 않았음을 알 수 있다. 비록 1950년대 말 이래로 중국 도시의 노동력이 단위를 중심으로 재편되어갔다고 해도, 1950년대 당안 자료에 따르면 가도 공간 역시 도시인의 삶에 지속적으로 중요한 영향을 미쳤다. 실제로 브레이와 루둰팡의 분석 대상인 단위의 전형(archetype), 즉 담(wall)으로 둘러싸인 고립적 공간 형태의 물리적 구역을 갖춘 '국영 단위'는 소수에 불과했다. 공장·기업·기관·학교·상점 등 각종 단위에 소속된 직공들은 국유 또는 공유(집체)라는 소유제의 차이뿐 아니라 제공되는 서비스에서도 차별을 받는 등 천차만별의 존재 방식을 보였고, 많은 단위인들의 삶이 가도와 분리될 수 없었다. 단위의 공간 형태 자체가 단일하지 않았으며, 그에 따라 단위인의 일상적인 삶은 단위의 위치 및 단위인의 거주지에 따라 지역 공간으로서의 가도와 밀접한 관계 속에서 영위되었다.

1954년 12월 말에 제정된 '거민위원회조직조례' 가운데 다음과 같은 규정은 단위와 가도 두 공간의 상호 관계성을 잘 보여준다.

> 제5조　기관, 학교, 그리고 비교적 큰 기업 단위는 일반적으로 거민위원회에 참여하지 않는다. 그러나 응당 대표를 파견하여 거민위원회가 소집한, 그들과 관련된 회의에 참여하여야 하며 거민居民의 공공 이익과 관련된 거민위원회의 결의와 공약을 준수하여야 한다.[12]

즉 가도는 지역적 공간으로서, 생산·업무 관계를 통해 단위와 연결되지는 않았지만 가도 관할 공간(管界) 내에 이들 단위를 포괄하고 있었으며, 그 때문에 가도 거민과 단위인의 삶이 완전히 분리되기는 어려웠다. 예컨대, 단위 직공의 공동 숙소(宿舍)가 비단위 거주민 지역에 위치하는 경우는 빈번했고, 그럴 경우 브레이가 묘사하는 '담으로 구획된 고립된 섬'과 같은 단위의 이미지보다는 일상적 삶의 공간에서 '단위인'들이 '가도 거민'들과 지속적으로 상호작용했다는 점에 주목할 필요가 있다. 특히 1950년대는 브레이가 언급한 전형 단위가 아직 많지 않았고, 단위 직공과 가속들이 가도에 분산 거주하면서 거민위원회의 골간을 이루고 있었다. 예컨대, 1955년 하반기, 상공업이 집중된 첸먼구前門區에서 노동자(工人)와 점원들이 거민위원으로서 가도 공작을 맡아 일하면서 자기 소속 단위의 생산과 업무를 그르치는(耽誤) 일이 있다고 지적되는가 하면, 가도 공작을 담당한 적극분자들은 단위에 소속되지 않은 독립노동자 외에도 주로 공장 기업의 직공과 간부들의 가속이었다고 언급되었다.[13]

그렇다면 단위 직공들의 숙소가 가도에 위치했을 경우, 가도 거민위원회와 어떤 조직 관계를 맺고 있었을까? 이 같은 단위-가도의 혼재 상태에 대해 1956년 5월 베이징시정부 제21차 행정회의行政會議에서 토론·비준된 뒤 하달된 한 문건은 다음과 같이 언급했다.

> 현재 일부 기관·공장 및 광산·학교의 직공 가속 숙소에는 거민 조직이 건립되지 않은 채 각기 거민소조居民小組를 조직한 경우가 있지만, 마땅한 역할을 수행하지 못하고 있어 각종 중점공작(中心工作)의 수행 과정에서 공백지점으로 남아 있다. 이번 거민위원회를 새로 선출하는 공작 과정에서, 무릇 거민위원회를 건립하지 않은 기관·공장 및 광산·학교의 직공 가속들 숙

소는 일률적으로 거민위원회를 조직한다. 호수戶數가 비교적 적은 경우도 거민소조를 결성케 하여 직공 가속 가운데 거민위원을 선출하고 해당 지역(當地)의 거민위원회에 편입시켜야 한다. 일반 거민과 섞여 사는 상공업 기업의 경우, 기층 공회工會가 없으면 직공 25인 이하의 단위는 모두 거민소조에 편입시켜야 한다.

상공업이 집중된 지역에서 반드시 진행해야 할 업무(예컨대 치안, 위생, 양식 공작 등), 그리고 부근의 거민과 관련된 업무를 조직 계통에 따라 관철하는 일은 많은 불편함이 있고, 또한 구체적인 독려와 검사를 진행하는 데 어려움이 있으므로 역시 거민위원회를 건립할 필요가 있다. 당黨, 단團, 공회에서 맡고 있는 업무가 없지만 적극적이고 열정적인 직공들과 일정한 수의 자본가들을 거민위원으로 선출하여 업무 시간 외에 가도 공작을 할 수 있도록 해야 한다.[14]

또 1957년 12월 17일 베이징시 인민위원회 제16차 행정회의에서 비준하고 일부 수정을 가한 후 각 구區에 하달한 문건은 가도와 단위의 관계에 대해 한 걸음 더 나아가 다음과 같이 언급했다.

기관·기업·공장·학교의 직공 가속들이 집중 거주하는 주택 구역과 비교적 큰 집단숙소(集體宿舍)는 직공가속위원회職工家屬委員會의 존재 여부를 막론하고 모두 거민위원회를 건립하여야 한다. 호수가 특별히 적은 직공 가속 숙소는 거민소조를 조직하여 부근의 거민위원회에 편입시킬 수 있다. 직공 가속이 집중 거주하는 지역에서 거민위원을 새로 뽑을 때는 가도판사처街道辦事處가 주도하여 각 단위의 공회, 행정 부문과 연계하고 그로부터 인원

이 파견될 수 있도록 함으로써 공동 책임으로 선거를 진행한다.[15]

위와 같은 조치들은 1950년대 중·후반에 다양한 형태의 '단위'가 존재했으며, 특히 소규모 단위(25인 이하)의 직공뿐만 아니라 그 가속들이 해당 지역 가도 공간의 거민위원회 관할 아래 있었음을 분명히 말해준다.

일례로, 정부기관 소속 단위에 대한 해당 지역 거민위원회의 위생검사는 삶의 영역에서 단위와 가도가 분리되지 않았음을 사실적으로 보여준다. 시쓰구西四區 돤왕푸쟈따오端王府夾道에 위치해 있던 중국과학원中國科學院 소속의 기재국器材局, 관리국管理局, 심리연구소心理研究所, 소수민족언어연구소少數民族語言研究所, 황하탐사대(黃河勘探隊), 정보연구실情報研究室 등 6개 단위는 1957년 12월 베이징시 전역에서 전개된 '(파리, 모기, 쥐, 참새 등) 네 가지 해로운 것을 제거하고 위생에 주의하자(除四害, 講衛生)'라는 운동 과정에서 해당 지역 거민위원회 주도로 내부 공간에 대한 위생검사를 받고 불량한 위생 상태를 지적 받았다. 그러나 6개 단위에서 이를 시정하지 않자, 거민위원회가 과학원 입구에 대자보를 써 붙여 공개적으로 비판하는 상황에까지 이르렀다.[16] 1950년대 일상적 삶의 현장에서 가도와 단위 사이에 일종의 공간 중첩 현상이 나타나는 것은 흔한 일이었다.

3. 가도 '공간의 생산'

1) 가도 공간의 형성 배경

가도라는 공간은 신정권의 집권 직후부터 새롭게 형성되기 시작했다. 물리적 공간의 측면에서 보면, 가도의 구획은 국민당 정부 시대의 보保에 기초했다. 일부 가도의 경우 인구수의 다과, 면적의 대소와 위치, 상공업호商工業戶의 상황을 고려하여 1~2개의 보를 하나의 가街로 통폐합하는 등 약간의 조정이 있었지만, 대체로 기존의 구획에 대대적인 변경을 가한 것은 아니었다.[17] 그런 의미에서 공산당 정권의 새로운 가도 '공간의 생산'이 지닌 의의는 물리적 조정이 아니라 기능과 작동의 측면, 즉 가도 공간이 사회·정치적 기능을 원활하게 수행할 수 있도록 재편했다는 점에서 찾을 수 있다.

가도 공간의 형성에 영향을 미친 요인들은 매우 다양했다. 가도는 정권 수립 초기 도시 건정의 우여곡절, 즉 구區·가街정부(정권)의 건립과 뒤이은 철폐, 가도 군중 조직의 혼란스런 분립 현상을 극복하면서 재편되어갔는데, 이 과정은 브레이가 단위 공간에 대해 강조한 것처럼 실천과 논쟁의 경험이 공간 형성에 미치는 작용의 중요성을 말해준다. 그것은 가도에 대한 신생국가 권력의 일방적 강압이라기보다는, 정권의 의도와 주어진 현실의 상호작용에 따른 결과였다. 구區-가街 수준에서 이루어진 건정 과정과 각종 군중 조직의 무분별한 등장을 '가도 공간'의 형성이라는 관점에서 재조명해보면 다음과 같다.

베이징 장악 후 공산 정권은 '가도' 수준에 도시 기층 정부(정권)를 수립함으로써 시정부市政府-구정부區政府-가정부街政府의 수직적 체계를 통해 사회 저변에까지 행정력을 확대하고자 했다. 그러나 이런 국가의 의도는 활용 가능한 인력 자원의 부족, 특히 국가 에이전트인 '간부'의 부족으로 인해 관철되기 어려웠다.[18] 결국 대부분의 간부는 공장·기업·기관·학교 등의 단위, 즉 조직화된 노동자(직공)가 집중된 곳에 우선 배치되었고, 구-가 수준에서는 정부 자체가 폐지되고 모든 업무가 시정부의 통일적·집중적 지도로 대체되었다. 구정부는 구공소區公所로 축소 편제되어 시정부의 보조를 위한 파견기관이 되었고, 가도 수준에는 기존의 공안파출소만 남겨 가도 공간을 관리하도록 했다.

이러한 '집중 영도'와 '간소화(短小精簡)' 정책은 예기치 못한 부정적 혼란을 낳았다. 기층 정권의 폐지는 군중 기초의 확보, 즉 정권이 사회에 침투·확장(聯係群衆)하는 데 심각한 문제를 야기했다. 결국 베이징시는 구정부의 회복과 조직기구의 확대라는 방향으로 정책을 전환하지 않을 수 없었다(1951년 8월). 하지만 가도 수준에까지 행정력을 확대하는 조치는 이루어지지 못했다.

가정부의 폐지부터 가도 파출소와 거민위원회의 건립에 이르는 약 5년 동안—1949년 6월 가정부 폐지부터 1954년 하반기 가도 전역에 거민위원회 설립을 확대한 시기까지—가도 거민을 대상으로 한 지속력 있는 제도적 차원의 공간 구성은 이루어지지 못했다. 정권은 자신이 의도한 갖가지 새로운 업무들을 수행할 행정기구를 갖추지 못한 채 가도의 군중을 조직하여 정책 집행의 보조 수단으로 삼았을 뿐이었다. 당시 최대 관심사는 "법령(政令)이 어떤 방식을 통해 가도 거민들의 신상에까지 전달·집행될 수 있을 것인가"[19]의 문제였다. 이때 "가도 공작은 반드시 군중 역량과 결합해야 하고, 단지 소수의 간부에만 의지해서는 문제 해결이 불가능하다"고 인식하게 되었는데, 이는 국가 역량의 한계와 함께 각종 업무(工作) 수행을 위한 군중의 참여('군중의 적극성')가 꼭 필요하다는 점을 인정한 것이었다.[20]

그에 따라 가정부 폐지 직후부터 각 가도 수준의 군중 조직이 우후죽순처럼 조직되기 시작했다. 구 수준의 기구들, 즉 당黨(구당위원회區黨委員會), 정政(구공소區公所), 규群(구공회판사처區工會辦事處 등 군중조직) 등의 서로 다른 조직 계통이 상호 협조적 조정을 이루지 못한 채 각기 새로운 업무가 있을 때마다 그 업무에 맞는 군중 조직을 구성하여 가도에 집행하고자 했기 때문이다. 1950년 하반기부터 급속히 확대된 가도의 군중 조직은 1952년 말에 이르러 20여 개에 달했다.[21] 치안보위위원회治安保衛委員會, 위생위원회衛生委員會, 항미원조위원회抗美援朝委員會, 사회구제위원회社會救濟委員會, 부녀대표회婦女代表會, 중·소우호협회 지회(中蘇友協支會), 소방대(防火隊), 세무팀(稅務組), 부녀·유아 보건팀(婦幼保健組), 우대업무위원회(優撫委員會), 군속대표조軍屬代表組, 선전대宣傳隊, 신문 읽기팀(讀報組), 주택수선위원회(房屋修繕委員會), 공공주택관리위원회(公房管理委員會), 합작사업무위원회合作社業務委員會(또는 업무소조業務小組), 노동취업위원회勞動就業委員會, 상수도자율관리센터(自來水民主管理站), 분쟁중재팀(調解組), 도서발행센터(圖書發行站) 등이 그것이다.

수많은 가도 조직을 이끌었던 것은 이른바 '적극분자'들이었다.[22] 그들은 정권의 '군중연계(聯係群衆)'에서 고리와 같았으며, 정부의 각종 시책에 적극 호응하던 가도의 활동가였다. 신생 정권은 가도 수준에 배치할 국가 간부의 부족으로 초기부터 군중 가운데 적극분자를 발굴하고자 했지만, 신정권에서 야심차게 수행하려는 많은 업무가 소수의 적극분자들에게만 의지하여 원활히 시행되기는 어려웠다. 제한된 적극분자들이 각종 군중 조직의 지도자로서 버거운 업무를 수행하지 않을 수 없었던 사정은 시정부의 각종 보고문에서 지적한 '망란忙亂' 현상으로 나타났다.

이런 가도의 망란 상황에 대해 개선 조치가 모색된 것은 1952년 하반기부터였다. 먼저 각종 군중 조직의 간소화와 통폐합(精簡과 統一)이 이루어졌으며, 그와 함께 공안파출소에서 분리된 별도의 국가행정기구가 설치되었다. 종국적으로 그 각각은 1954년 시 전역에 걸친 가도 거민위원회와 가도판사처의 건립으로 이어졌고, 그 과정에서 새로운 가도 공간의 재편이 이루어졌다.

2) 소형 가도 거민위원회

국민당 시기와 달리 공산당이 가도 공간에 가정부街政府를 수립하고자 했던 초기의 시도는 기층 수준에까지 국가권력을 확장시키려는 신생 정권의 의지와 노력을 분명히 보여준다. 그러나 앞에서 지적했듯이 당시 활용 가능한 자원의 한계—특히 국가 간부의 부족—때문에 끝내 가정부를 철폐해야만 했다. 또한 국가권력이 가도 수준까지 침투하려던 시도는 국가기구의 편제를 최소화하는 대신 그것을 보조하기 위한 무분별한 군중 조직의 난립을 초래했다.

초기의 수많은 가도 군중 조직들은 각기 가도 공안파출소 관할구역(派出所管界)을 단위로 했다는 점에서 포괄하는 지역 범위가 매우 컸고, 또 각 업무별로 지나치게 세분되었다는 점으로 미루어 조직으로서 일정한 응집력이나 효율성을 갖고 작동하기는 어려웠던 듯하다. 가도 적극분자들의 '망란' 현상은 그런 어려움을 잘 말해준다. 가도 거민위원회를 조직하고자 한 것은 이상의 문제에 대한 포괄적 접근이었다. 그것은 단순히 잡다한 업무 조직들의 통폐합을 넘어 공간의 측면에서 가도를 새롭게 재편하는 일이기도 했다. 그런 의미에서 거민위원회 조직 건립은 국가와 사회를 연계하는 새로운 '공간의 생산' 과정이었다.

구체적으로, 거민위원회 조직을 통한 새로운 가도 공간의 생산은 1952년 10월 하순부터 개시된다. 거민위원회의 건립은 둥단구東單區의 둥관인쓰東觀音寺 파출소, 쉬안우구宣武區의 바오안쓰保安寺 파출소, 시단구西單區의 쉐위안후퉁學院胡同 파출소, 그리고 둥쓰구東四區의 양관후퉁羊管胡同 파출소 등 4개의 공안파출소 관할 구역을 선정하여 시험적으로 시행한 뒤 1953년 하반기부터는 시내(城區) 전역으로 확대 실시되었다. 앞의 두 사례에서 파출소 관할 구역 전체에 하나의 대형 거민위원회를 조직했다면, 뒤의 두 사례에서는 파출소 관할 구역 내에 몇 개의 소형 거민위원회를 구성했다. 전자가 파출소 관할 구역 전체를 하나의 공간으로 설정했다는 점에서 기존의 잡다한 조직을 단순히 통폐합한 데 머물렀다면, 후자는 조직의 통폐합을 넘어 본격적인 가도 '공간의 생산'을 꾀한 일이었다. 실험 과정에서 대형과 소형 거민위원회는 각기 다음과 같은 구성을 보였다.

- 대형 거민위원회: 가도 전체에 1개의 대형 거민위원회를 건립. 규모는 2,000~3,000호, 1만 명 내지 13,000~14,000명의 주민을 포괄. 거민위원은 21명, 거민 대표는 많은 경우 229명에 달함.
- 소형 거민위원회: 가도 내의 거리와 골목(街巷)이라는 자연 조건을 기초로 하여, 큰 골목 1개 혹은 작은 골목 2~3개를 단위로 삼아 건립, 대략 200~400호, 주민 수 1,000~2,000명을 포괄, 거민위원 5~9명, 거민 대표 30여 명.
- 구성: 대형이든 소형이든 거민위원회는 거민대표회의에서 선거로 구성.
- 거민대표회의: 10호 내외의 거민들이 추선推選한 대표들로 구성.[23]

시험적인 실행을 통해 소형 거민위원회의 장점이 부각되었다. 비록 대형 거민위원회가 기존 가도 거민 조직들의 통폐합을 목표로 가도 수준의 모든 업무를 통합적으로 영도하고 통일적으로 계획할 수 있다는 점에 착안하여 건립되었지만, 조사 보고는 다음과 같은 단점이 있다고 평가했다.

관할 구역이 지나치게 큰 탓에 깊이 있는 영도가 쉽지 않다. 뽑힌 대표가 너무 많아 회의 소집이 힘들며, 회의 과정에서도 충분한 토론이 이루어지기 어렵고, 토론 후에도 업무 수행을 위해 각 위원들이 다시 구역별 대표회의를 소집해야 하기 때문에 사실상 거민위원회와 거민 군중 사이에 추가적인 층이 형성된다. 이외에도 적극분자가 업무를 위해 뛰어다녀야 할 시간이 늘어나므로 '망란' 현상을 극복하기 어렵다.[24]

이는 가도 공간을 편제할 때 1개의 가도 전체를 포괄하는 대형 거민위원회의 방식이 주민들의 긴밀한 상호관계를 형성시키는 데 상당한 어려움이 있음을 지적한 것이었다. 그에 반해 소형 거민위원회에는 다음과 같은 장점이 있는 것으로 보고되었다.

① 관할 구역이 작아서 군중과 연계하는 데 편리하고 깊이 있는 영도가 가능하다.
② 조직이 작아서 거민위원과 거민 대표의 숫자도 적고, 그에 따라 회의 소집과 토론이 편리하며 민주주의를 충분히 발양할 수 있다.
③ 적극분자의 활동 범위가 작아 업무 수행에 시간이 절약되고, 본인의 직업과 가사에 대한 부담도 경감시킬 수 있다.[25]

특히 거민위원회에서 거민위원과 주임 등으로 활동하며 조직을 이끌어간 적극분자와 거민 간의 관계는 공간 구성에서 매우 중요한 요소였다. 얼마쯤 지나서 거민위원회 조직의 경험이 축적된 후에 작성된 또 다른 보고는, 소형 거민위원회가 적극분자의 활동과 거민들의 사회적 관계에서 어떤 장점을 갖는지 다음과 같이 더욱 구체적으로 정리했다.

① 활동 범위가 작아 적극분자의 업무 부담이 크지 않고 거민들이 의견 개진이 편리하며, 군중 동원 공작을 전면적으로 심화하는 데도 용이하다.

② 적극분자가 군중과 연결하는 데 편리하며, 거민 피차 간에도 서로 잘 알기 때문에 상호부조의 정신을 발양하는 데 편리하여 제때 공공복리 문제를 해결할 수 있다.

③ 적극분자 상호 간에도 연계가 용이하여 회의 개최 수가 적고 회의 시간이 적으며, 다루는 범위가 적어 노동 인민과 직공 가속들이 쉽게 가도 공작에 참여할 수 있다.[26]

몇 개월에 걸친 시험적 경험을 거친 후, 베이징시정부는 점차 시내 각 가도에 몇 개의 소형 거민위원회를 건립하는 방식으로 가도 공간을 재편해갔다. 하나의 거민위원회는 대체로 300~400호, 1,000~2,000명을 관할했다. 거민위원회 산하에는 약간의 소조를 분설하여 적은 경우는 7개 소조, 많은 경우는 17개의 소조를 두기도 했다. 각 소조는 30~40호를 단위로 구성되었다. 거민위원회는 주임 1인, 부주임 2~3인, 거민위원 7~17인을 두었고, 이들 거민위원은 소조장을 겸임했다. 거민위원회의 구성 인원은 모두 적극분자로서 선거를 통해 선출되었다.

위에서 제시한 대형 거민위원회의 단점과 소형 거민위원회의 장점에 대한 보고는 새로운 가도 공간의 생산 과정에서 사회적 관계가 중요했음을 잘 보여준다. 거민위원회는 가도의 골목, 즉 후통胡同을 기초로 조직되었기 때문에 기존의 사회적 관계를 활용할 수 있는 자연 조건을 갖추고 있었고, 규모 면에서도 이웃과 밀접한 상호작용이 가능한 범위 내에서 구성되었다. 한 보고는 새로운 가도 공간 생산의 효과를 다음과 같이 기록했다.

많은 거민위원들이 모두 "눈을 감고도 어느 집 문 안에 몇 개의 화장실이 있는지, 누구네 집의 화장실이 어떻게 생겼는지 생각해낼 수 있었다." 빈민의 생활 형편에 대해서도 이와 같았는데, 제1 호구구戶口區 거민위원회 주석 쉬許○○은 "어느 집의 생활이 어려운지, 어느 집이 구제救濟를 필요로 하지 않는지 등의 상황은 모두 우리 위원들과 대표들이 장악하고 있지요(肚子里装着呢)!"라고 말하기도 했다.[27]

요컨대, 가도 거민위원회의 건립을 통해 긴밀한 사회성(혹은 친화력)이 형성되고 사회자본[28]의 동원이 가능한 하나의 공동체 공간이 생산되었던 것이다. 하나의 공동체로서 소형 거민위원회를 기초로 한 가도 공간이 거민의 삶의 단위가 되었고, 그 공간 속에서 거민들은 상호 연대감과 공간에의 소속감 등을 통해 사회적 유대를 형성할 수 있었다. 이제 국가는 거민위원회 관할하의 사회적 공간 내에서 제도적이고 지속적인 방식으로 자신의 정책과 법령을 집행해갈 수 있게 되었으며, 사회는 그 공간 내에서 새로운 연계망을 형성하고 이를 기반으로 국가와 연결될 수 있었다.

새로운 가도 공간의 형성과 거민 간의 유대는, 새로운 당-국가 체제가 강압적 통제를 통해 사회를 원자화시키고 파편화된 개인에 대한 무한의 권력을 행사하는 전체주의 모델로 국가-사회관계를 설명해왔던 기존의 연구와 상당히 다른 경관을 보여준다. 당시 베이징시 부시장 우한吳晗은 한 보고에서 "거민위원회의 규모가 비교적 작아 연계와 상호 이해에 편리하고, 거민들이 서로 친숙해서 거민위원과 소조장이 군중의 요구와 의견을 반영하기가 수월하다"고 언급했다.[29] 도시의 가도는 '사회적 연계' 및 '거민 간의 상호작용', 그리고 이를 통한 '사회자본의 형성'과 그에 기초한 정책의 집행에 적합한 공간으로 재구성되었던 것이다.

소형 거민위원회를 통해 사회자본의 작동에 유리한 가도 공간이 생산되었지만, 다른 한편 소형 거민위원회들이 갖는 분산성이 지적되기도 했다. 즉 "소형 거민위원회의 유일한 단점이라면 구성 단위가 많아 구정부區政府의 통일적 지도가 불편하다는 점"이었다. 다만 이러한 문제점은 거민위원회 자체의 작동에서 기인하는 것이 아니라 국가의 지도 측면에서 제기된 것이었다. 이러한 정부 지도의 문제점을 해결하기 위한 조치는 각 가도에 공안파출소 이외에 정부의 파견기관(파출기관)으로서 가도판사처를 설치하는 일이었다. 후술하듯이 판사처 설치 후에도 가도 공작은 여전히 많은 문제점을 노정하게 되지만, '가도 거버넌스 체제'의 구축이란 바로 위와 같은 소형 거민위원회에 기초한 새로운 사회·정치적 공간의 생산과 불가분의 관계에 있었다.

4. 거민위원회 '자치성'의 이해

가도 거민위원회 조직 조례 제1조는 다음과 같이 규정하고 있다.

> 도시 가도 거민의 조직과 공작을 강화하고 거민의 공공복리를 증진하기 위하여, 시 또는 구 정부(人民委員會)의 파출기관 지도하에 거주 지역에 의거한 거민위원회를 구성한다. 거민위원회는 군중 자치성自治性 거민 조직이다.[30](밑줄—인용자)

이는 국가-사회관계에서 거민위원회의 위상과 성격을 규정한 내용으로,

'지도'와 '자치'의 함수관계는 기존의 국가-사회를 바라본 이분법적이고 대립적인 패러다임으로는 이해하기 어려운 측면이 있다. 기존 연구들은 일정한 조직과 제도가 국가 영역인가 혹은 사회 영역인가, 국가가 주도한 것인가 혹은 사회적 자율 조직인가를 우선 분명히 하는 것으로 논의의 출발점을 삼는다. 시민사회에 관한 논의가 이 같은 이분법적 입론의 전형이지만, 마오쩌둥 집권 시기 및 그 이후 중국 정치 체제의 성격을 설명해온 일련의 사회과학계 이론들, 즉 전체주의(totalitarianism), 권위주의(authoritarianism), 코포라티즘(corporatism), 후견주의(clientelism) 등의 주장도 국가-사회의 이분법적 패러다임 안에 있다 해도 과언은 아니다.[31] 거민위원회는 국가가 주도하여 만든 조직이고 국가의 주도하에 형성된 공간에서 작동한 것이 사실이지만, 그렇다고 단순히 국가-사회의 분리, 사회에 대한 국가의 통제, 국가에 대한 사회의 복종이라는 시각을 통해서는 그 전체상을 조명하기 어렵다. 거민위원회의 기능과 작동 방식은 국가-사회의 대립적 이분법을 넘어설 때만이 완전히 이해될 수 있다.

최근의 연구 가운데 국가-사회의 중첩 혹은 양면성에 관한 논의들은 위와 같은 패러다임을 넘어서기 위한 시도라는 점에서 흥미를 끈다. 예컨대, 벤자민 리드(Benjamin L. Read)와 로버트 피커넌(Robert Pekkanen)의 공동 편저는 동아시아와 동남아시아 지역 국가들의 이른바 풀뿌리 공동체 조직들을 비교 연구의 대상으로 삼아 국가-사회 양자 모두에 걸쳐 있는 조직들을 집중적으로 탐구함으로써 이른바 결사체의 세계(associational universe), 지역 결사체의 삶(local associational life)을 종합적으로 이해하고자 한다.[32] 리드에 따르면, 오늘날 중국과 타이완의 지역사회 조직, 즉 '사구거민위원회社區居民委員會'와 '리린里隣' 조직들은 한편으로 권위주의 정권의 권력 유지에 도움을 주면서도 다른 한편

공중보건과 사회복지 증진에도 기여한다. 이 조직들은 국가에 의해 운용된다는 점에서 일정한 한계를 갖지만, 동시에 국가와의 연계를 이용해 자기 지역의 문제를 한층 쉽게 해결할 수 있다는 점에서 '대중적 참여의 장소'로서 위상을 더욱 강화할 수 있게 된다.

1950년대의 가도 거민위원회도 오늘날 중국의 사구거민위원회와 유사한 위상을 갖는 것으로 이해될 수 있다. 가도 거민위원회는 국가가 조직하고 관리했기 때문에 사회의 자발적 자율적 조직은 아니었다. 국가는 각종 정책의 집행에 가도 거민위원회를 활용하고자 했으므로 사실상 국가행정의 보조적 역할을 부정하기 어렵다. 다만 그 작동 방식은 국가기구의 행정적 위계에 따른 일방적인 지휘 및 통제에 기원을 두지 않았다는 점을 주목할 필요가 있다. 초기 거민위원회의 설립 과정에서 제시된 "구정부區政府 및 그 파출기관과 거민위원회의 관계는 영도가 아닌 지도의 관계이다"[33]라는 언급은, 거민위원회가 행정 계통의 상하 소속 관계 내에 있지 않았음을 지적한 것으로서 거민위원회의 위상을 함축적으로 표현해준다. 앞에서 서술한 소형 거민위원회의 건립에서 볼 수 있듯이, 국가는 거민위원회가 사회자본을 형성하고 그것이 원활하게 발휘될 수 있도록 가도 공간을 새롭게 생산해냈다. 1950년대 도시 사회의 최저층 수준에서 국가권력의 확장을 볼 수 있다면, 그것은 가도에 이르는 국가기구의 확대가 아니라 거민위원회를 통한 사회적 참여에 의해 가능해진 것이었다.

이렇게 보면, 조직 조례가 규정하고 있는 거민위원회의 '자치성'이란 국가 정책에의 호응과 참여를 통한 지역 문제의 자체적 해결이라는 의미로 이해할 수 있다. 1950년대의 국가는 사회문제의 해결(방범, 방화防火, 구제, 분쟁 조정), 공공서비스의 제공(위생, 보건, 시민교육, 상수도 관리, 취업 알선, 탁아소 운영), 물리적

인프라 구축과 관리(주택 수리, 도로 건설 보조) 등 각종 '도시 서비스' 업무를 국가 자원의 직접적 투입이 아닌—사실 1950년대 신생국가는 활용 가능한 인적·물적 자원이 매우 부족했다—가도 공간의 '자치'를 통해 해결하고자 했다. 달리 말하면 가도 거민위원회의 자치란 자립, 자기 조절, 자체 해결의 의미를 담고 있었다. 가도 거민위원회에 대해 정부가 기대한 '모두의 일은 모두가 함께 처리한다는 정신(大家事大家辦的精神)'은 그러한 자치의 의미를 명료하게 표현한 모토로 보인다. 가도의 '자치'는 국가권력의 강압과 통제가 아닌 거민들 사이의 사회적 응집력과 자발성의 발양을 통해 가능했으며, 가도 공간은 그것이 발양될 수 있도록 소형 거민위원회의 구성과 함께 새롭게 재편되었던 것이다. 도시민의 분절된 익명성은 거민위원회를 통해 구성원 간 사회적 관계의 강화로, 사회자본의 형성으로, 그리고 마침내 공동체적 자발성의 함양으로 전환될 수 있었다.

예컨대, 한 연구가 강조한 바와 같이 거민위원회 산하 치안보위위원회治安保衛委員會가 정권을 도와 수행한 '반혁명분자' 적발과 단속은 신정권의 정당성을 부정하는 사람들에게는 분명 탄압적이고 감시적인 성격으로 여겨지겠지만,[34] 이 군중 조직의 역할이 반정부 성향의 사람들에 대한 진압에 머물지 않았다는 점을 간과하지 말아야 할 것이다. 치안보위위원회는 거민들의 일상적 삶의 안전에 기여하는 중요한 역할을 수행했고, 각종 범죄의 단속과 예방 활동에 거민들의 협조와 참여를 이끌어낼 수 있었다. 또한 신문읽기팀(讀報組)의 활동이 '정치 학습'의 일환으로 신생국가의 이데올로기 주입을 통해 '주민 세뇌' 효과를 낳은 것도 부정할 수 없지만, 다른 한편으로는 새로운 정보 제공의 수단으로 작용하기도 했다. 바로 이런 점 때문에 거민의 '공공복리'와 밀접하게 관련되었으며, 거민들로부터 상당한 호응을 유발할 수 있었

다.[35]

　설령 '자치성'이 국가권력으로부터의 '독립' 혹은 '자율'과 상당한 거리가 있는 개념이라 할지라도, 이를 국가의 통제와 강압을 미화하기 위한 수사로만 치부할 수도 없다. 거민위원회의 조직과 활동은 국가가 의도하고 주도했으되 거민의 필요와 무관한 일을 강제하지는 않았다. 국가는 소형 거민위원회를 단위로 가도 공간을 재편하여 사회적 응집성이 발양될 수 있도록 '지도'했고, 거민위원회는 새롭게 형성된 '사회적 자본과 사회적 연계'의 기초 위에서 가도의 각종 문제를 '자치적으로' 해결해 나갔다. 정권이 의도한 각종 정책의 집행 과정에서 사회의 협조는 불가결한 요소이다. 따라서 거민위원회의 '자치'는 가도 공간에서 국가와 사회의 협업, 즉 '거버넌스'가 어떻게 구상되었는지를 보여주는 좋은 예다.

　거민위원회와 거민의 관계는 가도 공동체 성원들의 상호관계 방식을 엿볼 수 있게 한다. 거민 대표(혹은 소조장小組長), 거민위원, 거민위원회 주임 등 이른바 '적극분자'로 분류되는 가도의 행위자들은 판사처와 파출소의 국가 에이전트들과 수직적 관계에 있었지만, 이웃에 사는 거민들과는 수평적 관계였다. 그들은 국가가 정한 테두리(다시 말해 '지도') 안에서 제약이 따르기는 하지만 이웃 주민들의 직접선거(거민 소조장의 경우) 혹은 간접선거(소조장에 의한 주임 선출)로 구성되었다. 그런 까닭에 국가의 의도와 개입 이외에 그들이 일반 주민과 맺는 개인적 사회적 관계가 무시될 수 없었다. "낙선한 [기존의] 적극분자들은 대부분 군중과의 관계가 소원하거나(脫離群衆) 업무 수행 스타일에 엄중한 문제(嚴重毛病)가 있는 사람들이었다." 그런 의미에서 거민위원회의 충성은 국가와 지역사회 모두를 향하고 있었다고 해도 지나친 말이 아니다. 그것이 비록 비대칭적이었다고 해도 말이다.

5. '망란忙亂'의 재연과 거버넌스 작동 방식

신생 공산당 국가는 도시민 생활의 거의 모든 면에 영향력을 행사하고자 했다. 따라서 과거 어느 정권보다 더 개입주의적 권력이었음은 의문의 여지가 없다. 그러나 국가가 의도한 수많은 '도시 공작'을 실현할 수단은 갖고 있지 못했다. 요컨대 구상(의도)과 현실(조건)의 괴리는 쉽게 극복될 문제가 아니었다. 이제부터 서술할, 도시 가도 공작에서 지속적으로 나타난 '망란' 현상은 바로 이 괴리를 대변한다.

앞에서 서술했듯이, 가도 공작의 망란 현상은 기본적으로 정부가 기층 수준의 정권(정부)을 철폐하고 가도에 단지 공안파출소만 남기는 '구가區街 정권 기구 개혁' 이후 수많은 업무를 가도의 군중 조직을 통해 수행해야 했던 상황과 밀접한 관련이 있다. 소수의 '적극분자'들이 20여 종에 이르는 다양한 업무별 군중 조직에서 수많은 직책을 겸직하면서 자신의 생업과 가사에 종사할 시간까지 할애하여 가도 공작에 나섰지만, 기대했던 효과는 거두지 못한 채 정신없이 바쁘고 통일적인 업무 조율이 결여된 매우 혼란한 상황이 전개되었던 것이다. 각 구區에서 시정부에 올린 조사 보고는 망란 현상의 실상을 '다섯 가지가 많은 상황('五多' 情況)'으로 정리하면서, ① 가도에 수많은 군중 조직이 존재하고(組織多), ② 분산된 조직마다 책임자를 두어 영도자가 많고(領導多), ③ 적극분자들이 각종 군중 조직에서 맡고 있는 직책의 겸직이 많으며(兼職多), ④ 참가해야 할 회의 소집이 많고(會議多), ⑤ 정부에 보고해야 할 조사표가 많다고(表報多) 지적했다.[36]

베이징시정부는 망란 현상을 타개하기 위해 1952년 10월부터 1954년 말에 이르기까지 점진적인 방식을 취하여, 한편으로는 가도 수준에 파출소 및 정부의 파출기관인 판사처를 설치함으로써 가도에 대한 정부의 지도를 강화했다. 또한 동시에 다른 한편으로 소형 거민위원회를 조직하여 새롭게 가도 공간을 재편하고, 각종 군중 조직을 거민위원회 산하로 통폐합하는 조치를 시행했다. 이 과정에서 제출된 조사 보고문들은 가도 공간의 재편이 기존의 망란 현상을 상당히 개선하는 효과가 있었다고 평가했다.[37] 가도 공간에 군중 조직인 거민위원회의 '자치'와 정부기구인 판사처 및 파출소의 '지도'가 상호 작용하는 거버넌스가 작동할 수 있는 구조와 시스템이 구축되었던 것이다.

그러나 여기서 주목할 것은, 공간의 재편과 함께 구축된 거버넌스 체제의 구체적인 작동 측면에는 여전히 많은 문제가 있었다는 점이다. 그것은 망란 현상의 지속이었다. 가도 거민위원회와 가도판사처의 설립이 법적 기초(조례) 위에서 베이징시 전역에 확대 시행된 이후 대략 1년이 지난 1955년 여름부터 가도의 '엄중한 망란 현상'이 다시 나타나기 시작했다. 잦은 회의, 적극분자의 겸직, 번다한 통계 조사 업무 등 거민위원회 건립 이전과 대동소이한 상황이었다. 베이징시정부는 망란의 재연이 공작 지도 방식의 결함 때문이라고 보고, 업무의 통일적 안배와 업무 범위의 분명한 설정 등을 통해 이를 극복하고자 했다.

그러나 망란 현상이 다시 나타난 근본적인 원인은 공작 방식의 문제를 넘어 국가권력이 가도 수준에서 기획한 업무량 자체가 지속적으로 증가했기 때문이었다. 일찍이 시험적으로 거민위원회를 건립할 때, 그 과정에서 제출된 한 보고문은 시정부와 구정부가 많은 업무를 가도에 내려보내기 때문에 "어떠한 조직적 재편을 하더라도 가도의 망란 현상이 해결되기 어렵다"고 보았는데,[38] 이는 시 전체 차원의 가도 거민위원회 설립으로도 쉽게 해결될 수 없다는 점을 전망한 것이었다. 정부는, 가도 수준에 하나의 정부(정권)를 둔다

공채 판매 센터
베이징 둥단구東單區 샤오톈슈이
징후퉁小甜水井胡同 거민위원회가
1956년 당시 주민의 공채 구매 편
의를 위해 후퉁 내에 설립한 국가
경제 건설 '공채 판매센터(公債認購
站)'의 모습이다.

고 해도 적은 수의 가정부街政府 인원으로 그 많은 업무를 수행하기 어렵고,
따라서 가도의 각종 '군중 복리'에 관한 업무는 '반드시 군중 자신이 하도록
해야 한다'는 인식을 갖고 있었다.[39] 그 때문에 가도 거민위원회가 수행해야
할 업무량이 줄어들 여지는 없었다. 가도의 망란 현상 재연은 거민위원회와
그 업무를 앞장서서 수행했던 거민위원회 주임 등 적극분자에게만 국한되지
않았고, 정부 파견기구인 가도판사처도 마찬가지였다. 시정부와 구정부는 가
도판사처 주임과 간부들에게 많은 업무를 맡겼으며, 판사처는 현장에서 거민
위원회를 관리 감독하여 업무를 집행해야 했기 때문에 역시 '망란'하지 않을
수 없었다.
　구체적으로, 가도 공작은 '일상공작(經常工作)'과 '중점공작(中心工作)'으로 크게

아동 라디오 청취 센터
베이징 시단구^{西單區} 쉐위안후퉁^{學院胡同} 제6거민위원회가 취학 전 어린이들을 위해 개설한 '아동 라디오 청취 센터(兒童收聽站)'의 1958년 당시 모습이다.

나뉜다. 전자가 가도 거민들의 일상적인 삶과 연관된 항상적인 업무였다면, 후자는 정부가 특정한 정책 목표하에 일정한 기간을 정하여 집중적으로 시행한 업무였다. 일상공작은 도시 생활을 위해 제공되어야 할 거의 모든 서비스를 포함했다. 그것은 보통 가도의 '공공복리' 업무로 칭해졌는데, 치안 보위 공작, 민사 분쟁의 조정, 위생 개선과 관리, 사회구제, 군인 및 열사 가속에 대한 우대 업무, 도로 건설의 보조, 화장실 설치와 관리, 위험 소지가 있는 가옥의 수리, 우물 파기, 환경 위생 개선, 신문읽기팀(讀報組)의 운영, 탁아소 설립과 운영 등 매우 광범한 일들을 포함했다. 중점공작은 거민위원회 설립 이후 1957년 중반까지 핵무기 반대 서명운동, 양식 배급량 산정(糧食定量) 공작, 징병徵兵 공작, 건설공채 판매 공작, 실업 인구의 '이민移民' 공작, 문맹퇴치운동 등 끊임없이 이어졌다.[40] 가도 공작에 어려움을 초래한 것은 정부의 서로 다른 부문에서 하달된 각종 업무가 거의 동시에 가도에 부과되었기 때문이기도 했지만, 더 근본적인 원인은 업무량 자체가 많았기 때문이었다.

가도의 망란 현상이 가도 공작 수행자들의 버거운 업무량과 직결되는 것이라면, 이는 다음과 같은 서로 밀접하게 연관된 두 가지 의미를 갖는다. 즉한편으로 국가가 가도 수준의 의제와 업무 설정에서 주도적인 역할을 했다는 점이고, 다른 한편 업무의 구체적 실행을 위해서는 국가기관과 그 간부들의 역할에 더하여 군중의 자치, 즉 가도 거민들의 자발적 협조가 필요했다는 점이다.

자발성의 구체적 발현 형태는 가도에서 전개되는 적극분자들의 활동이었다. 적극분자들은 가도 거민위원회의 주임·부주임을 비롯하여 각 거민위원회 위원(소조장)과 부소조장들로서, 각종 공작의 실행에서 주도적인 역할을 맡았다. 그들은 가도의 사회적 공간에서 일반 거주민들과 밀접히 '연계'하여 정부의 각종 정책 실행을 보조할 뿐만 아니라 가도 거민의 복리 문제를 자치적으로 수행하는 주체였다. 망란 현상은 가도의 많은 업무를 수행할 인적 자원, 즉 적극분자의 부족과 직결된 문제였다. 정부는 베이징 입성 후부터 가도의 적극분자를 찾아내고 그들을 육성하는 데 힘을 쏟았지만, 1950년대 후반까지 많은 보고문에서 지속적으로 적극분자 수의 확대를 강조하고 있다는 사실로 미루어 그 인적 자원의 결핍은 해소되지 않았던 문제로 늘 남아 있었음을 알 수 있다.

정부는 가도가 수행해야 할 많은 업무를 안배만 했을 뿐, 업무가 효율적으로 실행될 수 있도록 하는 조치는 매우 미흡했고, 심지어 가도로 하여금 각종 업무를 자치적으로 수행하도록 거의 방치하는 상태에 가까웠다 해도 과언은 아니다. 앞서 서술했듯이, 베이징시정부는 1956년 5월 가도 공작의 통일적 안배를 포함하여 지도 방식에 대한 별도의 '결정'을 통해 망란 현상을 극복해보고자 했지만,[41] 이 결정이 의도한 개선은 거의 이루어지지 못한 것으로 판명되었다. 결정이 하달된 후 1년여가 지난 1957년 6월 시정부 민정국은 각 구정부에서 가도 업무 지도를 맡고 있던 '가도 행정팀(街政組)' 책임자들을 소집하여 좌담회를 열고 가도 업무에 대한 하부의 의견을 수렴했다. 참석자들이 제시한 각종 의견을 종합해보면 정부 '지도'에 드러난 다음과 같은 두 가지 특징을 파악할 수 있다.[42]

첫째, 가도에 대한 정부의 체계적인 지도가 이루어지지 않았다. 좌담회에서 제시된 의견들은 공통적으로 시정부 조직 내에 가도 공작을 통일적으로 관리하는 기구가 없다는 점을 지적한다. 통상적으로 가도 공작과 관련된 기구는 시정부의 민정국民政局과 구정과區政科였지만, 이들 기구 중 어느 곳도 실제로 가도 공작의 지도를 전담하지 않았고, 시정부 내의 각 업무국業務局은 가도에 각종 업무를 내려보낼 뿐이었다. 민정국은 각 업무국에서 진행하는 공작 업무 배치에 간여할 수 없을뿐더러 시정부 내의 하나의 업무국으로서 직접 구정부에 지시하는 일도 쉽지 않았다. 그렇다고 구정부가 나서서 시정부 각 업무국으로부터 배정받은 가도의 업무를 통일적으로 안배한다는 것도 불가능했다.

둘째, 가도 공작을 현장에서 지도해야 할 판사처와 파출소 간부들의 역량이 매우 제한적이었다. 간부들의 업무 역량은 그들의 '사상'과 '업무태도(作風)'의 문제를 넘어 근본적으로 인적 자원의 부족과 직결되었다. 초기의 편제가 그대로 지속되는 상황에서 간부 인원은 늘지 않았지만, 관리해야 할 가도의 인구와 업무는 격증했다. 예컨대, 1957년 중반 충원구崇文區의 경우 1명의 경찰이 300호戶 내외를 담당하고, 1명의 판사처 간부가 1,000여 호를 관리할 정도였다. 이에 대해 충원구 측은 판사처의 편제 확대와 더 많은 간부 인원의 충원 필요성을 제기하기도 했다. 이런 상황에 대해 좌담회 참석자들은 시정부가 업무만 챙길 뿐 업무를 집행할 사람은 관리하지 않는다고 비판했다.

가도 수준의 정부기구인 판사처와 파출소의 업무 수행에도 많은 문제점이 있었다. 관련 조례에 따르면 판사처는 가도 거민위원회에 대한 직접적인 지도 역할을 담당하도록 규정되어 있었지만,[43] 간부 인원의 부족이라는 문제 이외에 업무 수행을 위한 역량과 사기의 측면에서도 매우 열악한 수준을 벗어나지 못했다. 경우에 따라서는 상부에서 일정한 '처분'을 받은 간부들이 가도판사처로 좌천되기도 했고, 간부들을 위한 복지비 지출에 소용되는 자원은 매우 제한적이었다.[44]

판사처와 파출소의 원만하지 못한 관계도 가도 공작에 많은 어려움을 초래했다. 가도 공작을 현장에서 지도해야 할 정부의 두 파견기관이 서로 비협조적이었고 갈등을 빚는 일도 흔하게 벌어졌다. 1957년 11월의 보고에 따르면 두 기관의 업무 수행에는 다음과 같은 네 가지 문제점이 있었다.[45]

첫째, 공작의 통일적 연계가 제대로 이루어지지 못했다. 가도 공작에 대한 통일적 안배의 중요성은 누차에 걸쳐 강조되었음에도, 여전히 공작을 제각각 배분함으로써 거민위원회 적극분자들의 불만을 샀다. 예컨대, 쉬안우구宣武區의 16개 판사처와 파출소 가운데 단지 4개만 공작 연계 제도를 시행했으며, 나머지는 각기 안배한 공작들이 '충돌'을 빚곤 했다. 이에 대해 한 적극분자는 "시어머니가 하나 더 늘었군. 이쪽에서도 회의를 열고 저쪽에서도 회의를 여니 업무상 통일을 기할 수가 없다"는 반응을 보였다.

둘째, 치안보위위원회에 대한 지도 문제였다. 치안보위위원회는 거민위원회의 한 구성 부분이지만, 거민위원회는 판사처의 지도를, 치안보위위원회는 파출소의 지도를 받도록 되어 있었기 때문에 업무상 상당한 불화가 초래되었다. 판사처는 파출소와 상의 없이 거민위원회를 통해 치안보위위원회에 공작을 안배하는가 하면, 파출소는 거민위원회와 치안보위위원회 간 공작의 연계보다는 양자의 역할 분담, 즉 독립적 업무 수행을 더욱 강조했고, 치안보위위원회 위원의 선임 과정에서도 거민위원회에 통지조차 하지 않았다.

셋째, 가도 적극분자에 대한 상호 쟁탈 현상이었다. 파출소는 능력 있는 적극분자를 치안보위위원회에 배정하고자 했고, 판사처는 그들을 거민위원회 위원으로 삼고자 했다. 이러한 경쟁은 상대방 업무에 대한 비하와 비방으로 이어져 적극분자들의 '단결'을 해쳤다. 또한 역량 있는 소수 적극분자의 겸직 현상도 초래했다.

넷째, 거민 간의 분쟁 조정 과정에서 상호 책임 회피 문제가 나타났다. 일반적으로 거민위원회에서 분쟁 조정이 여의치 않을 경우 판사처를 찾게 되지만, 파출소의 간부와 민경民警은 치안 관리 위반으로 발생하는 분쟁의 해결을 판사처로 미루고, 판사처는 야간 근무자가 없다는 이유로 일반적인 분쟁 사건도 파출소로 떠넘기곤 했다. 일례로, 두 주민 사이에 결투가 벌어져 그 갈등의 조정 문제가 파출소로 이관되었는데, 민경은 "출혈이 없으니 판사처로 가 해결하라"고 내보냈다. 그런데 파출소를 나오자마자 한쪽이 상대방의 머리를 깨뜨려 다시 파출소로 돌아가는 사태가 벌어지기도 했다. 파출소와 판사처의 불화와 갈등에 대해 한 적극분자는 "우리가 당신들의 분쟁까지도 조정해야 합니까?"라고 불만을 토로했다.

가도의 과중한 업무 부담과 정부의 혼란스런 지도는 가도 거민위원회 적극분자들의 불만을 야기했다. 정부의 많은 관련 문건들은 적극분자의 볼멘 반응을 담고 있다. 어떤 적극분자는 거민위원회 주임으로 추천되자 "당신들이 나를 선출하다니, 나를 해하는 것이오"라고 말하는가 하면, 또 다른 적극분자들은 "병역도 돌아가면서 하지 않는가?", "간부는 일요일이라도 있지만,

우리는 [그렇지 않으니] 간부보다 더 피곤하다"고 털어놓기도 했다.

　정부의 각종 업무가 가도의 군중 조직, 즉 거민위원회와 그 산하에 있는 각종 조직의 협조 없이는 수행될 수 없다는 사실을 가도의 적극분자들도 잘 알고 있었다. 심지어 가도 거민위원회의 중요성이 과장되어 거민위원회 주임과 위원들이 독자적인 목소리를 내는 경우도 있었다. 예컨대, 일찍이 쉬안우구 바오안쓰 파출소 관내에 설립된 거민위원회의 한 주석은 "구정부든 공안 분국이든 파출소든 공작을 안배할 때 반드시 거민위원회를 거치지 않으면 안 된다. 그렇게 하지 않는다면 상부의 어느 기관을 막론하고 내가 나서서 항의를 제기하겠다"는 반응을 보이기도 했다.

　이상과 같은 가도 공작의 여러 문제점은 국가권력이 주도면밀한 계획과 통제를 통해 기층 가도 수준까지 권력을 행사하는 완벽하고도 촘촘한 전체주의적 통제와는 상당히 다른 정황을 보여준다. 시정부는 가도 공작의 관리를 위한 통일된 기구나 업무 조정을 할 만한 조직 체계를 갖추지 못했고, 가도 수준의 판사처와 파출소는 가도 거민위원회에 대한 지도 방식에 많은 문제점을 갖고 있었다. 정부 지도의 혼란 속에서 가도 거민위원회는 시정부의 각 부문(국局)이 배분하여 내려보낸 연이은 '중점공작'을 현장에서 집행할 뿐만 아니라, 가도 거민들의 삶에 필요한 거의 모든 도시 서비스를 '일상공작'을 통해 '자치적'으로 해결해가지 않을 수 없었다.

6. 국가-사회 거버넌스의 실재

　이 글은 1950년대 베이징 가도 수준에서 '거버넌스'의 작동 방식을 새로운 가도 '공간의 생산', 가도 거민위원회의 '자치', 정부 '지도'의 문제점을 중심으로 분석했다. 거민위원회의 조직과 활동에서 국가의 지도는 불가결한 요소였지만, 거민위원회의 역할이 국가 행정과 공안 업무의 단순한 대행과 보조에 머문 것은 아니었다. 거민위원회는 새롭게 재편된 가도 공간의 중요한 행위주체로서 정부의 정책 실행에 참여했을 뿐만 아니라 수많은 도시 서비스를 '자치적'으로 해결해간 공동체적 '군중 조직'이었다.

거민위원회의 활동에서 거민 간의 밀접한 개인적·사회적 관계와 상호작용은 매우 중요한 요소였다. 1952년 10월 이래 각 가도마다 인접한 골목길(街巷, 胡同)을 중심으로 몇 개의 소형 거민위원회를 조직해간 과정은, 도시의 분절된 익명성을 극복하고 가도에 새로운 사회자본이 형성될 수 있는 '공간'을 생산하는 과정이기도 했다. 사회자본은 가도 거민의 응집력과 자발성 제고를 위한 원천이자 '자치성' 실현의 기초였다. 거민위원회를 중심으로 재편된 가도 공간을 통해 국가는 제도적이고 지속적인 방식으로 사회와 관계할 수 있었으며, 사회는 새로운 공동체적 연계망을 구축하고 이를 기반으로 국가와 연계하게 되었다.

거민위원회의 '자치'는 국가권력으로부터 자유로운 혹은 대립적인 사회의 자율과는 다른 것이었다. '군중 조직'으로서 거민위원회의 조직적 좌표는 기존의 이분법적 국가–사회관계의 패러다임으로는 쉽게 이해되기 어려운 측면이 있다. 요컨대, 거민위원회는 양자의 중첩 혹은 국가와 사회의 중간 지점에 위치했다. 그 기능적 좌표 또한 국가의 지도하에 법령을 집행하는 데 동원되었다는 점에서 국가 행정 기능을 담당했지만, 가도의 사회자본을 형성하고 사회적 필요를 스스로 해결하는 역할을 했다는 점에서 사회적 기능을 수행한 조직이기도 했다. 이렇게 보면, 거민위원회의 '자치'란 정부의 지도하에 가도의 지역사회 문제를 스스로 해결해가는 자립(self-reliance), 자기 조절(self-regulation), 자체 해결(self-solution)을 의미하는 것이었다.

거민위원회를 둘러싼 지도와 자치의 가도 거버넌스 체제가 현실 속에서 작동하는 데는 많은 문제점이 있었다. 근본적 원인은 가도에서 수행되어야 할 일, 즉 공작工作이 지나치게 많았다는 것이다. 신정권은 거의 모든 측면에서 도시 주민의 삶에 간여하고자 했고, 이를 통해 국가권력을 사회 저변에까지 투사시키려는 강한 의욕을 갖고 있었다. 그렇게 본다면 역대 어느 정권보다도 더 개입주의적 권력(interventionist power)이라 할 만했다. 그러나 1950년대 중공 정권이 도시 가도 수준까지 국가기구를 확대하고 간부 인원을 충원하기 위한 자원을 확보하는 데는 많은 한계가 있었다. 정권이 국가 행정기구 바깥에 거민위원회를 조직하고 이를 통해 지역사회의 호응과 참여를 기대했던 것은, 바로 그와 같은 의도와 현실의 괴리에서 비롯되었다. 거민위원회가 가도에서 수행한 공작들은 도시 주민의 삶에 직결된 '일상공작'과 정부가 일정한 정치적 목표하에 배분하여 하달한 각종 '중점공작'으로 구성된다. 가도 공작은 1950년대 전체 기간 동안 줄어들기는커녕 더욱 가중되었고, 거민위원회는 이 모든 공작을 '자치적'으로 수행해야 했다. 거민위원회의 골간을 이루던 '적극분자'들이 가도 공작의 수행에서 '정신없이 바쁘고 혼란스러운' 현상, 즉 '망란忙亂'이 해소되지 않고 재연·지속되었던 것은 정부의 '지도'가 가도의 '자치'에 지나치게 의존했던 상황을 잘 말해준다.

이 글에서 분석한 베이징시정부의 당안 자료들은 거민위원회가 수행한 가도의 각종 공작에 대해 정부의 지도가 제대로 이루어지지 않았음을 보여준다. 기본적으로 시정부 민정국이 가도 공작을 지도하는 것으로 간주되었지만, 민정국 외의 각 업무국이 필요에 따라 가도에 직접 공작을 하달하는 상황은 개선되지 않았다. 시정부와 가도 사이에서 업무를 연계하던 구정부區政府가 상부에서 내려온 공작을 자체적으로 조정할 수도 없었다. 구區 수준의 당黨, 정政, 군群 각 부문도 공작의 통일적 안배를 기하지 못한 채 가도에 공작을 늘어놓기만 하는 경우가 흔했다. 가도 수준의 지도기구였던 판사처 간부 인원의 편제와 역량은 매우 제한적이었으며, 파출소와의 업무 협조도 순탄치 않았다. 정부의 효율적 지도가 결여된 가운데 가도 거민위원회의 적극분자들은 버거운 각종 공작들을 거의 자체적으로 해결해야 했다.

가도 공간의 거민위원회 조직과 활동을 둘러싼 거버넌스의 작동 방식과 그 문제점들은 1950년대 국가권력의 성격, 국가–사회관계를 규명하는 데 중요한 시사점을 제공한다. 기존의 연구들이 사회에 대한 당–국가의 촘촘한 통제나 원자화된 개인에 대한 전체주의적 지배를 강조했다면, 이 글에서는 국가가 사회에 요구한 사회적 응집력과 공동체적 유대에 기초한 참여와 협력의 중요성을 보여주고자 했다.

1950년대 가도의 국가–사회관계는 강압적 방식에 의한 국가의 사회 흡수 혹은 국가–사회의 일체화[46]라기보다는 '국가–사회의 협업' 혹은 '두 영역의 중첩'으로 설명될 수 있을 것이다. 그것이 바로 이 글에서 말하는 '거버넌스'이다. 1950년대 국가권력의 강화 과정은 기층에 이르는 기구의 확장을 통해서가 아니라 거버넌스를 통한 기층 사회의 호응과 협력 위에서 가능한 것이었다. 거버넌스를 통해 국가는 통치의 정당성을 확보해갈 수 있었을 뿐만 아니라, 가도 차원에 국한된 거민 복지 공작을 넘어 '중점공작'으로 표현되던 각종 국가적 프로젝트로까지 거민의 참여를 이끌 수 있었다.

사회주의 도시와 인간을 디자인하다
—'도시인민공사'라는 실험

구소영

1. 도시인민공사, 유토피아로 가는 황금다리?

영화 〈언제나 봄(萬紫千紅總是春)〉은 상하이上海 리룽里弄(어깨를 맞댄 연립주택이 늘어서 있는 좁은 골목)의 일상 풍경으로 시작된다. 풍성한 오색의 꽃들, 싱싱한 채소와 생선, 갖가지 생활용품으로 가득 찬 가을 아침의 리룽 시장에는 장바구니를 든 가정주부와 행인의 물결이 꼬리를 물고 이어진다. 영화는 이어 청소하고, 밥하고, 빨래하느라 분주한 리룽 주부의 일상을 그린다. 물질적 풍요로움이 충만한 리룽은 그러나 곧 '공공성'을 강조하는 국가의 정치 캠페인으로 서서히 무너지기 시작한다. 주부들이 생활 속에서 익힌 기술에 '생산 의의'가 부여되고, 개인의 일상 생활 공간은 점차 조직화된 공동체로 바뀐다. 1959년에 상영된 이 영화는 실제 그 무렵 리룽의 생활을 묘사하기보다는 한 명 이상의 정치가, 독재자, 도시계획가가 고안한, 기존의 도시를 전면적으로 개조하기 위한 계획을 선전하고 있다.

1958년 중국공산당은 사회주의 사회를 조기에 건설하고 공산주의로 이행하고자 획기적인 변화를 추구했다. 대약진 운동과 인민공사화 운동은 그런 노력의 핵심 골자라고 할 수 있다. 이때 등장한 '인민공사'는 미래 공산주의 사회의 기본적인 사회 단위로 고안된 조직인데, 단순히 몇 개의 합작사를 더 큰 규모로 병합한 수준의 생산 조직이 아니었다. 그것은 노동자·농민·상인·학생·군인이 혼연일체가 되고, 공업과 농업, 생산 작업과 교육이 결합하고, 정치와 경제가 하나로 합쳐져 사회혁명적 변혁의 모든 임무를 수행할 수 있도록 설계된 획기적인 사회 조직 형태였다. 또 인민공사화는 이와 같은 미래의 새로운 사회에서 다양한 기능을 수행하는 공산주의적 인간을 창출하는 문화혁명의 과정이기도 했다.

미래의 이상사회, 유토피아는 토머스 모어의 1515년 소설 『유토피아』에서 서로 엮여 있던 최초의 두 가지 의미, 즉 '존재하지 않는 곳'과 '갈망해야 하는 곳'에서 선명한 모호성을 발견할 수 있다. 우리는 종종 전자에만 의미를 두어, 유토피아라는 말은 '구현되는 데 실패한 것'들을 가리키는 의미로 남겨둔다.[1] 그러나 유토피아는 현재 당연하다고 여겨지는 것을 붕괴시키고 사람들로 하여금 그 대안적 미래를 생각하게 하는 중요한 역할을 한다. 그렇기 때문에 사회를 개선하기 위한 '불가능할 정도의 이상적 계획'인 유토피아에서 우리가 생각해볼 문제는, 그 미래의 비전이 이후 결과들로 검증되었는가를 분석하는 것이라기보다는, 오히려 그것이 이후 사회에 어떤 형식으로 어느 정도 영향을 미쳤는가를 살펴보는 것이다. 대약진 시기에 기존의 중국 사회를 미래 공산주의사회로 개조하고 그에 적합한 공산주의적 인간을 창출하기 위해 고안된 인민공사는 그런 측면에서 중국 유토피아를 구현하고자 시도된 역사적인 실험이라고 할 수 있다. 비록 그 실험은 '실패'로 끝나고, 심지어 당 지도부와 당대 중국 연구자들 사이에서 '역사적 수치'로 홀대를 받기도 했지만, 이 시기 인민공사는 대안적 미래사회에 대한 동시대인들의 갈망과 변화를 이루기 위한 수단으로써 구체적인 제도나 조치를 선택하는 노력으로 볼 때 놀랄 만큼 현실적이다.

중국 인민공사를 언급할 때 우리는 흔히 "1무畝당 1만 근斤을 생산한다"(무는 중국의 토지 면적 단위로 약 666.7제곱미터이고, 1만 근은 5천 킬로그램)고 하는 농촌 인민공사의 광경을 먼저 떠올린다. 인민공사화 운동이 농촌에서 먼저 시작되었고, 또한 도시의 인민공사와 달리 상당 기간 유지되었기 때문일 것이다. 이 때문인지 중국 인민공사에 관한 대부분의 연구는 농촌인민공사에 집중되어 있다. 그러나 미래 이상사회의 조직 형태로 고안된 인민공사는 농촌에만 건립된 것이 아니었다. 도시에서도 그 설립의 광풍은 거셌다. 비록 도시인민공사는 애초 구상을 완전히 구현하지 못한 채 역사 속으로 사라졌지만, 변혁을 위한 구체적인 제도나 조치를 선택하는 노력과 경험은 이후 중국의 도시계획에 일정 정도 영향을 미쳤다.

도시인민공사에 관한 연구는 대체로 그것을 대약진 운동의 부산물로 여긴다. 경제적 '대약진'에 따라 노동력 수요가 폭발적으로 증가할 것을 대비해 조직적 관리의 필요성에서 도시인민공사가 고안되었다고 분석한다. 일부에서는 경제적 생존의 관점으로 접근하여 1960년 식량과 생활용품 부족 문제를 해결하기 위해 선택된 임시방편의 대책이라고 보기도 한다.[2] 또 국가의 사회 관리 및 통제 방식의 변화로 인민공사를 분석한 연구도 있다.[3]

한편, 딩제丁傑에 따르면 대약진 시기의 도시인민공사 건립은 1950년대 초기에 정부가 실시한 기층사회에 대한 개조 작업의 연장으로서, 실질적으로는 국가가 도시 기층사회에 또 한 차례 새롭게 실시한 사회 개조였다. 그러나 이 시도는 대규모 도시 사회 개조에 필요한 막대한 비용 문제 때문에 결국 조기에 '유산'되고 말았다.[4] 사회 개조는 정치, 경제, 문화 등 다양한 방면에서 사회의 기본 관계를 변화시킨다. 그뿐 아니라 도시의 물질적 세계와 공간의 변화까지 수반한다. 물질 세계의 변형은 종종 사회 개조를 더욱 촉진하기도 한다. 앙리 르페브르는 『공간의 생산』에서 공간은 사회적으로 생산되는 것이라고 주장한다.[5] 공간은 단순한 물질적 바탕 층이 아니다. 도시계획과 도시 공간의 물리적 변형은 국가 또는 상부가 부과한 정치적·경제적·제도적 논리들을 가시화하는 작업이기도 하다. 그런 측면에서 도시 공간의 물리적 외형 변화를 살펴보면 도시계획이 의도하는 사회 양식과 도시 공간이 재생산하고 있는 국가의 지배 이데올로기를 '읽을' 수 있다.

이런 점에 주의하여 이 글에서는 도시인민공사의 건립을 위해 고안된 각종 물질 세계의 변형을 살펴봄으로써 당시 국가가 부과한 사회적·정치적 질서와 그 특징을 생각해보고자 한다. 이를 위해 먼저 도시인민공사의 건립과 그에 따른 도시사회의 여러 변화를 살펴보고, 이어서 도시인민공사 계획안을 통해 그것이 구현하고자 한 사회에 대해서 생각해본다.

2. 도시인민공사의 건립, 생산의 조직화와 생활의 집체화

1) 도시인민공사의 등장

중국의 도시사회를 인민공사로 재편하는 작업은 1958년에 시작된 대약진 운동과 밀접한 관련이 있다. 대약진 운동은 1957년 10월 당에서 공식 승인된 '동시 발전'이라는 마오쩌둥의 새로운 경제 전략에 맞춰 "더 많이, 더 빠르게, 더 좋게, 더 경제적으로(多·快·好·省)"라는 슬로건을 내걸고 추진한 위로부터의 대중운동이었다. 이를 통해 공업과 농업 생산성을 크게 향상시키려는 목적이 컸는데, 공식적으로 내세운 목표는 철강 생산과 다른 주요 산업 생산에서 15년 내에 영국을 따라잡는 것이었다. 이를 위해 중국의 많은 농촌에서는 농업생산합작사를 단편적으로 합병하기 시작했고, 곧이어 곳곳에서 인민공사가 등장했다.

이렇듯 농촌에서 먼저 시작된 인민공사화를 보며 마오쩌둥은 도시의 학교, 공장, 가도街道에서도 일률적으로 인민공사를 건립해야 한다고 했다. 마오쩌둥의 주문 이후 일부 도시에서 인민공사의 실험이 시작되었다. 1958년 8월 15일 허난성河南省 정저우시鄭州市에서 가도 주민을 중심으로 한 도시인민공사가 최초로 건립되었다('紅旗人民公社'). 그 뒤 베이징北京, 톈진天津, 하얼빈 등 주요 도시에서도 인민공사가 건립되기 시작했다. 다만 중국공산당 중앙은 농촌인민공사와 달리 도시인민공사는 다양한 계층과 복잡한 사회 구조를 감안하여 신중하게 추진할 것을 강조했다.[6]

그러나 이후 도시인민공사화는 거의 진척되지 못했다. 인민공사화 이후 새로운 생산·생활 방식으로 인해 농촌의 생산, 분배, 노동이 제대로 운영·관리되지 못했거니와 여러 문제점이 노출되었기 때문이다. 농촌의 이런 사정은 국가 전체의 경제계획에도 큰 영향을 미쳐서 마침내 인민공사 중심의 사회경제 정책을 둘러싼 당내의 격렬한 논쟁을 촉발시켰다. 갈등은 1959년 7~8월 루산廬山에서 개최된 회의 때 마오쩌둥과 펑더화이彭德懷가 서로 대립하면서 극적으로 표출되었다. 회의는 '펑더화이 반당反黨 집단'을 혹독하게 비판하는 가운데 대약진 정책 전반과 인민공사에 대한 옹호로 기울어졌다. 1959년 후반기부터 '반우경反右傾' 분위기가 확산되면서 대약진과 인민공사를 향한 불만의 목소리도 다시 사라지기 시작했다. 1960년 3월 중앙정치국 회의에서 마오쩌둥은 '계속 약진'을 내세우며 도시인민공사의 건립을 전국 모든 도시에서 보편적으로 추진할 것을 지시했다.[7] 마오쩌둥의 발언 이후 1960년 4월부터 두 달이 채 안 되는 기간에 전국 180여 대도시와 중소도시에서 1,039개의 인민공사가 건립되었고, 전국 도시 총인구의 약 56%가 인민공사에 참가하는 등 도시사회는 인민공사 체제로 신속하게 재편되었다.[8]

인민공사는 '일대이공一大二公', 즉 한편으로는 기존의 생산 조직을 합병하여 설립한 '공사'라는 대규모(大) 조직이자, 다른 한편으로는 공사를 단위로 통일적인 회계와 분배를 실행하는 공유제(公)의 소유 형식을 취하는 조직이었다. 인민공사는 또한 '정사합일政社合一' 체제를 표방했는데, 단순히 생산·분배 등 경제 관리 조직에 머무는 것이 아니라 행정 업무도 함께 담당함으로써 행정과 생산의 일체화를 꾀하였다.[9] 따라서 인민공사는 기존의 조직과 다른 완전히 새로운 관리 체계로 운영되어야 했다. 가도의 경우, 기존의 가도판사처街道辦事處를 통폐합하여 '정사합일'의 인민공사위원회人民公社委員會로 재조직했으며, 공사 내 당위원회를 설치함으로써 당-국가권력이 가도 수준까지 확장될 수 있도록 했다. 공사 내 공장, 기업, 농업, 임업, 어업, 목축업, 상점, 학교, 병원, 극장 등은 모두 가도 당위원회의 관할하에 들어갔고, 가도 당위원회 산하의 판공실, 공업부, 농업부, 상업부, 재무설계부, 문화교육위생부, 치안보위부, 복리부 등은 인민공사의 기구가 되었다.[10] 이렇게 해서 가도의 거의 모든 부문이 당의 통제하에 놓이고, 가도 거민들은 정사합일의 인민공사화에 따라 행정·생산·생활 모든 면에서 전에 없던 통제 아래 들어가게 되었다.[11]

2) 생산의 조직화 및 생활의 집체화

도시인민공사는 한편 기존의 도시를 개조하고 '사회주의 신도시'를 건설하는 도구로 선전되었다. 당시 중국공산당이 도시를 인민공사 체제로 개조하려 한 데는 현실적인 문제를 고려한 측면이 있었다. 대약진 정책이 본격적으로 추진됨에 따라 공업과 농업 방면에서 대량의 노동력이 필요해졌던 것이다. 이에 당과 정부는 도시의 유휴노동력에 눈을 돌려 그 인적 자원을 최대한 활용할 방안을 모색했다. 1958년 상하이시정부의 통계 자료에 따르면, 상하이시 전체 11,000여 개의 리룽에서 공장, 기업, 기관, 학교 등 단위의 직공, 학생, 그리고 생산조합에 가입되어 있는 상인과 수공업자를 제외한 16세 이상의 리룽 거민은 약 148만여 명이고, 그 가운데 가정주부가 85%를 차지했다.[12] 요컨대, 당과 정부가 도시의 인민공사화 운동을 통해 새롭게 조직하고자 했던 대상은 주로 도시 기층사회의 '비非단위인'으로서, 단위 직공의 가속, 가정주부, 개체 노동자, 그리고 이른바 '자산계급 가정'으로 분류된 사람 등 기관, 기업·사업체, 학교 등 고정적인 '단위'에 속해 있지 않은 거민이었다. 인민공사를 통해 이들 '비단위인'을 사회적 생산과 서비스 작업에 조직적으로 동원할 수 있다면 모든 인민이 생산에 참여하게 되므로 생산이 크게 발전할 수 있고, 나아가 '대량의 소비자를 생산자로 전환'시킴으로써 도시의 소비성을 철저히 개선할 수 있다고 보았다. 그뿐만 아니라 인민공사화를 통해 기존 도시 거민의 분산적이고 개체적인 생활 방식을 새로운 공동체 방식으로 획기적으로 전환할 수 있다면, 새로운 형식의 생산·교환·분배·생활복리를 실행하는 데 유리한 조건을 만들어낼 것이라고 기대했다. 요컨대, 인민공사는 도시 기민에게 공산주의의 새로운 노동 습관과 집단적 생활 방식을 배양할 수 있는 가장 효율적인 조직이었다.

그러나 인민공사를 통한 '사회주의 신도시' 건설의 목표는 실질적으로는 기존의 도시를 인민공사 체제로 재편하는 국가의 도시 기층사회에 대한 전면 개조였다고 할 수 있다. 1950년대 초 당과 정부는 도시사회를 '단위' 체제로 재편했다. 기관, 공장, 기업·사업체, 학교 등 '단위'를 통해 국가는 이미 도시의 거의 모든 사람들을 조직화했다. 그리고 생산 및 생활 자료, 사회복지 등 관련 자원을 단위를 통해 분배함으로써 국가에 대한 개인의 의존도를 계속 높였다. 그런데 여기에서 유일하게 여전히 '제도' 바깥에 존재하는 사람들이 있었다. 바로 도시 거민이었다. 따라서 대약진 시기에 도시의 인민공사화 운동은 '체제 바깥'에 있는 사람들을 인민공사로 조직하여 '준단위화', '준행정화'함으로써 도시 기층사회에 대한 국가의 고도의 관리와 통제를 실현하려는 것이었다.[13]

가도 주민을 중심으로 한 인민공사의 경우, 그 조직화 과정은 전반적으로 생산의 조직화가 먼저 이루어지고 생활의 집단화가 그 뒤를 이었다. 앞에서 언급했듯이, 도시인민공사는 생산을 증진시키기 위해 마련된 조치로서 국가의 '체제 바깥'에 있는 노동력을 조직하여 모든 인민이 생산노동에서 배제되지 않도록 도시의 인적 자원을 최대한 활용하고자 했다. 따라서 가도의 많은 가정주부들은 중요한 노동력 자원이었다. 이런 이유로 여성을 전통적인 노동 분업에서 '해방'시키고 자유롭게 공업 생산이나 사회 서비스 업무에 참여하도록 하는 것을 '가사노동의 사회화'로 찬양했다. 여성의 생산 활동은 또한 성性 평등을 실현하는 것으로, 인민공사가 실현해야 할 공산주의 목표 가운데 하나로 선전되었다. 한편, 가정주부를 비롯한 많은 여성들은 인민공사가 제공하는 '단위'를 통해 가정에서 벗어나 사회적 노동(생산)에 참여하고, 동시에 경제적 이익도 기대했다.

가도인민공사는 새로 조직된 유휴노동력을 국영공장 등 기존 상공업 단위에 취업시키기를 권고했지만, 많은 인원을 수용하는 데는 뚜렷한 한계가 있었다. 그래서 인민공사는 대개 직접 가도 공장을 건립하거나 규모가 작을 경우 생산조나 가공조를 조직했다. 1960년 7월까지 상하이시 전체 리룽의 공업 단위는 약 29만 명의 가정주부를 고용했는데, 그 가운데 가공 공장에 들어간 인원은 약 5만 명, 그 외 약 24만 명은 리룽 가공조에 들어가 수공업 생산에 종사했다.[14] 가도인민공사가 운영하는 공장에서는 주로 국영공장이나 국유기업의 생산을 보조하는 작업, 예를 들어 각종 반제품을 받아 가공하거나 기계 및 부품을 수리하는 작업, 공장이나 기업에서 나온 폐기물을 이용하는 작업이 이루어졌다. 베이징의 베이신차오北新橋 인민공사의 경우, 1959년 한 해 동안 7개의 국영공장에서 필요한 75만 그로스(gross)의 부품에 전기도금을 하는 작업을 했다.[15] 그 외에도 가도에서는 주민의 각종 생활용품을 생산하는 공장을 운영했는데, 가공조의 작업은 주로 봉제, 수놓기, 완구·단추·의복·상자 제작 등 특별히 전문적인 기술을 요하는 작업은 아니었다.

그러나 가도인민공사의 공업 생산은 국가의 계획경제 통제 아래 엄격하게 이루어졌고, 생산 원료 및 생산품의 출로 모두 연계되어 있는 국영공장 등 기존 상공업 단위의 '눈치'를 살펴야 했다. 이런 분위기는 가도인민공사의 생산의 안정성과 연속성, 나아가 인민공사 전체 수익과 운영에도 큰 영향을 미쳤다. 또 국영공장의 임시 노동자와 가도 공장의 노동자 간 임금 및 대우의 격차는 가도 공장에 종사하는 노동자의 업무 의욕에 심각한 영향을 미쳤다. 상하이시의 한 통계 자료에 따르면, 국영공장 일반 노동자의 임금이 60위안 이상이고, 일반 공장 임시 노동자의 월 평균 임금이 40~45위안쯤인 데 반해, 징안구靜安區의 한 리룽 공장에서 일하는 가정주부의 월 평균 임금은 24위안이었다.

이와 같은 임금의 현실적 격차는 이들 가정주부로 하여금 새로운 출로를 모색하게 했는데, 생산자 직판제가 그 한 예이다. 생산자 직판제는 공사의 가공조나 생산조가 국영공장으로부터 획득한 자원을 이용하거나 자체적으로 자원을 조달하여 가공생산한 제품을 시장에 판매하는 것으로, 계획경제의 제한에서 벗어나는 방식이었다. 이를 통해 가도 공장은 그 적립금을 늘릴 수 있었고 그에 따라 소속 노동자들의 수입도 증가했다. 하지만 이 생산자 직판제는 재료 및 시장을 두고 국영공장과 경쟁해야 했기 때문에 1960년 말 이후 '자본주의적 경향'으로 비판 받은 뒤 엄격히 제한되었다.[16]

인민공사의 가도 주민을 대상으로 한 생산의 조직화는 생활의 집단화도 가져왔다. 많은 가정주부들이 사회 생산에 참여했기 때문에 공사는 각 가정에서 이들이 책임졌던 가사 문제를 해결해야 했다. 이를 위해 공사는 취사, 세탁, 보육 등 각종 가사 업무를 해결해줄 공동식당, 탁아소, 유아원, 양로원 등 공공시설과 세탁소, 기계 수리, 예금 대행 등 각종 서비스 센터를 설립·운영했다. 이전에 직공 가정에서 아이들과 노인을 보살피던 직업 보모가 사라졌고, 골목을 돌면서 각종 생활용품 등을 판매·수리하던 개별 소상인의 경제 활동은 크게 위축되었다. 무엇보다 도시인민공사의 조직화에 따른 생활의 집단화, 가사노동의 사회화는 기존의 사회 경제 생활의 기본 단위인 가족 양태를 근본적으로 변화시키고 새로운 공동체 생활양식을 창출해내리라 기대되었다.

3. 공간혁명, 공간 변형을 통한 사회 개조

1) '가족'에서 '사회주의 대가족'으로

생산과 생활의 집단화, 가사노동의 사회화 등 인민공사의 조직에 따른 획기적인 사회 제도의 변화는 기존 도시 공간에도 변화를 가져왔다. 기존의 공간 관계 및 그것이 반영된 생산 방식과 조직 방식은 인민공사의 제도 변혁에 장애가 된다고 인식되어 주요 개조 대상이 되었다. 농촌의 경우, 인민공사 이전 합작사 체제일 때 분산된 촌락 및 농촌의 거주 양식이 농촌의 집단적 생산양식을 방해한다고 보고, 1958년 초부터 촌락을 병합하는 등 농촌의 거주 조건을 개조하기 시작했다. 합작사 체제와 달리 인민공사는 행정·생산·생활이 일체화된 '정사합일'의 사회혁명적 임무를 잘 수행할 수 있도록 기존의 공간 관계를 개조하거나 재정렬할 필요가 있었다.[17] 요컨대 도시사회를 인민공사로 재편하는 데는 '공간혁명'이 수반되어야 하며, 이 같은 공간의 물리적 변형을 통해 그 사회 변혁을 더욱 촉진할 수 있을 것이라 보았다. 이에 도시 인민공사화가 시작되면서 도시계획 관련 업무에 종사하는 전문가들은 경제(생산), 행정, 주거 기능을 종합한 도시인민공사를 어떻게 건설할 것인가를 놓고 많은 고민을 하게 되었다.

도시인민공사는 대형 국영공장 및 광산을 중심으로 조직된 공사, 기관 및 학교를 중심으로 조직된 공사, 그리고 가도 주민을 중심으로 조직된 공사 등 서로 다른 조직 형식을 취했지만, 어느 형식이든 공업·농업·상업·교육·군사 업무가 서로 결합된, 행정과 생산과 생활이 일체화된 공간 관계를 만들어야 했다. 그래서 기존 도시사회의 1가구 1주택, 단독 취사, 자가 보육 등 개별적·분산적으로 이루어진 가족을 기본 단위로 하는 사회관계를 붕괴시키고, 생산의 조직화와 생활의 집체화에 따른 새로운 공동체 생활 양식을 창출하는 데 유리한 공간 배치는 무엇인지 고민하게 되었다. 생산 작업장과 주거 공간은 어떻게 결합할 것인가, 공동식당, 탁아소와 유아원, 노인 복지 센터, 학교, 병원, 상점 등 공공시설 및 각종 서비스 센터는 어디에 배치할 것인가 등등, 이전처럼 단순히 새로운 공장을 짓거나 주택을 건설하는 문제가 아니라, 공산주의 이데올로기를 구현할 수 있는 도시 공간의 구상, 건물의 건축, 나아가 전체 도시계획을 고려해야 하는 거대한 작업이었다.[18]

재정이나 물자가 결핍된 시기였던 만큼, 인민공사 건립 초기에는 기존 건물을 활용하거나 거주지 주변 또는 리룽의 빈터에 천막을 쳐서 필요한 공간을 마련하기도 했다. 그러나 작고 분산된 공간은 인민공사의 이상과 맞지 않았기 때문에, 도시계획 전문가와 건축가들은 비용이 많이 들더라도 완전히 새롭게 건축하는 것을 선호했다.

〈그림 1〉과 〈그림 2〉는 진어우부金甌卜가 제안한 도시인민공사의 계획안으로, 각각 기관 중심의 인민공사 계획과 분사分社의 거주 지역 평면도이다. 공사의 전체적인 형태는 행정기관이 있는 공사의 센터를 중심으로 양 옆으로 평행사변형 꼴 블록군이 여럿 나눠져 있다. 각 블록의 내부에는 분사의 센터, 공장, 서비스 센터, 고등교육기관을 비롯한 10년제 학교 건물들이 배치되어 있고, 공사의 북측에는 경작지와 목축지, 과수원 등 농업 생산을 위한 공간이 마련되어 있다. 각 블록을 차지하고 있는 분사 내 공간에는 공동식당을 중심으로 숙박시설, 진료소, 노인 복지 센터, 10년제 학교 등 공공시설이 배치되어 있는데, 모든 거민이 이용할 수 있도록 인접성을 고려하여 중심부에 배치된 것이다. 그 주변으로 주거용 건물들이 배치되어 있으며 도로가 전체 분사를 둘러싸고 있다.

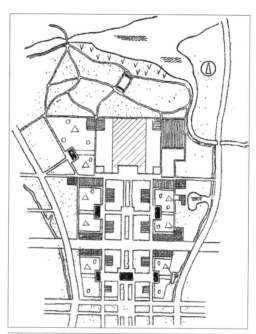

■ 공사 센터
■ 분사 센터
▨ 공사 공업
▨ 분사 공업
▨ 서비스 센터
▥ 고등교육기관
△ 10년제 학교
○ 아동기관
ⅤⅤⅤ 목축지
░ 양식·채소 재배지

〈그림 1〉 기관 중심의 도시인민공사 계획(위)
〈그림 2〉 분사分社 거주 지역의 평면도(아래)

진어우부가 제안한 도시인민공사의 계획안
과 그에 따라 설계된 평면도이다. 기존의
가족 중심 사회관계를 무너뜨리고 생산의
조직화와 생활의 집체화에 따른 새로운 공
동체 생활 양식을 창출하려 했던 의도가 드
러나 있다.

* 출처: 金甌卜, 「建築設計必修體現大辦
城市人民公社的新型勢」, 『建築學報』 5,
1960, 36쪽에 수록된 그림을 필자가 재편집.

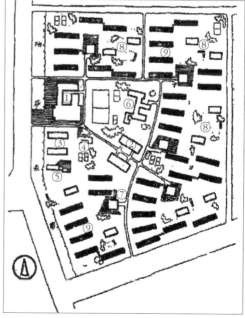

① 분사 서비스 센터·공동식당
② 분사 공장
③ 숙박시설
④ 진료부
⑤ 노인 복지 센터
⑥ 10년제 학교
⑦ 서비스 센터·식당
⑧ 탁아소·유아원
⑨ 주거용 건물

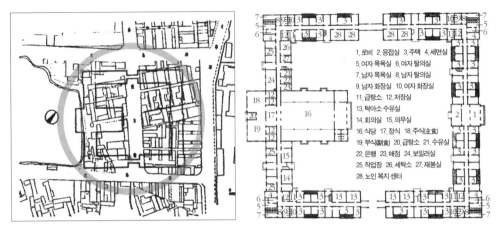

〈그림 3〉 톈진시 홍순리 인민공사 평면도

공동식당을 비롯한 각종 공공시설을 중심에 배치하여 공사 구성원들을 '사회주의 대가족'으로 결집시키고 개인과 집단 사이의 물리적 한계를 허물고자 하였다.

* 출처: 徐添鳳, 「天津市鴻順里社會主義大家庭建築設計介紹」, 『建築學報』 10, 1958, 34~35쪽.

1.로비 2.응접실 3.주택 4.세면실
5.여자 목욕실 6.여자 탈의실
7.남자 목욕실 8.남자 탈의실
9.남자 화장실 10.여자 화장실
11.급탕소 12.저장실
13.탁아소 수유실
14.회의실 15.의무실
16.식당 17.정식 18.주식(主食)
19.부식(副食) 20.급탕소 21.수유실
22.은행 23.매점 24.보일러실
25.작업장 26.세탁소 27.재봉실
28.노인 복지 센터

　　〈그림 3〉은 톈진시 홍순리鴻順里의 도시인민공사 계획으로, '사회주의 대가족(大家庭)'을 건설하는 계획이라 일컬어졌다.[19] 왼쪽 그림은 기존의 공간 위에 새롭게 구획한 도시인민공사 계획을 함께 표시한 것이다. 홍순리 인민공사 계획에서는 기존 건축의 척도와 골격은 살펴볼 수 없고, 도로를 가로지르는 거대한 복합건물이 폐쇄적인 사각 형태를 이루고 있다. 이 복합건물의 구체적인 층수는 알 수 없으나, 분사 거주지의 평면도에 근거하면 공동식당이 그 중심부를 차지하고 주변에 은행, 회의실, 의무실, 매점, 세탁소 등 공공시설 및 서비스 센터가 배치되어 있다. 주요 공공시설의 대칭면에는 거민들의 주거 공간이 자리하고, 공용 화장실, 공용 목욕실, 급탕소 등이 각 모퉁이에 있다. 분사 전체는 직각과 직각이 반복적으로 구성되어 있다. 공동식당, 각종 서비스 센터, 상점 등의 중심적 배치는 공공시설의 중요성을 나타내고, 이런 시설을 중심으로 공사 구성원들을 하나의 '거대한 가족'으로 결집시킴으로써

개인과 집단 사이의 물리적 한계를 허물고자 했다.

2) 미래 이상사회의 가시화

〈그림 4〉와 〈그림 5〉는 도시인민공사 계획안을 제출했던 건축가 진어우부가 제안한 발산식 구조의 공사 계획안이다.[20] 발산식 구조는 훙순리 인민공사와 같은 폐쇄형 방형 구조물의 단점으로 지적된 고르지 못한 채광과 통풍, 가족 연회나 단체 모임이 있을 때 공동식당을 이용하기 불편한 점 등의 문제를 고려한 설계이다. 건물의 입구는 두 기본 건물이 만나는 곳에 위치하고 양 옆으로 상점들이 배치되어 있다. 각 기본 건물의 중심은 역시 공동식당이고, 식당을 통해 탁아소, 상점, 노인 복지 센터 등 공공시설을 이용할 수 있도록 설계되어 있다. 이 인민공사 건물의 구체적인 층수 역시 알 수 없지만, 식당을 포함한 공공시설은 건물 저층에 두고 그 위층을 주거 공간으로 사용하게끔 설계된 호텔식 아파트였다. 호텔식 아파트형의 도시인민공사는 엘리베이터가 설치되어 있고, 집집마다 화장실과 욕조가 있는 넓은 욕실을 계획하기도 했다. 또 각 층마다 문화·오락을 즐길 수 있는 공간을 마련하여 퇴근 후나 주말에 거주민들이 다양한 여가 활동을 즐길 수 있도록 했다. 식당, 상점, 병원, 탁아소 등 주요 공공시설과 각종 서비스 센터는 대부분 거주민의 이동이 많은 저층에 배치되어 있었다.

현재 베이징 동청구東城區(원래는 충원구崇文區) 광취먼차오廣渠門橋 서남쪽에 위치한 안화빌딩(安化大樓)은 이런 호텔식 아파트형 인민공사의 전형으로, 1960년 당시 도시인민공사의 '모델'로 불렸다. 〈그림 6〉에서 볼 수 있듯이 '凸'자 모양을 한 이 건물은 완전히 대칭적인 3단식 빌딩으로, 9층의 주거 건물이다. 빌딩에는 엘리베이터를 설치했으며, 처음 설계할 때는 집집마다 비교적 넓은

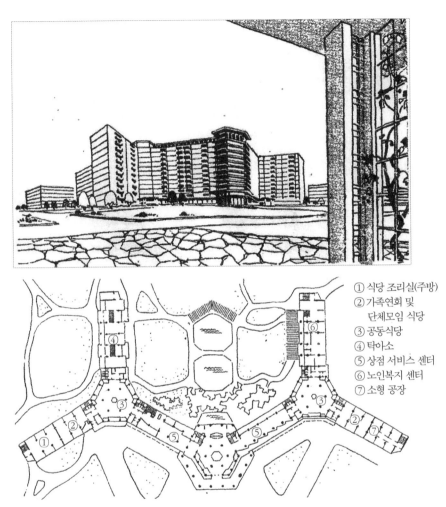

① 식당 조리실(주방)
② 가족연회 및
　단체모임 식당
③ 공동식당
④ 탁아소
⑤ 상점 서비스 센터
⑥ 노인복지 센터
⑦ 소형 공장

〈그림 4〉 도시인민공사 빌딩의 외관(위), 〈그림 5〉 도시인민공사 빌딩의 평면도(아래)
건축가 진어우부가 제안한 도시인민공사 건물의 외형과 평면도이다. 채광과 통풍을 고려한 발산
식의 복층 구조를 띠고 있다.
* 출처: 金甌卜, 「建築設計必修體現大辦城市人民公社的新型勢」, 『建築學報』 5, 1960, 37쪽.

〈그림 6〉 안화빌딩의 외관(위)과 빌딩 내 엘리베이터(아래)

1960년 도시인민공사의 '모델'로 불린 안화빌딩이다. 호텔식 아파트형 인민공사의 전형으로 엘리베이터가 설치되어 있고 집집마다 넓은 화장실과 욕조도 구비될 계획이었으나 재정난으로 실현되지 못했다. 당시 미래 공산주의사회의 축소판으로 불렸다.

화장실과 욕조도 구비할 계획이었다고 한다. 1층을 제외하고 2~8층에는 각 층마다 문화·오락 생활을 즐길 수 있는 공간이 마련되어 있으며, 방공 경보기도 설치되어 있었다. 1951년생 작가 스톄성史鐵生은 당시 초등학교 2학년이었는데, 그 무렵 선생님이 들려준 빌딩 이야기를 선명하게 기억했다. "그 빌딩은 하나의 이상적인 사회의 축소판이라고 할 수 있어. 그곳에 사는 사람들은 너와 나를 구분하지 않고 모두 한가족, 대가족이지. 그들은 거의 이미 공산주의사회에 살고 있다고 할 수 있단다."[21] 진어우부가 고안한 공사 건물과 안화빌딩 등 호텔식 아파트형 인민공사는 당시 중국 인민들이 미래 유토피아로 상상하던 '욕망'의 세계를 물리적으로 가시화한 것이었다.

도시인민공사의 건축계획안은 기존의 개별 가족 중심 사회 구조를 와해시키고 '사회주의 대가정'이라는 새로운 공동체 생활 양식과 사회관계를 수립하기 위해 창안된 '공간혁명'의 실험장이었다. 몽상가 세대가 이상적인 물리적 형태에서 유토피아를 발견했듯이, 대약진 시기 중국 정책 및 도시계획 전문가 역시 도시 공간의 물리적 변형을 통해 사회 개조를 촉진함으로써 미래 공산주의사회를 준비하고자 했다.

물론 위의 여러 인민공사 계획안이 모두 실현된 것은 아니었으며, 형식적 공간 변형에 불과할 수도 있다. 또 이런 일부 사례만 갖고 도시 공간 전체의 구조 변형을 살펴볼 수 있는 것도 아니다. 그러나 도시 건설이나 개조와 같은 거대한 규모의 프로젝트를 진행할 때 그 이미지를 시각화하는 방법은 소형화 또는 축척 모형(scale model)을 동원하는 것이다.[22] 이로 미루어 보건대 도시인민공사 건설 시기에 고안된 각종 인민공사 계획안은 그 총체적 비전, 공간적 질서에 대한 당시 사람들의 새로운 갈망을 반영하고 있다. 그렇다면 도시인민공사가 구현하고자 한 공간 질서와 만들고자 한 대안적 미래의 구체적인 형태는 무엇이며, 그것은 왜 결국 조기에 역사 속으로 사라졌을까?

4. '가독성 높은 공동체'의 창출과 현실

중국의 사회주의 도시계획가들은 도시 주민들의 정치의식을 높이고 생산력을 향상시키기 위해 전통적인 도시 공간의 물리적 세계를 근본적으로 재수립함으로써 혁명화해야 한다고 생각했다. 새롭게 건설되는 공사에는 경제 활동, 민간 행정, 거주지가 조화롭게 배치되어야 했다. 이를 위해 기존에 많이 분산되어 있던 생산 현장을 재정렬하는 일이 필요했다. 특히 가정주부들이 가정에서 나와 생산에 직접 참여함에 따라, 가사노동의 사회화를 실현하기 위한 탁아소, 유아원, 노인 복지 센터, 식당, 학교 등 공공시설과 세탁소, 상점, 수선점 등 각종 서비스 시설을 공급해야 했다. 또한 이런 공공시설은 주거지와 적절하게 연결되어야 했다. 요컨대 도시인민공사는 가가호호 각자 독립적으로 취사하고 스스로 자식을 키우는 기존의 개별적 생활 방식을 바꾸어 생활의 집단화, 가사노동의 사회화에 가장 적합한 공간 배치를 실현해야 했다.

이와 같은 도시인민공사의 계획은 대개 다음과 같이 표현되었다. 먼저 행정기관이 있는 본관을 중심으로 생산과 생활 전반이 조직화되었는데, 대부분은 곧게 뻗은 직선 위에 직각의 동일한 디자인 건물을 질서정연하게 배치했다. 공사 또는 분사 거주지는 공동식당, 상점, 각종 서비스 센터 등을 중심에 배치하여 공공시설의 중요성을 가시화했다. 이러한 설계 배치에서는 현지의 지역적 특성이나 인문 경관에 대한 고려는 찾아볼 수 없고, 단지 인민공사의 총체적 비전과 설계자의 미적 취향에 근거하고 있을 뿐이다.

　이런 공간 설계에서 우리는 중국 공산주의자, 기술자, 관리자들이 강조하는 사회적 윤리를 '읽을' 수 있다. 즉 공동식당, 공동 화장실, 공동 세면실, 회의실, 탁아소 등 도시 기층사회의 공간 변형이 주는 강한 인상은 '공적公的' 형식을 강조하고 있다는 점, 직각과 직선의 반복적 구성, 대칭, 블럭군, 격자 거리 등은 시각적이고 효율적이며 합리적으로 도시를 조직하고 단순화하여 도시계획의 투명성을 높인다는 점, 그리하여 이렇게 조직화된 도시는 병영처럼 질서정연해 '보이는' 규율화된 사회적 외양을 강조한다는 점 등을 발견할 수 있다. 또한 이와 같은 공간 변형 속에서 효율적인 노동 습관, 규칙적인 일상 생활, 사무의 단순함, 시간 엄수, 청결 등이 장려되고 있다. 요컨대 국가는 개별적이고 분산된, 복합적인 요소가 유기적으로 얽혀 있는 도시 기층사회를 질서정연한 격자 거리 위의 직사각형 건물로 단순화하고 규율화된 군대 병영과 같은 공사 체제로 재정렬했다. 그리고 이 새로운 공간적 질서 속에서 거민들은 공사의 중앙집권적 관리 계획에 따라 표준적 규칙을 익히며 과업을 적절하게 수행하도록 교육받을 것이었다.

　도시를 공사 체제로 조직화·표준화하는 작업은 19세기 독일의 '과학적' 삼림 관리의 가치와 유사한 면이 있다. 18세기 후반에서 19세기 초의 독일 재정 관료들은 목재 부족 문제를 해결하고 일정량의 목재를 안정적으로 조달하기 위해 '과학적 조림'을 개발하기 시작했다. 삼림 과학자는 규제되고 관념화된 삼림을 만들었는데, 그 과정에서 중시된 것은 계산과 측정이었다. 덤불은 제거되었고, 상업적 삼림 육성 정책으로 인해 수종의 수가 감소하거나 단일 종으로 정리되었다. 나무를 군대의 병사처럼 빽빽하게 열을 세워 측정하고 번호를 붙였다. 이 일은 사령관이 통솔할 수 있도록 위로부터 위계적 방식으로 설계되었다. 이와 같은 '과학적 조림'은 극단적으로 삼림 그 자체를 볼 필요도 없이 삼림감독사무소의 목록과 지도만으로도 '읽을' 수 있었다. 재설계된 '과학적 삼림'은 안정적인 목재 공급을 위한 국가의 획일적 통제를 가능하게 했다. 그 결과 중앙집권적 장기 계획에 따라 감독하고 수확하는 일이 수월해졌으며, 균일한 상품 생산이 가능해지면서 국가 수익의 안정성을 보장했다. 또한 무엇보다 자연 영역을 '읽을' 수 있게 되었다.[23]

독일의 삼림감독사무소가 삼림 목록과 지도만으로 삼림 상황을 '읽을' 수 있도록 한 것처럼, 중국의 사회주의 정책자 및 관리자들은 도시인민공사의 건립으로 도시 기층사회의 생산과 생활 전반을 조직화·표준화·단순화하고, 이를 통해 사회의 투명성을 한층 높이고자 했다. 그뿐 아니라 국가가 사회를 관리하는 데 드는 비용, 시간, 수고로움을 최소화할 수 있게 했다. 다시 말해, 도시인민공사를 통해 창출된 집단 생산, 집중화된 주거와 노동 형태는 중앙 정부의 정치·경제적 통제를 훨씬 용이하게 하고 장기 계획에 따른 계산과 측정을 가능하게 한다. 이는 곧 국가 수익의 안정성을 보장하는 데 중요한 조건을 제공하는 것과 같다. 국가는 이를 기반으로 신속한 산업화와 권력의 확장을 도모할 수 있었을 것이다. 대약진 시기의 도시인민공사는 도시사회를 '가독성 높은 공동체'로 새롭게 창출하려는 국가의 노력이었으며, 국가가 생산과 생활을 재설계하려는 위로부터의 거대한 사회 개조였다.

이 거대한 사회 개조에는 막대한 비용이 들어가야 한다. 그러나 도시 기층 사회의 유휴노동력 자원까지 활용하고자 했던 도시인민공사의 조직 과정에서 알 수 있듯이, 국가의 경제발전 노력은 산업 부문에 집중되어 있었다. 그런 끼닭에 제한된 자원을 공사 건립에 투입할 수 있을 것이라는 바람은 거의 기대할 수 없었다.

한편, 국가가 인민공사화를 통해 신속한 산업화와 권력의 확장을 희망했다면, 도시 주민들은 인민공사를 통해 근대적이고 풍요로운 삶을 갈망했다. 그들에게 전기, 전화, 엘리베이터, 자동차, 근대 교육, 오락과 문화를 누구나 향유할 수 있는 인민공사는 곧 도래한다고 하는 공산주의의 유토피아 비전을 보여주는 것이었다. 눈여겨볼 점은, 인민공사가 제공하는 근대적 편의시설은 선진 자본주의사회에서는 흔히 볼 수 있지만 중국에서는 공산주의가 제공해야 하는 것으로 인식되었다는 사실이다. 이 점에서 돤팡루(DuanFang Lu)는 중국의 공사 운동을 근대주의와 불가분의 관계에 있다고 보았다.[24]

19세기 독일의 '과학적 삼림 관리'는 화재, 가뭄, 기후 변화, 병충해 등 자연적 요인과 주민의 무단 사용, 광대한 삼림 관리의 어려움 등 인위적 요인이 개입됨으로써 그 바람대로 실현되지 못했다. 오히려 장기적으로 삼림 생태 환경을 파괴시켜 생산의 손실을 초래했다. 중국의 도시인민공사화 역시 1960년 상반기 마오쩌둥의 "계속 약진"의 호소 속에서 전성기를 맞이했지만, 곧 현실적인 한계에 직면하고 만다.

새로운 공동체 생활의 상징이자 도시 양식 공급의 통제 창구 역할을 할 것으로 기대되었던 공동식당은 부실한 경영과 관리, 단조로운 메뉴, 딱딱한 서비스 태도 등으로 인해 적자에 허덕이게 되었으며, 도시 전체 양식 공급에도 영향을 미쳤다. 이에 단체 급식 인구는 점차 공사 이전과 같이 개별적으로 자가 취식을 하게 되었다. 보육 역시 부모들을 크게 실망시켰다. 가도의 탁아소나 유아원은 충분한 건물과 설비를 갖추지 못한 곳이 많았는데, 3평 남짓한 공간에서 24명의 아동이 놀고 잠자고 수업 받고 대소변을 처리했다. 그러다 보니 위생 상태도 좋지 않아 1960년 1년 동안 상하이시의 한 리룽 탁아소에서는 홍역, 세균성 이질, 간염, 장티푸스, 디프테리아 등 전염병이 476

건이나 발생했다. 결국 1960년 말까지 공공 탁아소, 유아원은 35% 이상 감소했다. 빨래, 이발, 목욕, 각종 수선에서 은행 예금에 이르기까지 공사 거민의 일상 생활을 책임진 서비스 센터는 고정된 영업 시간과 질 낮은 서비스 탓에 이용자가 급격히 줄었다. 가정주부들은 매일 생산노동과 가사노동의 이중 압박 속에서 건강을 해치기도 했다. 무엇보다 가도 생산이 급격히 감소함에 따라 많은 주부들이 직장을 잃고 가정으로 돌아가야 했다.[25]

　모든 사람이 평등하고 풍요롭게 사는 미래 이상사회로 건너갈 '황금 다리'라고 선전되었던 도시인민공사는 인민에게 보장을 약속했던 각종 서비스를 제공할 만한 충분한 재정을 자체적으로 마련할 수 없었고, '결핍의 시기' 국가는 산업에만 온통 집중하여 경제발전을 이루려는 데 여념이 없었다. 이와 같이 도시인민공사화를 둘러싼 국가와 사회 간의 욕망의 차이는 그 유토피아 꿈을 구현하는 데 깊은 모순을 남겼다.

　'과학적' 삼림 관리가 그 이상을 실현하지 못한 것은 자연의 복잡한 관계와 과정 속에 존재하는 삼림을 그저 하나의 상품으로 보고, 상품을 생산하는 기계로 삼림을 개조했기 때문이다. 하물며 인간사회는 삼림보다 더욱 복잡하고 변동이 심한 요소들로 이루어져 있다. 인민공사의 '실패'는 어쩌면 어느 정치가, 독재자 혹은 계획가가 고안한 특정 이데올로기에 따라 인간사회를 공사 체제로 표준화하고 단순화하고자 한 '유토피아적' 욕망에 그 근본적인 원인이 있는 것은 아닐까.

정치, 도시를 옮기다
─내륙으로 간 중공업 도시 판즈화

이현태

"판즈화 건설이 잘 안 되면 나는 잠도 제대로 못 이룰 것이다(攀枝花搞不起來, 睡不著覺)."─마오쩌둥毛澤東

1. 중국 사회주의 도시화: 판즈화攀枝花 건설

중국의 급속한 도시화라고 하면 누구나 쉽게 홍콩과 맞닿아 있는 선전深圳을 떠올린다. 광둥성廣東省 끝자락에 붙어 있는 작은 어촌이 불과 30여 년 만에 중국을 대표하는 도시로 발돋움하고, '선전 속도深圳速度'라는 조어가 말해주듯이 빠른 발전의 대명사가 되었기 때문이다.[1] 선전은 경제특구 지정, 홍콩과의 지리적 인접성 등으로 외국 기업이 진출하고 외지 인구가 유입되면서 빠르게 도시화되었다. 상주인구가 1979~2015년 36년 동안 36.2배 증가했을 정도다. 개혁·개방기 크게 성장한 동남부 연해도시의 전형으로서 중국 자본주의의 성장과 더불어 발전한 경우이다.

그러나 역사적 시야를 개혁·개방 이전으로 넓혀 보면, 선전에 버금가는 빠

<표 1> 판즈화의 도시화

연도	인구수	산업별 인구		사회 총생산가치[1] (만 위안)	산업별 생산가치		
		농업	비농업		농업	공업(제조업)	건설 및 서비스업[2]
1965	122,243	65.4	34.2	15,636	22.2%	3.1%	74.7%
1980(1978)	(788,775)	(54.0)	(45.9)	146,982	5.4%	76.9%	17.7%
1985	849,132	51.7	48.3	220,506	7.5%	73.3%	19.2%

1) 사회 총생산가치는 명목가치로서 물가가 상승하면 실제 생산이 과대평가될 수 있다. 특히 개혁·개방 이후 약간의 물가 상승이 있었다는 사실을 고려하면 1985년 사회 총생산가치는 다소 과대평가된 수치이다.
2) 1965년에 건설 및 서비스업의 수치가 꽤 높은데, 이는 당해 연도에 판즈화 건설이 본격적으로 시작되었기 때문이다.
* ( )안 수치는 1978년 수치임.
* 출처: 四川省攀枝花市誌編幕委員會, 『攀枝花市志』, 四川科學技術出版社, 1994를 이용해서 필자가 계산함.

른 도시화를 이룩한 곳이 있다. 도시화를 인구가 도시로 집중되고 산업 구조가 농업에서 공업으로 전환되는 과정으로 본다면, 쓰촨성四川省과 윈난성雲南省 경계에 자리한 판즈화攀枝花 역시 급격한 도시화를 경험한 지역이라 할 만하다. 〈표 1〉에서 보듯이 1965년부터 1985년까지 20년 동안 판즈화의 인구는 7배, 총생산가치는 14.1배 증가했다. 또 같은 기간에 총생산가치에서 공업이 차지하는 비중도 3.1%에서 73.3%로 무려 70.2%p 상승했다. 1978년 이후 도시화 추세가 주춤해졌음을 고려하면 10여 년 만에 이룩한 초고속 도시화이다.

과연 개혁·개방 이전 판즈화의 급격한 발전은 어떻게 설명할 수 있을까? 계획경제 체제의 도시화 양상과 특징, 성과와 한계는 무엇인가? 비록 이 시기에 중국의 도시화 속도가 느렸고, 심지어 총인구 중 도시 인구의 비중이 감소하는 역방향 도시화 현상도 출현했지만,[2] 국가 정책의 수혜를 받은 일부 도시들이 크게 발전한 것도 사실이다. 특히 판즈화는 중국 정부가 1960년대 외국의 침략에 대비하기 위해 추진한 '삼선 건설三線建設'의 핵심 도시로 빠른

판즈화시의 전경 변화
위쪽은 1960년대, 아래쪽은 2010년대 판즈화의 전경이다. 쓰촨성과 윈난성의 경계에 자리잡은 판즈화는
사회주의 시기 중국 정부의 삼선 건설 정책에 따라 빠른 도시화를 이루었다.

성장과 도시화가 가능했다.

삼선 건설이나 판즈화의 도시화를 연구한 결과물은 많지 않은 편이다. 국
내 연구는 거의 없으며, 서구에서도 몇몇 연구를 찾을 수 있을 뿐이다.[3] 상대
적으로 중국 학자들의 연구가 많지만, 주로 삼선 건설 정책 그 자체에 대한
탐구에만 편중되어 있다.[4] 그러나 삼선 건설 과정은 중국 중서부 내륙 지방
에 판즈화와 같은 신생 도시들을 개발하는 과정이기도 했다. 따라서 삼선 건
설과 개혁기 이전 중국의 도시화를 폭넓게 이해하기 위해서는 이 주제를 깊

이 있게 연구할 필요가 있다. 또한 판즈화는 사회주의 체제하의 도시화를 연구하는 이들에게도 좋은 사례를 제공한다.

이 글은 이 같이 국내 연구가 거의 없는 상황에서 기존 외국의 연구를 정리하고 독자적인 분석을 더하여 관련 연구의 물꼬를 터보고자 하는 시도이다. 판즈화가 1960~1970년대 사회주의 중국이라는 특수한 상황이 낳은 독특한 도시라는 점에 주목하면서 도시화 과정을 추적했다. 특히 이 글은 판즈화를 질적 도시화에 실패했다는 점에서 '지속 불가능'하며, 필요 자원을 강제력이나 선동을 통해 동원했다는 점에서 이제는 '재현 불가능'한 도시화라고 평가한다.

2. 판즈화 도시화 과정과 주요 특징

1) 삼선 건설과 판즈화의 부상

산악 지대의 불모지에 불과했던 판즈화(원래 목화의 일종으로, 판즈화시攀枝花市는 중국에서 유일하게 꽃 이름을 도시명으로 사용한다)가 비로소 '개화開花'한 것은 1960년대에 시작된 삼선 건설 정책 덕분이었다.[5] 삼선 건설이란 1960년대 중국 정부가 미국·소련 등의 침략에 대비하기 위해 연안 지역의 주요 산업 시설을 중서부 내륙 지역으로 이전시키거나, 이 지역에 새로이 산업 시설과 인프라 등을 건설하고자 했던 전략이다. 삼선三線은 중국의 서남부와 서북부 지역을 의미하는데, 쓰촨四川·간쑤甘肅·산시陝西 등 중서부의 13개 성省과 자치구로 구성되어 있다. 그럼 왜 중국 정부는 삼선 건설을 시작했을까?

1964년 8월 마오쩌둥은 중국공산당 중앙서기처中央書記處 회의에서 제국주의의 침략 가능성이 고조되는 현 상황에 산업 설비, 교통 인프라, 인구 등이 모두 연해 및 대도시에 집중되어 있다고 지적했다. 전쟁이 발발하면 적국의 공격에 쉽게 노출되고 파괴될 가능성이 높다는 말이었다. 이 무렵 중국은 중소中蘇·중인中印 분쟁, 미국의 베트남전쟁 개입, 타이완의 성장 등으로 큰 위기감을 느끼고 있었다. 이 회의에서는 주요 기업, 학교, 과학원, 설계원設計院을 분산·이전시키고 쓰촨성 청두成都-윈난성 쿤밍昆明-구이저우성貴州省 구이양貴陽-쓰촨성 충칭重慶을 잇는 3개의 철도 노선과 주요 도로들을 건설하기로 결정했다.[6] 적국의 침략으로부터 보호할 수 있는 지리적으로 안전한 곳에 생산력을 분산시키고 전쟁에 대비하자는 취지였다.[7]

판즈화는 삼선 건설의 중심지로 가장 이상적인 곳이었다.[8] 쓰촨성과 윈난성 경계의 고산 지대에 위치한 내륙 지역으로서 가장 가까운 남중국해 해안과 800km 이상 떨어져 있고, 소련·인도·타이완 등 적국들과도 멀리 떨어져 있었다. 유사시 적국의 비행기가 중간 급유 없이는 폭격하기 쉽지 않은 위치이다. 그뿐만 아니라 천연자원의 보고로서 중국 서남부의 중심 자원도시로 성장할 가능성이 높았다. 특수강 재료인 티타늄은 중국 매장량의 93%를 차지하면서 세계 1위이고, 바나듐은 중국 매장량의 63%로서 세계 3위를 자랑한다. 이외에도 〈표 2〉에서 보듯 코발트·석탄·석회석·흑연 등 현대 공업, 특히 군수 공업에 필수적인 자원이 풍부하게 매장되어 있다. 게다가 삼선 건설의 주요 철도 노선인 쓰촨성 청두와 윈난성 쿤밍을 연결하는 총길이 1,096km의 청쿤成昆철도(1958년 건설 시작, 1970년 정식 개통)가 지나가는 중간 경유지였다. 이렇듯 판즈화는 중국 서남부에 풍부한 자원을 공급할 광공업도시의 조건을 두루 보유하고 있었다.

〈표 2〉 판즈화의 주요 광물 매장량(2007년)

종류	매장량(100만 톤)
바나듐	10.3
티타늄	425
코발트	746
석탄	708
석회석	295
흑연	15.4

* 출처: https://en.wikipedia.org/wiki/Panzhihua

2) 계획경제기 정부 지원의 역할

외딴 불모지에 불과했던 판즈화를 개발하기 위해서는 막대한 자본을 비롯하여 노동과 기술을 쏟아부어야 했다. 이 생산자원들은 어떻게 조달되었을까? 당시 중국은 계획·통제경제로서 생산자원의 이동·배분·투입을 정부가 주관했다. 이 시기 삼선 건설은 국가의 1순위 정책 목표이고 판즈화는 그 계획의 중심에 있었으므로 판즈화 개발은 중앙정부에서 직접 관할했다. 그에 따라 1964년 야금공업부冶金工業部에서 전문가 108명으로 판즈화 철광석제련실험부(攀枝花鐵礦冶煉試驗組)를 조직했으며, 안산철강연구원鞍山鋼鐵研究院[9]을 쓰촨성으로 이전시켜 지역 자원 연구에 전념하도록 했다. 1965년 1월 중앙정부는 판즈화를 개발특구로 지정하면서 본격적인 개발을 시작한다.

기존 연구에 따르면 삼선 건설 시기 판즈화에 대한 총자본투자는 쓰촨성(충칭 포함) 전체 투자의 10%에 해당한다.[10] 당시 중앙정부가 쓰촨성과 윈난성 경계의 작은 지역에 불과한 판즈화에 얼마나 관심을 기울였는지 알 수 있다. 정부는 재원 조달뿐만 아니라 노동 공급도 주관했다. 전국의 인민들이 "건강한 사람이면 삼선 건설에 참여하라(好人好馬上三線)"는 마오쩌둥의 선동적 구

덩샤오핑의 판즈화 시찰
1965년 덩샤오핑이 서남부 삼선 시찰 중 판즈화 건설 계획에 대한 설명을 듣고 있는 모습이다.

호 아래 동원되었는데, 이렇게 동원된 이들 중에는 건설 노동자, 엔지니어, 연구자, 공산당원, 군인 등도 있었다. 〈표 3〉에 보이듯이, 특히 건설 초기인 1965~1971년의 7년 동안 총 373,639명이 유입되었으며, 연평균 유입 인구는 53,377명에 달했다. 도시 인구의 60만 명 이상이 이렇게 외지에서 온 노동자로 구성되면서 판즈화는 사회주의 시기의 '이민도시'로 성장했다. 그리고 정부는 동남부 연해 지역의 공장에서 일부 설비와 기술 인력을 이전시키는 이른바 '일분위이一分爲二'를 통해 필요한 설비와 기술을 대폭 보강했다.[11] 이렇

〈표 3〉 1965~1985년 판즈화 유입 인구

	총유입인구(명)	연평균 유입인구(명)	연평균 유입률(%)
1965년~1971년	373,639	53,377	26.3
1972년~1978년	182,596	26,085	5.9
1979년~1985년	117,772	16,825	2.0

* 출처: 四川省攀枝花市誌編幕委員會, 『攀枝花市志』, 四川科學技術出版社. 1994.

판즈화 건설에 동원된 노동자
전국에서 동원된 노동자들이 판즈화 건설에 참여하고 있는 모습이다.

듯 중국 정부는 계획경제의 강력한 통제력을 바탕으로 자본, 노동, 기술 등 모든 생산자원을 집중시킴으로써 판즈화의 빠른 공업화·도시화를 가능하게 했다.

3) 판즈화 개발의 성과

집중적인 투자는 빠른 성과로 나타났다. 〈표 4〉를 통해 알 수 있듯이 1965년 498만 위안에 불과했던 공업 생산가치는 1970년 12,678만 위안, 1974년 45,974만 위안으로 9년 사이에 92.3배 증가했다. 같은 기간 농업 생산가치가 3,480만 위안에서 4,818만 위안으로 1.4배 증가한 것에 비하면 당시 공업이 얼마나 급속히 성장했는지 알 수 있다. 공업 생산가치의 증가는 중공업 쪽에

<표 4> 판즈화의 농·공업 총생산가치(1965~1974)

(단위: 만 위안)

연도	농·공업 총생산가치	산업			
		농업	공업	분류	
				경공업	중공업
1965	3,978	3,480	498	268	230
1966	6,424	3,917	2,507	476	2,031
1967	7,915	3,755	4,160	417	3,743
1968	6,179	3,359	2,820	383	2,437
1969	9,537	3,401	6,136	445	5,619
1970	16,497	3,819	12,678	707	11,971
1971	27,540	4,946	22,549	902	21,692
1972	33,287	4,749	28,529	1,813	26,716
1973	49,457	4,921	44,544	2,387	42,167
1974	50,729	4,818	45,974	3,020	42,945

* 출처: 向東, 「20世紀六七十年代攀枝花地區三線建設述論」, 四川師範大學 碩士論文, 2010.

서 주도하여 1965년 경공업 생산가치와 중공업 생산가치의 비율이 1 : 0.85이던 것이 1974년에는 1 : 14.2로 크게 역전되었다. 판즈화를 자원 기반형 중공업도시로 육성하고자 했던 정부의 의도가 달성되었다.

공업 생산가치가 비약적으로 증가하는 데 가장 크게 기여한 것은 판즈화 강철攀枝花鋼鐵(이하 '판강') 기지의 건설이었다. 중국 정부는 1950년대부터 철강 생산의 증대를 공업의 핵심 목표로 삼았는데, 판즈화를 삼선 건설의 중심으로 삼은 이유도 풍부한 철광석 매장량 때문이었다. 철강 기지를 구축할 교통 인프라와 건축자재 등이 부족한 상황에서도 판강 건설은 지속되어 1971년에 드디어 강철鋼鐵을, 1974년에는 철강재鐵鋼材를 생산할 수 있게 되었다. 판강은 이후에도 확장을 거듭하여 중국 서남부의 최대 철강 생산기지로 자리 잡았다.

판강의 철강 생산
풍부한 철광석 매장량을 바탕으로 판즈화는 공업 생산가치를 크게 올렸다. 사진은 판강의 철강 생산 모습이다. 하단의 현수막에 '판즈화의 철강 생산은 마오쩌둥 사상의 위대한 승리!'라는 문구가 쓰여 있다.

판즈화 개발의 또 다른 성과로 청쿤철도의 완성을 들 수 있다. 청쿤철도 건설은 삼선 건설 이전부터 시작되었으나 거의 진행되지 못하다가 판즈화 개발과 동시에 본격화되었다. 1970년 7월 장장 1,096km에 달하는 이 노선의 개통으로 중국 서남부 교통은 획기적으로 개선되었고, 판즈화에서 생산된 물자 또한 윈난과 쓰촨을 거쳐 전국으로 유통될 수 있었다.

삼선 건설과 판즈화 개발이 마무리된 1980년, 판즈화는 고산지대의 버려진 땅에서 인구 80만에 공업 비중이 75%를 넘는 중국 서남부 최대의 중공업 강철도시(百里鋼城)로 거듭났다. 이 시기에 판즈화가 이룩한 경제적 성과는 개혁·개방기의 연해도시들과 비교해도 크게 뒤지지 않는다. 그러나 경제 원리에 맞지 않는 정부의 계획·통제에 의한 개발이었기에 여러 한계와 문제점을 노정하게 된다.

3. 판즈화 도시화에 대한 평가

1) 비효율적 도시화

판즈화는 온전히 중국 정부의 작품이다. 개발도상국의 많은 신흥 도시들이 정부의 강한 추진력에 힘입어 건설되지만, 판즈화처럼 짧은 기간에 대규모 생산자원이 집중 투입되어 급속히 성장한 도시는 찾기 어렵다. 하지만 전쟁 대비라는 전략적 판단을 접어둔다면, 당시 중국 같은 신흥 개도국이 판즈화 같이 내륙 지역이면서 교통망도 거의 갖추지 못한 산악 지대에 중공업 도시를 건설하는 것은 경제적으로 맞지 않다. 당시 낙후된 농업 국가였던 중국은 인구는 많고 자본은 부족했기 때문에, 고용 창출력이 높고 자본의 회전 기간이 짧으며 상품 수요가 많은 경공업을 발전시켜야 했다.[12] 그러나 중국은 서둘러 강한 군사력을 가진 선진국이 되기 위해서 중공업(군수산업) 육성에 주력하는 '도약형 추월·발전 전략(leapfrog strategy: 노동 집약적 경공업이 아닌 자본 집약적 중공업 육성에 우선순위를 두고 최대한의 투자를 집중하여 단기간에 선진국을 따라잡겠다는 전략)'[13]을 선택했다. 삼선 건설도 중공업 육성 전략에 전쟁 대비라는 국방 전략이 추가되면서 시작된 것이었다. 하지만 설령 판즈화에 엄청난 지하자원이 매장되어 있다 하더라도, 경제가 점점 발전하고 자본이 축적되면서 중공업이 성장하는 시기에 개발을 시작하는 것이 효율성을 높이는 방법이다.

이 시기 중국은 중앙집권적 계획경제 체제였기 때문에 전국적 단위에서 인력을 동원하고 생산설비를 이전시키고 자본을 투자하는 일이 가능했다. 그러나 경제적 인센티브가 아닌 강제력에 의한 생산요소의 이동은 시장 원리에 어긋나는 것이기 때문에 비효율적이다. 게다가 철도·도로 등 교통 인프라가 발달하지 못한 상태에서 전국 각지의 많은 생산설비 등을 중서부 내륙으로 옮기는 과정에 유·무형의 비용이 발생했을 터다.

2) '반쪽' 도시화

판즈화 건설은 1965~1974년까지를 1단계 초기 개발기, 1974~1980년까지를 종합 개발기로 나눌 수 있다.[14] 초기 개발기에는 모든 가용 생산자원을 공업기지 및 관련 인프라 건설에 투입하여 삼선 건설의 정책적 목표를 빨리 달성하고자 했다. 이때만 해도 중공업 위주의 부국강병을 위해 '선생산 후생활先生産後生活'(자원과 노동을 생산 부문에 집중시키고 생활·복지 문제는 참고 견딜 것을 인민들에게 요구했던 개혁기 이전 중국의 정책)[15] 원칙이 적용되었기 때문에 도시민을 위한 인프라 투자는 거의 없었다. 오로지 공장 건설 및 가동을 위한 설비, 교통, 전력, 통신 투자에 집중했다. 『판즈화시지攀枝花市志』의 자료를 이용해 〈표 5〉에 정리한 통계를 보면, 1965~1970년의 건설투자 총액은 144,006만 위안인데 이 중 비생산성 투자는 13,845만 위안(9.61%)에 불과했다. 도시민을 위한 공용시설, 생활시설, 복지시설에 대한 투자를 거의 하지 않았다. 따라서 노동자들은 최소한의 의식주만 해결하면서 풍찬노숙이나 다름없는 생활을 해야만 했다.[16] 그러나 이데올로기적 열정과 교육만으로 노동 의욕을 고취하고 유지하는 데는 한계가 있기에, 결국 노동생산성을 증대하기 위해서라도 도시민들을 위한 시설 투자를 늘려야 했다. 판즈화시가 1973년 도시총체계획(城市總體規劃)을 수립하여 도로 공사, 배수로 정비, 제도 개선 등을 시작하고 1978

(단위: 만 위안)

	1965~1970년		1978~1980년		1980~1985년	
	액수	비중	액수	비중	액수	비중
건설투자	144,006	100.0%	190,232	100.0%	182,732	100.0%
비생산성 투자	13,845	9.6%	37,138	19.5%	75,357	41.2%
생산성 투자	130,161	90.4%	153,094	80.5%	107,375	58.7%

* 출처: 四川省攀枝花市誌編幕委員會, 『攀枝花市志』, 四川科學技術出版社, 1994를 이용해서 필자가 계산함.

년 이후에 공공시설 투자를 크게 증가시킨 이유다.[17]

도시다운 시설과 기능이 없고 거대 공업 단지와 큰 차이가 없었던 것이 초기 판즈화의 실상이었다. 도시화를 양적 성장과 질적 성장이 더불어 진행되는 과정으로 본다면, 판즈화는 오랫동안 질적 성장 없이 양적 성장만 거듭한 '반쪽' 도시화였다고 규정할 수 있다.

판즈화 건설이 도시민의 삶의 질 향상과 관계없는 반쪽 도시화라는 점은 1인당 순소득지수 및 사회총가치지수의 추이를 살펴봐도 잘 드러난다. 1965년을 100으로 놓고 계산한 사회총가치지수는 1970년 387.4, 1975년 533.7, 1980년 940.0으로 크게 증가한 반면, 1인당 순소득지수는 1970년 200.4, 1975년 204.3, 1980년 316.5로 소폭 증가했다(그림 1). 15년 동안 사회총가치는 9.4배 증가한 반면 1인당 순소득은 3.1배 증가했을 뿐이다. 사회 생산가치는 대부분 중공업 건설로 다시 재투자되었고, 개인에게 돌아간 소득은 크지 않았다. 특히 초기 개발기가 포함된 1965~1975년 동안 소득은 고작 2배 증가하는 데 그쳐서 5.3배 증가 폭을 보인 사회 생산가치의 성장세와 비교된다. 게다가 판즈화는 국가의 전폭적인 지원을 받은 삼선 건설의 총아이자 성공적인

연도	1인당 순소득지수	사회총가치지수
1965	100	100
1970	200.4	387.4
1975	204.3	533.8
1980	316.5	940.0

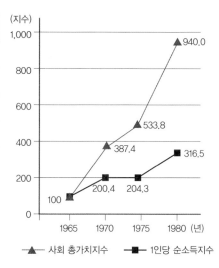

〈그림 1〉 1인당 순소득지수 및 사회총가치지수의 변화

1965~1980년간 판즈화시의 사회총가치는 9.4배 증가한 반면 1인당 순소득은 3.1배 증가하는 데 그쳤다. 도시화의 질적 성장보다 양적 성장에 치우친 '반쪽' 도시화였던 셈이다.

도시화의 사례로 큰 주목을 받았던 만큼, 국가의 지원이 닿지 못한 다른 지역 사람들의 삶이 어떠했는지 충분히 짐작할 수 있다.[18]

3) 불균형 도시화

중국 정부가 판즈화를 자원 기반형 중공업 도시로 육성하는 과정에서 농업·경공업 등 다른 산업의 발전은 매우 더뎠다. 1965~1974년 초기 개발기에는 이런 현상이 더 심해서, 〈표 4〉에서 보듯이 이 기간 농업 생산가치는 1.3배 증가한 반면, 공업 생산가치는 92.3배나 증가했다. 특히 경공업은 11.3배 증가했으나 중공업은 186.7배나 증가했다. 농·경공업을 접어둔 채 이룩한 중공업화였던 셈이다.

판즈화는 진사강金沙江과 야룽강雅礱江이 합류하는 지점에 있어 수자원이 풍부할 뿐 아니라 위도가 낮아 일조시간이 길고 날씨가 온화하여 농업 발달

<표 6> 산업별 1인당 생산가치

(단위: 위안)

연도	농업 인구 1인당 생산가치	비농업 인구 1인당 생산가치
1965	434.2	2909.7
1985	376.7	4973.2

* 출처: 四川省攀枝花市誌編幕委員會,『攀枝花市志』, 四川科學技術出版社. 1994를 이용해서 필자가 계산함.

에도 유리한 지역이다. 이에 더해 급작스러운 인구 증가는 생필품 및 농산품 수요를 더욱더 불러일으키기에, 필연적으로 경공업·농업 발전에도 좋은 조건을 제공했을 것이다. 그러나 중공업에 치우친 정부 정책은 오랫동안 이들 산업의 발전을 억눌렀다.

앞서 〈표 1〉에서 볼 수 있듯, 개혁·개방이 시작된 이후인 1985년에도 농업은 전체 산업 생산가치의 7.5%를 차지했을 뿐이다. 농업의 상대적 침체는 농업 노동자와 비농업 노동자의 생산성 격차를 벌리는 결과를 낳았다. 〈표 6〉은 〈표 1〉과 〈표 4〉를 토대로 산업별 1인당 생산가치를 계산한 것이다. 농업 인구 1인당 생산가치는 1965년 434.2위안에서 1985년 376.7위안으로 하락한 반면, 비농업인구의 1인당 생산가치는 2,909.7위안에서 4,973.2위안으로 증가했다. 노동 집약적 농업과 자본 집약적 중공업의 특징이 드러난 수치이긴 하지만, 농업의 노동생산성이 오히려 감소했다는 사실은 농업 홀대가 심각했다는 증거이다. 노동생산성은 노동자의 임금에 일정 부분 영향을 미치기 때문에, 농업 노동자의 소득이 비농업 노동자에 비해 현저히 낮아졌으리라 예상할 수 있다. 특히 개혁·개방 이후 임금 결정에 시장 원리가 점진적으로 적용되면서 판즈화 개발 시기에 생성·고정된 생산성 격차가 장기적으로 산업 간 임금 격차를 지속시키는 원인으로 작용했을 가능성도 있다.

경제 운영의 기본 목표를 국민의 생활수준 개선에 둔다면, 판즈화의 공업화·도시화에는 후한 점수를 주기 어렵다.[19] 판즈화가 중국 서남부 최고의 철강도시로 자리매김하고 도시 인구가 7배, 총생산가치가 14.1배 증가하는 괄목할 만한 성장을 이룩했다 해도, 도시의 질적 성장과 시민의 삶의 질 향상을 동반하지 않았고 산업 간 격차를 벌리는 등 부작용을 양산했기 때문이다.

4. 불완전한 성공 신화, 판즈화 건설

판즈화는 도시화에 대한 하나의 성공 신화처럼 보인다. 산촌 지역이 10년도 안 되어 서남부 최고의 철강도시로 재탄생했다. 인구는 백만에 가까워졌고 공업 생산가치는 100배가량 치솟았으며 공업화는 급속히 진행되었다. 개혁·개방 이전 대약진과 문화대혁명이 중국 경제에 미친 악영향을 잘 알고 있는 사람들에게는 삼선 건설의 중심이었던 판즈화가 이 시기 중국 정부의 드문 성공 사례로 생각될 수도 있다.

그러나 판즈화는 '재현 불가능'한 성공 사례다. 판즈화의 빠른 도시화는 중국 정부가 사회주의 계획경제의 통제력을 최대한 발휘해서 얻어낸 결과였다. 개발도시의 지정, 생산자원의 집중, 생산설비 및 인프라 건설, 이데올로기적 선전에 이르기까지 정부 당국이 모두 주도했다. 동남부 연해 지역과 대도시의 생산력을 강제로 이전시켰으나, 경제적 인센티브에 따른 기업가의 투자나 노동자의 이주는 없었다. 중국을 포함한 전 세계에 자본주의 시장경제가 지배적인 상황에서 이 같은 도시화는 더 이상 재현 가능하지도 바람직하지도 않다. 그나마 판즈화가 성공 사례로 자리매김 된 데는 풍부한 지하자원

덕분에 개혁·개방기에도 도시의 생산력을 유지할 수 있었기 때문이다. 삼선 건설로 똑같이 도시화 과정을 밟았으나 판즈화 같은 행운은 없었던 여러 도시들은 개혁·개방 이후 쇠락의 길로 들어선 경우가 많다.[20] 개혁·개방 이후 동남부 연해 지역을 중심으로 경제가 크게 성장하자, 삼선 도시에 있던 기업들 중에는 다시 이전 지역으로 옮겨가거나 경쟁에서 탈락하여 문을 닫는 경우가 속출했다.

또한 판즈화는 '지속 불가능'한 성공 사례다. 인구 증가와 공업화 수준을 척도로 삼는 양적 도시화는 달성했을지 몰라도 도시 인프라 구축, 도시민 소득 수준 향상, 균형 있는 산업 구조를 포함하는 질적 도시화를 외면했기 때문이다. 1960년대 판즈화는 '도시'라는 이름보다는 거대한 '공단' 또는 '공장'이라는 이름이 어울릴지도 모른다. 판즈화 도시 건설 과정에서 정신적으로나 육체적으로 고단한 노동을 감당했을 수많은 노동자의 희생이 있었을 것이다. 그러나 이런 '공장도시' 구조는 지속 가능하지 않다. 판즈화 역시 10년이 지난 이후에는 도시 자체 개발에 대한 투자를 늘리기 시작했으며 농업·경공업 등의 발전에도 관심을 기울이기 시작했다. 그러나 한번 크게 어긋난 구조를 바꾸는 데는 많은 비용이 들어갈 수밖에 없으므로 처음부터 올바른 도시 설계를 하는 것이 나은 방법이다.

종합하건대, 판즈화는 1960~1970년대 사회주의 중국이라는 특수한 상황이 낳은 독특한 도시화의 성공 사례이지만, 지속 불가능하며 재현 불가능한 도시화라고 규정할 수 있다. 다만 판즈화는 과거 사회주의권 국가나 개도국에서 진행된 도시화의 현재와 미래를 이해하기 위한 좋은 연구 대상이다. 또한 자원이 부족한 개도국에서 역량을 한곳에 집중하여 급속한 도시화를 추진하는 것이 어떤 위험과 한계를 내포하고 있는지에 대해 유용한 교훈을 주는 사레이다.

이 글에서는 판즈화의 도시화를 주제로 도시화의 배경, 전개 과정, 특징, 한계와 문제점 등을 정리하고 재현 가능성과 지속 가능성이라는 측면에서 평가해보았다. 판즈화의 도시화에 관련된 국내 연구가 거의 없는 가운데 시도한 초보적인 글이지만 향후 탐색 가능한 주제는 많다. 우선 선전 등 개혁기 도시화 과정을 거친 도시들과 비교하는 연구이다. 선전이 경제적 동기에 이끌려 급속한 도시화를 이룩한 전형적인 도시라면, 판즈화는 비경제적 동기에서 출발해 성장한 대표적인 도시라는 차이점이 있다. 구체적으로 개혁·개방기 광둥성 선전에서는 정부, 국내 기업, 외자 기업, 농민공 등이 경제적 동기를 갖고 도시 개발에 참여했는데, 사회주의 시기 판즈화는 제국주의의 침략에 대비한다는 정치적 동기 아래 경제주체들이 비자발적 혹은 이데올로기적 선동에 끌려 참여했다는 근본적인 차이가 있다. 이런 경제주체들의 참여 동기에서 나타나는 차이가 어떻게 두 도시의 성장 과정에 영향을 미쳤는지에 대한 추가 연구도 필요하다. 이를 통해 개혁·개방기 도시화 과정과 사회주의 시기 도시화 과정을 비교하는 연구 또한 가능하다. 그리고 개혁·개방기 판즈화의 도전과 변화에 대한 연구도 필요하다. 사회주의 시기에 형성된 도시가 개혁·개방기에 어떻게 변해갔는지를 연구함으로써 도시의 시대적 연속성과 불연속성에 대한 함의를 발견할 수 있을 것이다.[21]

중국의 사회주의적 시초축적과 농민의 희생

하남석

1. 중국 특색의 사회주의? 중국 특색의 자본주의?

중국의 경제 발전 경로는 독특하다. 물론 각각의 역사적 조건에 따라 모든 나라의 발전 경로는 다양하기 마련이지만, 세계 역사에서 중국처럼 거대한 규모의 경제 체제가 극적인 방식으로 발전 전략을 전환해가며 성공한 사례는 드물다. 중국은 반식민지 상태에서 농촌에 기반한 혁명을 통해 사회주의적 방식으로 경제발전을 추구하다가, 다시 세계 자본주의 체제에 편입되는 방식으로 시장경제를 도입해 이제는 미국에 이은 세계 제2의 경제대국이 되었다. 이렇게 복합적이고 다층적인 경로를 거쳐왔기 때문에 중국의 사회성격을 규정하기란 무척 힘든 작업이다. 중국은 공식적으로 자신들의 체제를 '중국 특색의 사회주의'라고 규정하지만, 이는 '중국 특색의 자본주의'와 무엇이 어떻게 다른가라는 질문에 맞닥뜨리게 된다. 중국 인민들 사이에서는 "중국은 자본주의를 이용해 사회주의를 건설한다고 했지만, 결국 사회주의를 이용해 자본주의를 건설한 것이 아닌가?"라는 반문이 회자되기도 한다.

학계에서 현재 중국의 체제를 규정하는 해석도 아주 다양하다. 예를 들자면, 이행 중인 시장경제 체제, 정실자본주의, 국가자본주의, 관료자본주의, 동아시아 발전 모델의 일환으로 보는 발전국가론, 시장사회주의, 중국 모델론 등 다양한 스펙트럼을 통해 중국의 체제를 규정하려 한다. 이 논의들을 쟁점 위주로 좀 더 정리하자면, 주류 정치경제학의 입장은 계획경제에서 시장경제로의 이행 과정에 있는 체제로 규정하는 것이 일반적이다. 비주류 정치경제학의 입장은 다시 두 가지로 나눠볼 수 있는데, '중국도 완전히 지구적 자본주의 체제의 일부로 다른 자본주의 국가와 크게 다르지 않다'는 주장과 '그래도 중국적인 특성과 사회주의적 지형을 지닌 무언가 독특한 체제가 형성되고 있다'는 주장으로 나뉜다.

이렇게 중국의 현재 체제에 대한 해석이 다양한 것은 결국 중국이 거쳐온 복잡한 경로들이 현재 체제와 사회 변동에 지속적으로 미치고 있는 영향 때문이다. 특히 중국은 1949년에 새로운 민족국가를 건설한 이후 중앙집권적 계획경제의 방식으로 경제를 운용하다가, 1978년 이후 공산당 일당통치는 유지하는 가운데 시장경제를 도입하여 발전을 추구해왔다. 이 정책적 전환으로 인해 중국은 상호 모순되는 정치경제적 속성을 지닌 체제가 되었고, 이 모순된 속성은 국가 소유와 사적 소유라는 소유 제도의 구획을 따라 도시와 농촌 각각에서 공간적 분할과 계층의 분화를 가져왔다. 여기에 해외자본에 대한 개방이 더해지면서 사회 변동의 방향은 더욱 복잡하게 얽혀들고 있다. 이런 상황 속에서 중국에 대한 연구들은 사회주의 계획경제 시기를 비정상적인 시기로 파악하는 동시에, 그 유산을 비효율의 원천으로 보고 제거해야 할 나쁜 요소로 여겨 개혁·개방 이후 시장화의 확대가 바람직하다는 가치지향을 가지는 경우가 많다. 하지만 마오쩌둥 시기 중국이 추구했던 사회주의 계획경제는 단순히 평등의 요구만 가진 것이 아니라 급속한 성장을 통해 서구 자본주의 국가들을 초월하려는 경제발전 전략이기도 했다. 심지어 그 시기의 유산은 시장경제 도입 이후 경제를 발전시키는 데 긍정적인 역할을 한 요소들도 많았다.

그런 측면에서 사회주의적 요소는 나쁜 것/혹은 좋은 것, 마찬가지로 자본주의적 요소는 나쁜 것/좋은 것이라는 전형적인 이분법적 대립 구도를 상정하고 중국의 체제 성격을 파악하려는 시도는 현재 중국이 가지고 있는 여러 문제들을 어떤 하나의 원인으로 환원시켜버리는 난점을 가질 수밖에 없다. 보다 중요한 문제는 중국이 어떤 역사적 경로를 통해 현재에 이르게 되었고, 그 가운데 어떤 사회경제적 구조와 제도를 남기게 되었는지, 또 이렇게 형성된 문제들을 다시 어떤 방식으로 해결해 나가려 하는지를 추적하는 것이다. 그런 맥락에서 현재 중국 체제의 원형이 되는 사회주의 시기의 축적 전략과 경제 정책들을 살펴보고, 그 정책을 추구하는 속에서 형성된 '도농이원구조(城鄉二元結構)'라는 중국 특유의 도시와 농촌의 공간적/제도적 분할의 성격을 살펴보는 것은 중요한 과제이다.

2. 이른바 '사회주의적 시초축적'

우리가 현재 살고 있는 자본주의사회도 지난한 역사적 과정을 거쳐 형성된 것이다. 칼 마르크스는 『자본론』의 제8편 '이른바 시초축적'에서 자본주의 성립 과정의 역사를 분석하고 개념적 파악을 시도한다.

시초축적의 역사에서는, 자본가계급의 형성에 지렛대로 역할한 모든 변혁
은 획기적인 것들이었지만, 무엇보다 획기적인 것은, 많은 인간이 갑자기
그리고 폭력적으로 그들의 생존수단으로부터 분리되어 무일푼의 자유롭
고 의지할 곳 없는 프롤레타리아로 노동시장에 투입되는 순간이었다. 농업
생산자인 농민으로부터 토지를 수탈하는 것은 전체 과정의 토대를 이룬다.
이 수탈의 역사는 나라가 다름에 따라 그 광경이 다르며, 그리고 이 역사가
통과하는 각종 국면들의 순서와 시대도 나라마다 다르다.[1]

자본관계를 창조하는 과정은 노동자를 자기의 노동조건의 소유로부터 분
리하는 과정—한편으로는 사회적 생활 수단과 생산수단을 자본으로 전환
시키며, 다른 한편으로는 직접적 생산자를 임금노동자로 전환시키는 과정
—이외의 어떤 다른 것일 수가 없다. 따라서 이른바 시초축적은 생산자와
생산수단 사이의 역사적인 분리 과정 이외의 아무것도 아니다.[2]

마르크스에 따르면, 자본주의 시초축적은 "직접적 생산자와 생산수단의
역사적 분리 과정"으로 규정할 수 있다. 이는 역사적으로 농민들을 자신들의
생산수단인 토지로부터 분리시켜 임노동자(프롤레타리아)로 만들어내는 과정
이었다. 즉 이것은 농업 생산자인 농민으로부터 토지를 수탈하는 것을 의미
하는데, 이것이 전형적으로 나타난 역사적 사건은 바로 영국에서 시작된 인
클로저(Enclosure) 운동이다. 한편, 이 과정에서 새롭게 탄생한 임노동계급에게
노동 규율을 부과하는 폭력을 행사한 것은 국가권력이었다. 토지에서 쫓겨
난 농민들이 처음부터 임노동자가 된 것은 아니었다. 이들은 처음에는 유랑
민이 되어 떠돌다가 도시 지역에서 구걸하는 거지가 되거나 좀도둑질을 하

게 되었다. 이렇게 광범위한 사회 유동이 발생하자 당시 서구의 국가들은 강력하고 잔인한 법령을 제정하여 토지라는 생산수단을 잃어버린 이 유랑민들에게 노동 규율을 부과한다. 이들이 노동을 거부하면 노동수용소나 구빈원으로 보내 강제노동을 시키기도 했다.[3] 이러한 역사를 요약하자면, 자본주의의 시초축적 과정은 비자본주의적 영역들을 자본주의적 영역으로 통합하고 자본축적의 지속을 위한 사회적 관계들을 만들어내는 것이었다.

> 이와 같이 처음에는 폭력적으로 토지를 수탈당하고 추방되어 부랑자로 된 농촌 주민들은 그 다음에는 무시무시한 법령들에 의해 채찍과 낙인과 고문을 받으면서 임금노동의 제도에 필요한 규율(discipline)을 얻게 된 것이다. (…) 신흥 부르주아지는 임금을 규제하기 위해,—임금을 이윤 획득에 적합한 범위 안으로 억압하기 위해—노동일을 연장하기 위해, 그리고 또 노동자 자신을 자본에 정상적인 정도로 종속시켜두기 위해, 국가권력(state of power)을 필요로 하며 또한 그것을 이용한다. 이것이 이른바 시초축적의 하나의 본질적 측면이다.[4]

물론 자본의 시초축적에는 위에서 언급한 임노동계급의 탄생과 국가의 노동 규율 부과만 있었던 것은 아니다. 마르크스에 따르면, 시초축적의 중요한 계기에는 유럽의 동인도 및 아프리카 정복과 약탈, 노예화, 아메리카에서의 금은 발견 등 식민 제도도 있다. 그래서 마르크스는 이 모든 자본의 시초축적 과정을 "자본은 머리에서 발끝까지 모든 털구멍에서 피와 오물을 흘리면서 이 세상에서 나온다"고 표현했다.

이렇게 보면, 인류 역사상 최초의 사회주의 국가인 소련의 가장 본질적인 과제는 자본주의적 생산관계의 폐지와 노동 해방이어야 했지만, 실제 역사에서는 물자의 생산과 배분의 메커니즘이 시장에서 계획으로 바뀌었을 뿐, 경제발전을 위한 자본축적을 목적으로 노동자들의 동원은 지속되었다. 심지어 당시 오스트리아 사회민주당 서기와 제2인터내셔널 서기를 지냈던 프리드리히 아들러(Friedrich Adler)는 소련의 공업화에서 마르크스가 지적했던 시초축적의 특징적인 단계가 다시 나타난다고 지적했다.

> 만일 우리가 현대 소련을 이해하려고 애쓴다면, 우리는 비록 거기에는 더는 어떤 사적 자본가가 없지만, 아주 놀랍게도 소련의 공업화에서 마르크스가 지적했던 시초축적의 특징적인 단계가 다시 나타난다는 것을 발견한다. 스탈린주의 실험은 사적 자본가의 협력 없는 시초축적을 통한 공업화다.[5]

물론 소련의 자본축적 방식은 마르크스가 분석했던 자본주의의 방식과는 달랐다. 독일의 공산주의자 린데(H. Linde)에 따르면, 마르크스의 개념에서 자본주의 시초축적의 본질적 특징은 직접 생산자로부터 생산수단을 분리시키는 것인데, 소련에서의 농업 집단화는 정확히 그 반대로 생산자와 생산수단의 결합을 현실화한 것이었다.

> 집단화란 무엇인가? 그것은 소규모 생산자가 그들의 생산수단에서 분리되지 않는 것이다. 그것은 소규모 생산자의 생산수단을 통합하는 것, 즉 그것을 사회화하는 것이다. 이때에 이 생산수단(오로지 국가가 집단경제에 처분권을 부여한 생산수단)은 그들 공동의, 집단적인 재산의 바깥에 놓여 있어서 집단

개별 구성원의 사적 재산이 되는 것이 아니라 집단의 재산이 된다.[6]

집단농장의 생산수단인 토지에 결박된 농민뿐만 아니라 도시 노동자의 상황도 같았다. 경쟁적 자본주의사회에서 임노동자는 실업이라는 상황을 고려해야 하지만, 그럼에도 자신을 고용하는 자본가를 선택할 수 있다. 하지만 소련에서 노동자들은 국가라는 오직 하나의 고용주의 지시와 배치에 따라 정해진 사업장에서 노동에 종사해야 했으며, 주거 이전의 자유도 제한되는 등 공장 체제에 묶여 있었다.

이런 측면을 고려하여 좀 거칠게 개념화해보자면, 자본주의적 시초축적이 직접 생산자로부터 생산수단을 분리시키고, 토지를 사유화하고, 국가권력이 노동 규율을 부과하는 과정이었던 것과는 달리, 현실 사회주의 국가들의 역사에서 '사회주의적 시초축적(primitive socialist accumulation)'은 직접 생산자를 생산수단에 묶어두고, 토지를 국유화하고, 국가권력이 노동 규율을 부과하는 과정—물론 그 과정에서 강제적 동원과 자발적 동원의 두 가지 방식이 다 쓰였다—이었다고 볼 수 있지 않을까?

'사회주의적 시초축적'의 개념을 처음 제기한 프레오브라젠스키(Yevgeni Preobrazhensky)는 급속한 중공업화를 수행하기 위해 주된 자금원을 비사회주의적 요소인 농업에서 구하는 것이 불가피하다는 논리를 세웠다. 외국의 원조를 전혀 기대할 수 없는 상황에서 중공업 발전에 필요한 거대한 자본은 국내의 주요 산업인 농업에서 구할 수밖에 없다는 것이다. 이는 단기적으로 '농업을 희생하는 공업의 성장'이라는 불균형적 발전을 전제로 한 것이었다.[7] 프레오브라젠스키의 논의는 1924~1928년에 사회주의 발전 모델을 놓고 소련 공산당 내부에서 벌어졌던 논쟁 속에서 나온 것이다. 부하린(N. Bukharin)은 프레오브라젠스키의 논의에 반대하는 입장이었다. 부하린은 농업과 공업 사이의 불균형 발전은 소련 경제를 위기에 빠뜨릴 것이라고 주장하면서, 공업과 농업, 중공업과 소비재공업 등 여러 경제 부문 간의 균형을 유지하는 완만한 축적이 필요하다고 했다. 즉 농업의 발전, 농업에 기초한 소비재공업의 발전, 그에 뒤이어 중화학공업을 단계적·점진적으로 발전시키는 것이 소련 상황에 적합하다는 판단이었다.

이런 논쟁은 결국 당시 후발 국가였던 소련이 정체된 농업 국가에서 산업 국가로 나아가기 위해서 공업과 농업 가운데 어느 쪽의 발전을 우선시해야 하는가와, 경공업과 중공업 가운데 어디에 우선순위를 두어야 할 것인가라는 경제발전 전략을 놓고 벌어진 것이었다. 이 논쟁을 끝낸 것은 결국 당시 소련의 최고지도자였던 스탈린(Stalin)이었다. 그는 처음에는 부하린의 노선을 따르다가 당시 국제 정세에서 파시즘이 크게 대두되자 자립적 경제성장에 보다 초점을 맞추면서 프레오브라젠스키의 논의를 따라갔다. 즉 1928년에 소련은 '위로부터의 농업 집단화', 즉 강제적으로 대농장을 만들고 국가가 농민으로부터 잉여를 수취하여 도시 지역의 중공업에 투자하는 방식을 시행했다.

이러한 '사회주의적 시초축적' 논의는 마르크스의 자본의 시초축적 논의와는 층위가 다르다. 마르크스의 시초축적 개념은 역사적으로 특수한 사회적 관계에 기반한 자본주의적 생산의 출현을 가능하게 한 조건, 즉 먹고 살기 위해 자신의 노동력을 시장에 내다팔 수밖에 없었던 임노동계급이 형성된 역사적 배경을 다루고 있다. 하지만 소련에서의 사회주의적 시초축적 논의는 근본적인 사회적 관계를 어떻게 창출할 것인가의 문제가 아니라, 공업화와 경제발전을 위해 투자할 '자금'을 어떻게 마련할 것인가와 더 관련이 있었다. 그렇기에 '사회주의적 시초축적론'은 거창한 수사와는 달리 근본적으로 사회관계를 변화시켜 나가는 '사회주의적 생산관계'를 만드는 데 대한 논의가 아니었고, 국내적으로 부족한 자금을 해외에서도 구할 수 없는 국제 정세 속에서 결국 자국의 농민을 수탈하여 도시의 공업화에 투자할 잉여를 만들어내는 자립적 축적 모델에 대한 논의였다고 할 수 있다.

3. 중국 특색의 사회주의적 시초축적

중화인민공화국 건국 이후 중국공산당에게는 자국의 조건에 맞는 가장 적합한 발전 전략을 선택해야 한다는 난제가 놓여 있었다. 원칙적으로 세 가지 선택지가 있었다. 첫 번째는 기존 자본주의 국가들의 자본주의적 발전 전략을 따르는 길이었다. 두 번째는 흔히 '신경제 정책(NEP: New Economic Policy)' 이라고 명명되는 1920년대 소련의 방식이었다. 즉 사유재산과 소규모 개인 기업을 제한적으로 허용하고, 농민들에게 농산물을 공출하지 않고 물품세로 대체하여 잉여농산물을 시장에서 거래할 수 있게 함으로써 일정한 생산성을 확보하는 동시에 인민들의 불만을 완화하려는 일종의 혼합경제 정책이었다. 세 번째는 1928년 이후 소련에서 스탈린이 추진한 사회주의로의 급속한 이행 정책이었다. 이는 위에서 언급했듯이 농업의 집단화를 통해 급속한 중공업화를 추진하는 전략이었다.[8]

첫 번째 방법은 선택될 수 없었다. 물론 당시 중국공산당이 폭넓게 받아들이고 있던 마르크스-레닌주의의 역사 발전 정식에 따르면 사회주의로 가기 위해서는 충분한 생산력의 발전이 전제되어야 했으며 경제와 기술의 현대화가 이뤄졌어야 했기에 자본주의로의 완전한 이행이 필요하다는 관념도 존재했다. 하지만 중국공산당에게 자본주의로의 완전한 이행은 이미 중화민국 시기 실패한 프로젝트로 여겨졌으며, 혁명으로 건국된 나라에서 공산당이 자본주의적 경제발전을 통해 생산력을 끌어올린다는 것도 어불성설로 여겨졌다. 그렇다면 중국공산당에게 남은 길은 소련의 두 가지 전략, 즉 1921~1928년 사이의 신경제 정책과 1928년 이후 스탈린식 사회주의적 시초축적 전략 중 하나를 선택하는 것이었다.

이런 상황에서 중국공산당은 당 내부의 의견 대립을 반영하는 상반된 요구에 직면했다. 한 측면에는, 중화민국 시기부터 장기간 지속된 도시와 농촌 간의 분리라는 난제가 존재했다. 공산당은 농촌의 지지를 받았으며, 거의 전적으로 농업 위주인 중국에서 농민 기반을 유지해야 할 필요성을 이해했다. 그러나 공산당은 도시 노동계급의 지지도 받았으며, 다른 제3세계 국가들과 마찬가지로 급속한 산업화라는 열망도 공유하고 있었다. 하지만 친공업적 정책은 일반적으로 반농업적 조치를 의미했으며, 결과적으로 도시와 농촌의 이익이 상호 충돌할 가능성이 컸다. 다른 측면에서, 세계에서 가장 인구가 많은 나라인 중국은 오랫동안 무정부 상태에 가까운 혼란에 시달려왔으며, 가장 중요한 목표는 국가를 단결시키는 것이었다. 그러나 공산주의자들은 철저한 경제적·사회적 변화를 원했으며, 그 변화를 위해서는 대규모 갈등을 각오해야 했다. 공산주의자들은 질서와 변화 사이에서 선택을 해야만 했다.[9]

개혁·개방 시기까지 중국의 이후 자본축적 과정의 특징을 개략적으로 요약하면 다음과 같다. 마오쩌둥 시기 자본축적의 주체는 개별 기업가가 아니라 국가였으며, 중국은 소련의 축적 모델을 모방할 수밖에 없었다. 소위 '협상가격차鋏狀價格差'라고 부를 수 있는 농업 부문과 공업 부문의 부등가교환에 바탕한 중공업 위주의 산업 정책을 추구했다. 중국공산당은 소련과는 달리 농민의 광범위한 지지를 통해 권력을 장악했지만, 급속한 산업화를 위해 농민을 수탈할 수밖에 없었다.

중화인민공화국 건국 초기에 중국공산당은 토지 개혁을 통해 개별 농가에 균등하게 토지를 분배하고 농업 인프라를 구축했지만, 분산된 농촌의 잉여를 집중시켜 도시의 산업 부문으로 이끌어오는 데는 어려움이 있었다. 게다가 도시의 경제가 안정적으로 회복되기 시작하자 농촌의 잉여노동력이 도시로 일자리를 구하러 나오기 시작했다. 이로 인해 1950년대 중반에 이르러 도시의 경제성장 회복세가 정체되기 시작했다. 중국공산당은 이 난관에 부딪혀 도시에서 국가 소유를 확대하고 농촌에서 국가의 통제를 강화하는 소련의 경로를 따르는 것 외에 다른 선택지가 없었다. 일반적으로 대약진과 인민공사 정책은 소련과 다른 중국 특유의 발전 전략으로 여겨지지만, 실제로 이 정책은 소련보다도 강화된 방식으로 농촌의 잉여를 도시의 중공업 분야로 끌어내는 축적의 메커니즘이었다.

특히 그 과정에서 소련을 비롯한 여타 현실 사회주의 국가들과 달랐던 중국의 특징은 농민의 도시 이주를 엄격하게 금지하는 공간 분할의 방식이었다. 소련에서는 농촌의 집단화와 도시화가 동시에 이뤄져서 수많은 농민이 도시의 노동자가 되었다. 하지만 중국에서는 이와 상반되게 도시의 경제성장이 그 수요를 따라잡지 못해 도시로의 인구 이동이 대규모 실업을 발생시켰고 도시사회의 혼란을 야기했다. 결국 1958년 호구제의 실시를 통해 도시 인구와 농촌 인구를 구분하는 동시에 농촌 인구의 도시 이주를 엄격히 통제하게 되었고 농민들은 토지에 묶여 농촌의 인민공사에 머무를 수밖에 없었다.

이러한 인민공사 체제는 농촌의 농업 잉여를 도시의 산업 부문으로 유도하는 사회주의적 시초축적을 가능하게 했을 뿐만 아니라, 도시의 경제 위기에 완충 역할을 했다. 마오쩌둥 시기 중국은 다른 나라와 마찬가지로 자본축적 과정에서 주기적인 부문 간 경제불균형의 위기를 피할 수 없었다. 이 위기는 정부재정의 부족과 도시 지역의 실업을 유발했다. 이러한 위기 때마다 중국공산당은 '상산하향上山下鄕'이라는 슬로건으로 젊은이들을 농촌으로 내려 보냄으로써 도시의 실업 문제를 해결할 수 있었다.[10] 완충 장치로서의 농촌이 없었다면, 마오쩌둥 시기에 반복된 경제 위기로 인한 도시의 사회 불만은 더 심각했을 가능성이 있다. 한편 농촌 잉여의 가혹한 추출과 엄격한 인구 이동 통제에 대한 보상으로 중국공산당은 농촌 지역에—비록 낮은 수준에 불과했어도—기초적인 사회보장을 확대했다. 흔히 '맨발의 의사'로 상징되는 기초적인 의료보장과 기초교육의 확대로 농촌 지역의 기대수명은 크게 늘었으며, 영아 사망률도 크게 줄었다.[11]

마오쩌둥 시기 이러한 사회주의적 시초축적의 노력으로 인해, 중국은 인구 구조에서는 여전히 농업 국가였지만 경제 산출에서는 어느 정도 산업 국가의 면모를 갖출 수 있게 되었다. 통계를 보자면, 1978년 개혁·개방 직전 중국의 도시 인구는 20% 미만이었지만, 공업 부문이 총 GDP에서 차지하는 비중은 50% 가까이에 이르렀다. 이러한 중국의 인구 및 산업 구조는 1980년에 총인구에서 도시 인구가 차지하는 비중이 70%가 넘었던 소련과 확연하게 구별된다.[12] 게다가 마오쩌둥 시기 축적의 결과로 농촌 지역에는 '건강하고 교육도 잘 받은' 거대한 규모의 산업예비군이 형성되었다. 이들은 개혁·개방 이후 해외자본을 유입해 오는 데 큰 유인이 되었다. 1978년 이후 엄격한 인구 이동 제한 정책이 비공식적으로 완화되고 개방 정책으로 연해 지역에 외국 자본이 진입하자, 이 거대한 농촌의 산업예비군은 개혁·개방 이후 중국의 자본주의적 축적의 동력원이 되었던 것이다.

4. 1949~1978년의 도시화 추세와 도농이원구조의 형성

중화인민공화국 건국 이후 개혁·개방 이전의 1949~1978년은 보통 '사회주의 시기'로 통칭된다. 이 시기 중국 사회의 공간적 분할 구조인 도농이원구조의 형성 과정을 중국의 도시화 과정을 중심으로 보다 구체적으로 살펴보자.

우선 1949~1952년은 장기간의 전란 동안 크게 손상된 경제의 조정과 회복 시기였다고 할 수 있다. 사회 관계의 변화는 농촌에서부터 시작되었다. 중국은 1950년 6월에 토지 개혁과 관련된 법령을 발표하고 1952년 말까지 기본적인 토지 개혁을 완료했다. 이를 통해 농촌의 지주와 부농계급은 완전히 소멸되었고, 1952년까지 3억 명에 달하는 빈농과 고용농계급에게 전체 경작지의 절반이 넘는 4,600만 헥타르에 달하는 농지가 분배되었다. 이렇게 농촌에서 토지 개혁이 진행되는 동안, 초보적인 형태의 집단 농업 형태인 호조조互助組 조직이 만들어지기 시작했다. 호조조는 3~5가구의 농가가 서로 돕는 농업 생산 조직인데, 당국은 이 조직의 비율을 점차 늘려 나가기 시작했다.[13]

농업 분야에서 초보적인 집단화가 완료되자 중국 정부는 이를 바탕으로 공업화를 보다 전면적으로 추진했다. 1953년부터 농산물을 국가가 독점 수매하고 판매하는 정책(統購統銷)을 채택했으며, 호조조도 그보다 규모가 큰 초급협동조합(初級合作社)으로 발전시켰다. 이 정책을 통해 농촌의 식량을 저가로 매입해 도시 노동자들에게 저가로 배급함으로써 기업의 저임금 제도의 기반을 만들어낼 수 있었고, 그 잉여를 중공업 분야에 투자하여 사회주의적 축적 메커니즘의 기초를 구축할 수 있었다. 여기에 소련의 경제 원조가 더해지면서 중국공산당은 대대적으로 제1차 5개년 계획을 추진하게 되었다. 1953년 시작된 제1차 5개년 계획에 따라 중국은 처음으로 계획적으로 대규모 경제 건설과 도시 건설을 추진했다. 공업화의 신속한 추진에 따라 도시화 수준은 1949년의 10.6%에서 1957년 15.4%까지 상승했다. 당시 중국은 아직 농촌 인구의 도시 유입을 제도적으로 제한하지는 않았다. 도시의 취업 기회 확대에 따라 대량의 농촌 인구가 도시로 유입되었으며 도시화 수준도 그에 상응해 상승한 것이다. 도시 인구는 1949년 5,765만 명에서 1957년 9,949만 명으로 증가했는데, 이는 매년 523만 명씩 증가한 것으로 연평균 도시 인구 증가율은 7%에 달했다.[14]

하지만 이렇게 급증한 도시 인구는 많은 문제를 불러일으켰다. 특히 취업·식량·주택 등의 공급이 도시로 유입된 인구를 감당할 수 없었다. 중국의 공업화 속도와 도시의 기반시설 확충이 인구 유입 속도를 따라잡지 못한 것이다. 이에 중국은 농촌 인구의 도시 유입을 막을 제도를 만들게 되었다. 1958년 1월 9일 전국인민대표대회에서 「중화인민공화국 호구등기 조례」가 통과되었다. 이 조례는 도시와 농촌의 주민을 '농업호구'와 '비농업호구'의 두 가지로 구분하고, 행정 당국의 허가 없이 농촌 인구가 도시로 이동할 수 없다고 규정했다. 이 호구제를 통하여 중국은 도시와 농촌의 인구를 구분하는 동시에 각각의 인구를 도시와 농촌에 묶어버렸고, 그에 따라 도시와 농촌은 격리되었다. 이는 다른 사회주의 국가들보다 훨씬 엄격한 도시와 농촌 분할이었으며, 새로 태어난 인구에게도 적용되는 일종의 신분 제도에 가까운 것이 이반 셀레니(Ivan Szelenyi)는 사회주의 도시의 특징을 '과소도시화(under-urbanization)'로 규정한다. 이 개념은 개발도상국의 도시화 과정에서 도시의 사회기반시설이나 일자리를 초과해 인구가 모여드는 과정을 설명하는 '과잉도시화(over-urbanization)'를 셀레니가 주로 헝가리, 체코, 동독과 같은 현실 사회주의 국가에 적용하여 이론화한 것이다. '과잉도시화'의 개념을 부연설명하자면, 개발도상국들이 급속한 도시화를 겪으면서 선진국들이 경험한 도시 성장의 부정적 영향들이 크게 확대되어 나타나는 것을 의미한다. 즉 과잉도시화된 도시에서는 도시 인구의 확대를 감당할 만한 일자리와 교육, 보건 시설, 주택 등의 사회기반시설을 비롯하여 필수적인 자원들이 크게 부족해진다. 하지만 현실 사회주의 체제에서는 여타 개발도상국과는 달리 경제발전 과정에서 도시가 제공하는 일자리에 도시 인구가 못 미치는 상황이 벌어진다. 이를 과소도시화로 개념화한 것이다. 다만 사회주의 시기 중국의 도시화 과정은 '과소도시화'가 아니라 일반적인 제3세계의 '과잉도시화'의 특징을 보여준다고 할 수 있다.[15]

었다.[16]

다만 이러한 호구제에도 불구하고 1958년부터 시작된 대약진 시기의 신속한 공업화는 도시 인구의 급증을 불러왔다. 1958년 중국공산당은 제2차 5개년 계획과 함께 대약진 운동을 대대적으로 시작한다. 소련과의 갈등으로 1957년부터 원조를 받을 수 없게 되자, 당국은 '자력갱생' 방침을 내세우는 한편 농촌과 도시 양쪽에서 대대적인 공업화를 통해 도농 격차마저 극복하고 공산주의사회로 진입한다는 노선을 채택했다. 농촌에서는 농업과 더불어 공업과 행정 부문까지 포괄하여 1만 명에서 4만 명에 달하는 많은 인구가 하나의 공동체를 이루는 인민공사人民公社가 건설되었으며, 도시에서도 공업화의 속도를 크게 올렸다. 그에 따라 도시 인구 비중은 1960년에 19.7%까지 급속하게 늘어났지만, 당시 중국의 공업화 수준은 도시 인구의 증가 속도를 따라잡을 수 없었다. 결국 유토피아적 이상에 기반한 노동력의 동원은 실제 생산력의 상승으로 이어지지 않았고, 자연재해까지 겹치며 오히려 경제에 큰 혼란을 야기했다. 당국은 대약진 운동의 실패 이후 1961년 경제 조정 정책을 실시하게 되었으며, 도시로 유입되었던 인구를 다시 농촌으로 돌려보냈다. 그에 따라 도시 인구 비중은 1966년 17.9%로 떨어졌다.

대약진 운동의 실패로 도입된 경제 조정 정책은 결국 당내의 노선 갈등을 불러일으켰고, 사회주의 건설 시기 쌓여온 여러 사회 모순은 문화대혁명으로 폭발했다. 한편 60년대 중반부터 70년대 중반까지 미국과 소련이라는 양대 강국과의 갈등 속에서 지속되었던 삼선 건설三線建設 정책, 즉 연해 지역의 공업 시설을 내륙 지역으로 이전시키는 정책은 공업이 분산됨으로써 다시 비용을 증가시켰다. 이는 재정 적자의 급증을 불러와 중국 경제에 전반적인 악재로 작용했다. 경제성장 속도가 완만해지면서 도시 지역의 일자리 마련에 큰 압력으로 작용하게 되었고, 청년들은 다시 대규모 상산하향을 요구받았다. 이 시기에 2천만 명에 달하는 지식청년이 농촌으로 이주했으며, 그로 인해 중국의 도시화는 10년간 정체 상태를 유지했다. 삼선 건설로 인해 도시의 숫자가 1966년 171개에서 1977년에 190개로 약간 늘었고 도시 인구도 1966년에 1억 3,313만 명에서 1977년 1억 6,669만 명으로 늘어났지만, 도시화 수준은 1966년 17.9%에서 1977년 17.6%로 도리어 떨어졌다.[17]

위에서 전반적으로 설명한 사회주의 시기 중국 도시화의 추세와 도시·농촌의 인구 현황은 〈표 1〉과 같다.

〈표 1〉에서 나타나듯이 1960~1970년대에 도시화가 정체된 근본적인 이유

	인구수(단위: 만 명)		총인구 대비 비중(단위: %)	
	도시	농촌	도시	농촌
1949	5,765	48,402	10.6	89.4
1953	7,826	50,970	13.3	86.7
1957	9,949	54,704	15.4	84.6
1960	13,073	53,134	19.7	80.3
1963	11,646	57,526	16.8	83.2
1966	13,313	61,229	17.9	82.1
1968	13,838	64,696	17.6	82.4
1975	16,030	76,390	17.3	82.7
1978	17,245	79,014	17.9	82.1

* 출처: 蘇少之, 「1949~1978年中國城市化研究」, 『中國經濟史研究』1999年 第1期; 陳廷煊, 「城市化與農業剩餘勞動力的轉移」, 『中國經濟史研究』1999年 第4期 내용을 바탕으로 재구성.

는 두 가지였다. 첫 번째는 중국의 중공업 우선 발전 전략이다. 이 시기 중국 전체 투자 대비 중공업 건설 투자 비율은 48.9%에 달한다. 장기적으로 중공업에 경사된 산업 정책으로 인해 노동집약적 경공업과 서비스산업 발전 속도는 완만했는데, 이로 인해 중국의 공업화 과정에서 농촌 인구의 도시 유입은 제한적일 수밖에 없었다. 두 번째는 중공업 위주의 발전 전략을 유지하기 위해 도입된 호구 제도다. 호구제는 도시와 농촌의 엄격한 분리를 가져왔고, 농촌 주민은 공업화 과정에서 소외되어 도시의 복지 수준을 누리지 못했다.[18]

호구 제도로 인한 도시와 농촌의 분리는 농민과 도시 노동자의 격차도 확대시켰다. 〈그림 1〉에서 볼 수 있듯이, 1960년대 도시 노동자의 수입은 농민의 2배 정도였지만 1978년에는 4배까지 늘어났다. 게다가 소득의 증가 추세도 농촌은 비교적 정체되었던 반면 도시는 확연하다. 농민들의 도시 이주가

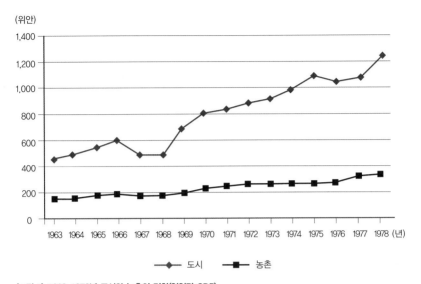

(위안)

1,400

1,200

1,000

800

600

400

200

0

1963 1964 1965 1966 1967 1968 1969 1970 1971 1972 1973 1974 1975 1976 1977 1978 (년)

◆ 도시   ■ 농촌

〈그림 1〉 1963~1978년 도시와 농촌의 격차(일인당 GDP)

* 출처: Chris Bramall, *Chinese Economic Development*, Routledge, 2008, p. 302.

제한되고 복지 수준이 떨어지는 데다 소득 격차까지 크게 벌어졌다는 것은, 중국의 사회주의적 축적 전략에서 농민들은 공업화를 위해 잉여를 수탈당한 내부 식민지에 다름없다는 말이기도 하다.

5. 도농이원구조의 유산

도농이원구조로 인해 농촌 지역에 묶여 있던 거대한 규모의 농촌 인구는, 개혁·개방 이후 도시 이주 제한이 완화되자 연해 지역의 경제특구에 유입되기 시작한 해외자본에게 매력적인 산업예비군이 되었다. 조반니 아리기는 개혁·개방 시기에 중국의 경제 기적을 가능하게 만든 두 가지 본질적 요소로 화교자본과 농촌 출신의 양질의 저비용 노동 대중을 꼽았다.[19] 중국이 개혁·개방 이후 사회주의적 축적 전략에서 자본주의적 축적 전략으로 경제발전의 방향타를 틀자, 이 거대한 농촌 인구는 바로 그 축적의 원천이 되었다. 하지만 그 과정 역시 서구의 자본주의적 시초축적의 동일한 반복은 아니었다.

도시 지역으로 이주하여 임노동자가 된 농민공들은 자본주의 시초축적 과정의 프롤레타리아처럼 생산수단인 토지를 잃어버린 것이 아니라 돌아갈 경작지가 있는 상태다. 물론 그 토지는 사회주의 시기를 거쳐오면서 형성된 중국 특유의 토지 제도에 따라 농민 개인의 소유는 아니지만, 그 토지를 사용할 경작권을 가지고 있는 것이다. 그렇기에 중국의 농민은 자유롭게 도시로 이주할 수도 있지만, 또한 자유롭게 자신의 고향인 농촌으로 돌아갈 수도 있다. 물론 도시로 이주한 농민공들은 여전히 유지되고 있는 호구 제도로 인해 도시호구를 가진 사람과는 달리 기초적인 사회보장을 누릴 수 없는 '이등시민'에 불과하지만, 그럼에도 다시 돌아갈 토지가 있다는 점에서 서구의 시초축적 과정에서 형성된 임노동계급과는 조금 다르다. 굳이 정의하자면 이들을 농민과 임노동계급 사이의 '반半프롤레타리아'라고 규정해볼 수도 있다.

중국의 일부 연구자들은 이런 중국의 도농이원구조 때문에 중국의 농민은 공업화의 혜택을 누릴 수 있을 뿐 아니라 공업화가 불러온 부작용도 피할 수 있었다고 주장한다. 허쉐펑賀雪峰은 그 대표적인 사례로 2008년 글로벌 금융위기 당시 중국의 상황을 들고 있다. 2008년 금융 위기 발생으로 해외 수요가 감소하면서 중국의 많은 수출 공장이 문을 닫고 대량의 실업자가 양산되었는데, 다른 나라였다면 바로 공업지대의 거대한 사회 소요를 불러올 수도 있는 사태였지만 중국에서는 농민공들이 전부 농촌으로 돌아갔기 때문에 별로 큰 일이 벌어지지 않았다는 것이다.[20] 한편, 원톄쥔溫鐵軍은 건국 이후 60

년간의 중국 정치경제를 분석하면서 중국에서는 특유의 도농이원구조로 인해 도시의 주기적 경제 위기 때마다 농촌이 완충 장치의 역할을 해온 점을 강조한다.[21]

하지만 여전히 농민의 정체성을 유지하고 있는 1세대 농민공과 달리, 다시 농촌으로 돌아갈 수도 없고 도시에서 버텨낼 수도 없는 신세대 농민공들은 길을 잃어버린 상태이다.[22] 어떤 방식으로든 도시에 정착해야 하는 이들에게는 기존 도시민과의 차별없는 대우가 필요한 상황이지만 중국의 신형도시화 정책은 비록 기존의 호구 제도를 완화하고 있다고는 해도 여전히 이들을 이등시민으로 차별적으로 대우한다.[23] 이들이 이런 불평등과 차별에 맞서 앞으로 어떤 방식으로 정치화할 것인지 살펴보는 것은 향후 중국의 미래를 전망하는 데 중요한 관건이 될 것이다.

中國都市

도시로 읽는 현대중국 **1**

3부 │ 도시와 농촌, 이동과 상상

'죽의 장막'과 '은둔의 왕국'을 넘어
―사회주의 시기 북중 국경 지역 조선족의 이주

김재은

1. 동북아 냉전 질서의 형성과 조선족

1945년 이후 동북아에서는 일제의 패망과 냉전의 도래, 그리고 한반도에 상호 적대적인 두 탈식민 국가의 등장이라는 거시정치적 변화와 함께 수많은 사람들의 국민적·민족적 소속 문제가 다시금 불확실해지는 대격변의 상황이 전개된다. 일본 열도와 만주 지방에 남게 된 식민지 조선 출신의 이주민들은 극적 재편이 이루어지던 냉전 시기 동북아 지역 질서의 소용돌이 속에 완전히 상반된 방식으로 빨려 들어갔다.

일본의 경우 전후戰後 국민국가 건설 과정에서 구식민지 출신인 조선인들을 배제했기 때문에, 이들의 국가적 소속과 충성을 둘러싸고 남북한이 장기간에 걸쳐 격렬하게 경쟁하는 공간이 창출되었다. 반면 중국공산당은 조선인들을 중국의 다민족국가 건설에 적극적으로 통합해내고자 그들에게 시민권을 부여하고 토지 배분의 대상에 포함시켰다. 또한 중국의 공식적인 소수민족, 즉 '중국 조선족'이라는 지위를 부여함으로써 여러 제도적 혜택을 누릴 수 있도록 했다. 동북아 냉전 질서의 형성 과정에서 만주의 조선인들이 중화인민공화국으로 통합됨에 따라 '중국 조선족'과 한반도에 새로이 수립된 두 국가 사이의 관계는 아주 다른 길을 걷게 된다. 남한의 경우 중국의 조선족을 국가의 공식적인 기억과 제도, 행정의 대상에서 완전히 지워버렸던 반면,[1] 북한의 경우는 냉전 시기 동안 조선족과의 관계에서 다양한 발전의 양상을 나타냈다.

1980년대 이전 조선족 역사에 대한 기존 연구는 중국의 소수민족 정책에 집중하면서 중국 정부와 소수민족으로서의 조선족 양자 간의 관계를 파고드는 경향이 있었다. 그러나 필자는 이들 연구의 근저에 깔린 '방법론적 국가주의/민족주의(methodological nationalism)'를 비판하는 시각을 가지고, 거주국으로서의 중국, 소수민족으로서의 조선족, 그리고 중국의 사회주의 동맹국이자 조선족의 모국 역할을 했던 북한 사이의 삼자 관계에서 역동적으로 펼쳐진 '국경을 가로지르는 소속의 정치(transborder membership politics)'[2]에 초점을 맞추고자 한다. 따라서 이 글은 1940년대 중반부터 1960년대 중반까지 중국과 북한 사이의 공식적·비공식적 인구 이동이 어떤 방식으로 규제되고 처리되었는가를 집중적으로 분석한다. 대표적으로 조선족들이 조선인민군으로 편제되는 등 다양한 방식으로 한국전쟁에 대거 참여하면서 벌어지게 된 인구 이동 현상, 1953년 휴전 이후 중국으로 돌아온 귀환 조선족 참전 용사들의 처리 문제를 둘러싸고 벌어진 논란과 협상들, 1950년대 말 북한의 요청에 따라 조선족 지원자들이 자발적으로 북한에 재정착하게 된 사례, 그리고 가장 덜 알려진 역사적 사건으로 1960년대 초반 대기근의 와중에 수만 명 이상의 조선족들이 북한으로 건너가 정착했다가 그중 상당수가 몇 년 내에 다시 중국으로 돌아오게 된 사례를 살펴볼 것이다. 이 글에서는 기존 연구들[3]에서 배제되었던 각종 문서 자료들, 특히 당시 발행되었던 잡지들 및 연변에서 출판된 각종 선집, 문학작품, 전기, 자서전 등과 함께, 1920년대 중반에서 1950년대 초반에 태어났으며 1960년대 초반 본인 혹은 가족이 북한으로 이주한 바 있는 25명의 조선족들과의 연변 현지 인터뷰 자료를 분석해 이 시기의 사회사를 보다 총체적으로 재구성한다.[4] 마지막으로 이 글은 사회주의 우방 국가인 중국과 북한, 그리고 조선족 사이에서 펼쳐졌던 역동적인 소속의 정치가 북한의 해외 조선인 정책 및 사회주의하에서의 인구 이동, 계층 이동에 대한 기존의 이해에 어떤 문제점들을 제기하는가를 논하며 끝마친다.

2. 두 조국[5]

1945~1953년에 걸친 기간은 중화인민공화국이 토지 분배, 국적과 소수민족의 지위 부여, 연변자치주의 제도화 등을 통해 조선족의 국가 내 통합을 공식화하는 시기이자, 동시에 조선족과 북한의 특수 관계가 양국 모두로부터 상당한 인정을 받게 되는 시기였다. 북한과 중국의 지리적 국경은 물론이고 중국에 거주하는 조선인민朝鮮人民(중국 공민을 지칭)과 조선교민朝鮮僑民(북한 공민을 지칭)의 경계는 유연했으며, 심지어 전자의 경우에도 조선족과 북한의 특수한 관계가 인정되었다. 물론 중국공산당은 자신들을 중국인이라기보다는 조선인으로 인식하고, 중국이 아닌 북한을 조국이라고 부르며, 마오 주석보다 김일성 장군에, 중국의 국가기념일보다 북한의 국가기념일에 더 흥분하는 조선인의 자생적 민족주의에 경계심을 품었다.[6] 하지만 조선인 사회를 한국전쟁에 동원하는 데 이러한 이중적 소속감을 적극 활용한 것도 사실이다. 동

북 지방에서 모집되어 중국 내전 때 인민해방군의 일원으로 활약했던 조선 의용군 5만 5천~6만 명가량을 한국전쟁이 일어나기 직전 비밀리에 북한으로 들여보낸 것은 가장 적나라한 예라 하겠다. 북한 당국은 이들에게 즉각 공민권을 부여했으며, 수년에 걸친 내전 경험을 가진 이들을 최전선에 배치했다. 제일 처음 38선을 넘어 남침한 군인의 47%가 이 조선족 군인들이었음은 시사적이다.[7] 조선인 사회는 전투 병력 외에도 의사, 간호사, 운전사, 광산 기술자 등으로 한국전쟁에 대거 참여하게 된다.

중국 내전에 이어 한국전쟁에까지 적극적으로 참여한 일은 조선인들을 만주국의 '일제의 주구'로부터 중화인민공화국의 '모범 소수민족'으로 탈바꿈시키는 데 가장 결정적인 계기를 제공했다. 중국의 유명한 시인 허징즈賀敬之가 연변에 헌정했다고 알려진 "산마다 진달래 촌마다 열사비"라는 말은 이를 잘 드러낸다. 조선족들의 적극적인 전쟁 참여는 중국과 북한의 국가 건설의 근간을 이루면서 두 국가를 혈맹으로 만든 '미 제국주의와의 전쟁'과 '반제국주의'라는 기억을 조선족들이 효과적으로 전취하는 것을 가능하게 했던 셈이다.

두 번째 국면, 즉 1953~1957년까지의 기간은 민족 정책의 입장에서 볼 때 중국의 '민족 분류의 정전(ethnotaxomonic orthodoxy)'[8]이 민족 식별 작업 및 각종 제도 정비 등을 통해 완성된 시기라고 할 수 있다. 동북의 조선인들 역시 '조선족朝鮮族'이라는 공식 명칭을 부여받으며 중화민족의 구성 요소 중 하나로서 '민족 분류의 정전' 속으로 통합되었다. 하지만 북중 국경을 넘나드는 인구 이동이 어떤 방식으로 처리되었는가에 초점을 맞춰 살펴본다면, 조선족의 거주국, 즉 중국으로 통합이 강화되었다는 사실이 곧바로 출신국, 즉 한반도로부터 분리되었다는 의미와 직결되지 않는다는 점을 알 수 있다.

여기서 중요한 사실은, 심각한 노동력 부족에 시달리던 북한이 중국의 조선족을 전후 복구와 국가 주도의 사회주의 경제성장에 필수적인 노동력의 잠재적 원천으로 여기면서 이들의 북한 정착을 유도하고자 했다는 점이다. 이는 한국전쟁 중 중국 인민지원군으로 북한에 들어갔다가 전후 복구를 위해 남아 있던 조선족들에게 중국으로 귀환하지 말고 북한에 남을 것을 설득하거나, 중국 동북 지방정부의 협조하에 북한 재정착을 희망하는 조선족 가구를 모집하고,[9] 무단으로 국경을 넘어온 조선족들을 다시 중국으로 추방하는 대신 이들에게 조선민주주의인민공화국의 공민권을 부여하거나 혹은 중국 공민권을 유지한 상태에서 합법적으로 북한에 거주할 수 있도록 해주는 등의 조치를 통해 나타난다. 영토 보존 문제에 민감한 중국공산당이 변경의 소수민족들에게 지속적·일관적으로 배타적 소유권을 주장해왔다고 여기는 학계의 '상식'과 달리, 중국공산당은 오히려 북한의 이러한 요구를 대체로 수용하는 태도를 취했다. 이는 중국과 소련의 갈등이 불거지는 상황에서 북한의 전략적 가치가 중요해졌기 때문이었다.

같은 시기에 반대 방향으로 움직인 흐름도 있었다. 대표적인 사례가 한국전쟁에 참여한 뒤 북한에 남아 전후 복구를 돕던 조선족 군인들의 중국 귀환이다. 정현수와 공저자들의 구술사 연구[10] 및 필자의 인터뷰에 따르면, 중국 인민지원군으로 한국전쟁에 참가한 경우뿐만 아니라 전쟁 초기에 아예 조선인민군에 편입되어 북한 공민권까지 획득한 조선인들조차도 본인이 희망한다면 중국으로 귀환할 수 있었다. 북한에서 결혼을 했을 경우에는 배우자와 아이의 동반 귀국도 가능했다. 물론 이는 노동력 상실을 염려하는 북한 당국과 복잡한 협상을 거쳐야 했지만 말이다.[11] 이 같은 인구 이동에 대한 중국과 북한 정부의 융통성 있는 정책은 양 정부가 조선족의 유사 이중국적 상태를 인정했으며 '(중국) 조선족'과 '조선(북한) 공민' 사이의 경계가 여전히 유연했음을 드러낸다.

이렇게 중국으로 돌아온 조선족 제대 군인들이 마주한 현실은 과연 어떠했는가? 한 예로 연변자치주에서 발행되었던 잡지 『연변청년』 1957년 8월호에 실린 글을 소개한다. 「어떻게 해결했으면 좋을까?」라는 제목의 글에서 글쓴이는 자신을 스무 살의 인민무장정찰대 대원이라고 밝힌다. 그는 1950년 조선전쟁이 발발했을 때 겨우 열세 살의 나이로 '항미원조抗美援朝 보가위국保家衛國'을 위해 중국 인민지원군에 참가했다가 1955년에 중국으로 돌아와 감옥의 간수로 일하고 있었다. 글쓴이는 자신이 현재 얼마나 비관적인 상황인지 토로한다. 자신의 소학교(초등학교에 해당) 동창생들은 고중(고등학교에 해당)을 졸업하고 대학에 진학하거나 심지어 소련으로 유학까지 갔는데, 자신은 감옥의 '간수질'이나 하고 있기 때문에, 어린 마음에 조국을 지킨다고 공부를 중단한 채 군대에 자원해서 목숨 걸고 싸운 일을 후회한다는 것이다.

『연변청년』의 이 기획은 한 명의 독자가 고민 상담을 하면 다른 독자들이 과연 "어떻게 해결했으면 좋을"지에 대한 생각을 편지를 통해 나누는 식으로 구성되었다. 편지들은 단 하나의 예외도 없이 이 스무 살 청년의 고민에 일단 공감을 표한 뒤, 곧바로 당과 인민에 대한 숭고한 헌신이 아니라 개인의 사사로운 속된 성공에서 보상을 찾으려 해서야 쓰겠느냐는 훈계조로 끝난다. 『연변청년』이 정부에서 발행하는 잡지였던 만큼, 원래 고민 상담을 투고한 글쓴이와 다른 독자들의 편지를 문자 그대로 받아들이는 것은 무리이다. 이 기사 자체가 사전 담합을 통해 작성되었을 가능성도 있다. 그러나 자료의 생산·유통·소비의 매락에 대한 이러한 고려가 자료 자체의 의미를 축소시키지는 못한다. 오히려 사회주의 이행기의 한가운데 있던 청년층이 느끼는 불안과 불만이 이런 계도적인 형식을 통해서라도 미리미리 통제되어야 할 체제 유지의 위험 요소로 인식되었을 만큼 광범위하게 퍼져 있었던 것으로 추측해볼 수 있다.

청년들을 대상으로 한 다른 많은 잡지의 기사나 동시대 소설들 역시 반복적으로 비슷한 내용을 다루고 있다는 점도 주목해야 한다. 예컨대 한국에도 잘 알려진 소설가 김학철의 단편소설 「번영」(1957)은 주인공 영국의 방황을 그린다. 영국의 오랜 꿈은 빳빳이 풀을 먹인 하얀 가운을 입고 의사로 일하는 것이었지만, 고중 입시에 실패함으로써 꿈은 산산조각이 나버렸다. 평생을 농민으로 살아야 한다는 사실을 받아들이기 힘들었던 영국은 친구들을 따라 일찍 조선으로 가버리지 않은 것을 후회하기도 한다.

이런 자료들은 이 글의 주요 분석 대상인 1950년대 후반부터 1960년대 초반까지 동북의 조선족 사회를 휩쓸었던 '조선 바람'을 이해하는 데 핵심적인 단서를 제공한다. 그럼 이제 필자의 인터뷰 대상이었던 길룡(가명)의 이야기를 입구 삼아 '조선 바람'의 한가운데로 들어가보자.

3. 길룡의 이야기

길룡은 중조부가 19세기 말에 만주로 이주한 집안의 장손으로, 1942년 지린성吉林省 둔화敦化에서 태어났다. 집안의 이주 역사가 4대에 걸칠 뿐 아니라 부친이 해방 전 중국공산당에 입당하면서 당 간부의 지위에 올랐기 때문에 온 집안이 해방 후에도 한반도로 귀국하지 않고 둔화에 남았다. 1948년 북한 정부 수립 당시 길룡의 부친은 중국 정부의 축하사절단 일원으로 평양에 파견되었고, 이때 김일성과 기념사진도 찍었다.

한편 길룡은 대학을 중퇴하고 난 뒤 1961년 운 좋게 자치주 수도인 옌지延吉에서 기술고중(한국의 공업고등학교와 유사)의 교사로 채용되었다. 이는 농민호구가 아니라 모두가 탐내는 도시호구를 가질 수 있음을 의미했다. 그러나 일을 시작한 지 몇 달 지나지 않아 정부의 명령으로 학교는 문을 닫고, 길룡은 직장을 잃게 된다. 당시 중국 경제가 사회주의로 이행하는 과정에서 겪었던 어려움 및 각종 정책적 실수 등에 따른 조치였다. 직장 재배치를 받아야 할 처지에 놓인 길룡은 고민이 많았다. 중국의 혼란스러운 상황에 더하여 그 자신의 앞날을 생각할 때 불안할 만한 이유가 있었다. '철없던' 고중 학생 시절에 농업 집산화와 관련하여 비판적인 발언을 했는데, 이것이 1958년 반우파 운동이 벌어질 때 문제가 되어 경고를 받은 적이 있었기 때문이다. 자신의 출셋길이 영영 막혀버린 것 아닌가 고민하던 길룡은 "조선에 가면 공부도 더 시켜주고 공인 직장도 잡아준다"는, 당시 동북 지방에 자자하던 소문을 접하게 된다. 결국 그는 비슷한 결심을 한 친구들과 함께 중국 측의 변경 경찰을 때려눕히고 중국의 투먼圖們과 북한의 남양을 잇는 다리를 떼로 건너는 모험

끝에 북한으로 향했다.

　남양에 위치한 수용소에 도착하니 300명쯤 되는 조선족들이 이미 수용소를 가득 채우고 있었다. 대부분 나이 어린 남학생, 미혼 청년들이었고, 심지어 짧은 기간이나마 길룡이 연길 기술고중에서 가르쳤던 학생도 마주쳤다. 북한 당국은 수용소 입소자들을 대상으로 기본적인 위생검사를 마친 뒤 선전영화를 보여주고 쌀밥과 북엇국을 대접해줬다. 일종의 입국심사 및 등록 등을 위해 북한 관리와 마주 앉았을 때 길룡은 본인의 학력과 가족사를 소개하면서 부친과 김일성이 함께 찍은 사진을 내놓았고, 그 덕에 남들처럼 국경 근처가 아닌 발전된 항구도시 원산에 고등학교 교사로 배치 받았다고 여기고 있다. 한국전쟁의 여파로 북한에 여초女超 현상이 심했던 데다, 길룡의 말에 따르면 당시 '선생'은 장교 다음으로 인기가 많은 직업이었다. '국제 류망流氓'이라는 별명을 얻을 만큼 연애에 능했던 자신은 한 아름다운 여대생과 사귀어 결혼을 약속하고 임신까지 시켰다고 한다. 그러나 중국에 있는 부모가 장남이 조선에 정착하는 것을 극구 반대하며 결혼을 만류하고, 급기야 북한에 정착한 삼촌을 통해 돌아오라는 연락을 취해 왔다. 사실 이때쯤에는 여러 이유로 북한에 들어왔던 많은 조선족들이 다시 중국으로 몰래 돌아가버린 상황이기도 했다.

　장남으로서 부모의 눈물 어린 호소를 매정하게 외면할 수 없었던 길룡은 결국 1965년 겨울 약혼자에게 부모를 만나서 설득하고 오겠노라 약속한 뒤 중국으로 돌아간다. 회령에서 꽁꽁 얼어붙은 두만강을 몰래 건넌 뒤에는 한족으로 위장하라고 어머니가 미리 보내준 중산복으로 갈아입고 『인민일보人民日報』를 보란 듯이 팔에 끼고 다녔다. 그 덕이었는지 몰라도 국경경비대의 주의를 끌지 않고 무사히 옌지로 돌아갈 수 있었다. 그러나 이후 중국의 정치 상황이 급변하고 본인과 가족의 신변에도 큰 변화가 생기면서 약혼자에게 했던 약속은 지킬 수 없게 된다. 부친의 인맥에 의존하여 도시호구를 회복하려던 참에 문화대혁명이 일어난 것이다. 당 간부였던 부친이 홍위병의 공격 대상이 된 것은 당연했다. 더구나 중국과 북한의 관계가 급격히 악화되어가는 상황에서, 북한 정부 수립 축하사절단으로 북한에 다녀왔던 경력, 그리고 아들인 길룡이 북한에서 몇 년 살다 돌아온 사실이 문제를 더욱 가중시켰다. 김일성과 찍은 사진은 범죄 증거가 되어버렸으며, 길룡의 가족 모두는 반혁명분자로 낙인찍혀 오랫동안 탄압을 받기에 이른다. 길룡의 어린 동생들은 아버지와 길룡을 공개비판했음에도 공산주의청년단 가입 신청이 거부되었다. 심지어 집에서 키우던 돼지도 '반혁명 돼지'라 하여, 마을의 다른 돼지들에게 다 보급되는 사료인 밀기울조차 먹일 수 없었다고 한다.

4. 조선 바람

길룡의 이야기는 반우파운동(1957~1958), 대약진(1958~1961), 대기근(1960~1962), 그리고 문화대혁명(1966~1976)으로 대표되는 당시 중국의 정치경제적 격변이 중국, 조선족, 그리고 북한의 삼자 관계를 어떻게 재배열시켰는가, 그리고 이 삼자 관계의 재배열이 동북 지방에서 조선족들의 사회주의 이행 경험에 어떤 영향을 끼쳤는가를 잘 드러낸다. 이제 본격적인 분석으로 들어가보자.

중국의 다른 변경 지방에서와 마찬가지로, 친척을 만나거나 병원에 가기 위해 허가 없이 국경을 건너거나 사소한 밀수에 관여하는 등의 행위는 오랫동안 북중 국경지대 일상 생활의 한 부분이었다.[13] 그럼에도 1950년대 말까지는 이러한 일상적인 월경 행위가 대규모의 장기적인 이주로 이어지는 경우는 드물었다. 그러나 상황은 1960년대로 접어들면서 급변한다. 당시 평양 주재 헝가리 대사의 보고에 따르면, 1957년 9월까지 당국의 허가 없이 북으로 들어온 조선족은 269명에 지나지 않았다. 그런데 1960년 1월부터 1961년 9월 사이에 거의 3만 명이 넘는 숫자가 이 미허가 이주 대열에 동참한다.[14] 최근 기밀 해제된 중국 외교부의 문서는 1961년 1월부터 1962년 5월까지 5만 5천여 명이 허가 없이 북한으로 건너갔다고 보고하고 있으며,[15] 조선족 학자 류연산은 다른 자료에 의거하여 1960년대 초반 북한으로 간 조선족 누적 총수를 15만 명 이상까지 보고 있기도 하다. 사실 북한에서 관련 자료를 공개하지 않는 이상 그 규모가 어느 정도였는지 정확히 가늠하기란 쉽지 않다. 그러나 공개된 문서와 구술 자료에만 의거해도 이것이 규모와 의미 모두에서 중요한 역사사회학적 해석이 요구되는 현상이었다는 데는 의심의 여지가 없다.

60대 이상 조선족들이 지금도 '조선 바람'이라고 기억하는 이 현상에 대해 조선족 학자들에게 문의하면 가장 흔히 들을 수 있는 대답이 "배고파서 간 거지"이다. 대기근 때문에 일시적으로 나타난 현상이었다는 말이다. 소수민족의 월경 및 국경 바깥에 위치한 또 다른 '모국'과의 관계에 대해 지나친 정치적 해석[16]을 경계할 만한 이유는 충분하다. 하지만 '모범적 소수민족'으로서 조선족에 대한 목적주의적·승리주의적 역사 서술—1949년 중국 공민권의 획득을 중국공산당의 지휘하에 수행했던 조선 농민의 영웅적인 반제·반봉건 투쟁의 피날레이자, 조선'족'의 역사가 더 이상 한반도로 부적절하게 유출되지 않고 중화민족의 민족사 속에 완전히 통합되기 시작하는 출발점으로 재현하는[17]—에 봉사하기 위해 이 현상의 의미를 축소하는 것 역시 적절한 대안은 아니다.

이 글은 중국의 농업 정책, 교육 정책, 그리고 소수민족 정책이 변화하는 정세 속에서 계층적 상향 이동이 매우 어려워진 청년층의 불안과 좌절감이 팽배했던 1950년대 말의 광범위한 맥락 속에 '조선 바람'을 위치시켜야 한다고 주장한다. 건국 초기에는 토지 분배, 대중교육 확대, 진보적 소수민족 정책 등이 조선족들 사이에서 공산당의 정당성을 상당히 진작시켰던 것이 사실이다. 그러나 1950년대 후반 무렵에 이르러서는 이 세 가지 중 온전히 남아 있는 것이 별로 없었다. 토지 분배 이후 초급 합작사, 고급 합작사, 인민공사로 이어지는 농업 집산화가 농민의 삶에 야기한 어려움과 이들의 저항은[18] 상대적으로 잘 알려져 있으므로, 이 글에서는 당시 교육 정책과 소수민족 정책의 변화에 초점을 맞추고자 한다.

1950년대 중후반 계획했던 사회주의 산업화에서 여러 어려움에 부딪친 중국공산당은 호구 제도를 강화하고 교육 정책 또한 축소로 방향을 튼다. 즉 호구 제도를 통해 농민들의 도시 유입을 강력히 통제하는 한편, 농민 출신에게는 교육을 통한 후천적 계승 상승, 다시 말해 고등교육을 마치고 도시 부문에서 직장을 잡아 도시호구를 획득할 수 있는 통로를 확 좁혀버린 것이다. 이는 새로운 학교의 건설을 중단하고 기존에 존재하는 학교를 폐쇄하거나 신입생 모집을 중지하는 등의 조치로 나타났다.[19] 그 결과 1958년 공식 통계에 따르면 전국적으로 소학교의 등록률은 67%에 달했으나 대학 입학률은 1.6%에 머물렀다.[20] 이러한 병목 현상은 1957년 이미 소학교 등록률이 90%를 넘어섰으나 한어漢語 구사 능력의 한계로 대학 입시에서 어려움을 겪었던 조선족들 사이에서 더욱 심하게 느껴졌던 것으로 보인다.[21]

중국공산당의 이런 정책에 대한 반응은 어떠했을까? 이 무렵 출간된 각종 신문이나 잡지, 당 기관지 등을 살펴보면,[22] 최근의 교육 정책에 대한 청년들의 불만을 거론하면서 '엘리트 교육을 추종하고 생산노동을 업신여기는 경향'을 비판하고, 자신의 재능을 '신사회주의 농촌 건설'에 헌신해야 한다고 강력히 권고하는 글이 다수 게재되어 있다. 고등교육을 받고 도시 부문에 취직하고 싶은 열망을 개인주의·엘리트주의의 산물이라 비판하면서, 우수한 학문적 성취는 '백색 전공(白專)', 즉 부르주아 전공에 지나지 않는다고 깎아내렸다. 그 외에도 불만이 가득했던 초중(한국의 중학교 과정에 해당) 졸업자들에게 강화된 이념 교육, 우수한 농업기술 전수, 적절한 지도자 역할(이를테면 인민공사 회계, 생산대장, 공청단 지부장)을 부여함으로써 인민공사의 모범노동자로 변화시킨 특정 당지부의 사례를 공유하는 기사도 심심치 않게 눈에 띈다. 고향에 자리 잡은 청년들이 어떻게 초반의 실망감을 극복하고 이념과 전문성을 겸비한(又紅又專) 사회주의 노동자로 다시 태어나 공청단에 입단하고, 나아가 공산당 입당의 영광까지 누리게 되었는가를 설명하는 수기·소설·희곡·시도 흔히 찾아볼 수 있다. 그러나 역설적으로 거의 10년에 걸쳐 당이 이렇게 집중적으로 선전 활동에 힘썼어야 했다는 사실 자체가 청년층, 특히 농촌 청년층에 팽배했던 좌절감과 박탈감을 달래고 기회주의적이거나 냉소적인 반응이 아닌 자발적인 순종을 확보해내는 일이 얼마나 어려웠는가를 드러낸다. 어떤 프로파간다라도—저자의 인터뷰 대상 중 한 명의 표현을 빌자면—"소 궁둥이나 두드리고 살 팔자"를 맘 편히 받아들일 수 있게 도와주지 못했다.

이러한 좌절감은 자신의 미래가 옴쭉달싹할 수도 없이 촌에 갇혀버렸다고 느꼈던 농촌 청년들에게만 국한되지 않았다. 1957년 겨울에 시작된 반우파 운동은 다른 소수민족 지역에서와 마찬가지로 조선족의 이른바 '지방 민족주의'를 주공격 대상으로 삼았다. 조선족의 조선 문화, 특히 조선어에 대한 애착과 '중화민족 대가정의 큰 형님' 격인 우월한 한족을 따라 배우길 거부하는 '거만함', 그리고 북한에 대해 여전히 갖고 있는 소속감—예컨대 북한을 '조국'이라고 부르거나 한족만 '중국인'이라고 지칭하는 언어 습관 등—이 날카로운 비판의 대상이 되었다. 이러한 동화주의적 정치운동의 가장 손쉬운 표적은 조선족 인텔리겐차와 문화적 엘리트들이었다. 모든 교수, 학생, 교직원의 한어 능력을 제고하겠다는 명분으로 연변대학에서 벌어진 '한어 대약진' 캠페인이 대표적인 예다.[23] 상대적으로 이런 압력으로부터 자유로웠던 이공계 분야의 조선족 엘리트들도 중국에 대한 배타적 충성심이 의심되는 소수민족 출신이라는 이유로 이른바 기밀 전공(핵과학, 지리학, 비행술 등)을 선택하거나 정부·군사의 핵심 분야에 진출(국가 소속 과학자, 전투비행사, 외교관 등)하는 것이 금지되었다는 점에서 불만이 생겨날 수밖에 없었다.

그런 가운데 1960년 동북 지방을 휩쓸기 시작한 대기근은 그 무렵 변화하는 농업 정책, 교육 정책, 소수민족 정책의 영향으로 불안과 좌절감을 경험하던 조선족들이 당국의 허가도 없이 북으로 몰려가게 하는 계기를 제공했다. 대기근 당시 전국에서 무단 인구 이동이 전반적으로 급격히 늘어났다는 점을 고려한다면,[24] 조선족들이 중국의 다른 도시가 아니라 지리적으로나 종족·언어·문화적으로 훨씬 가깝고 친척을 비롯한 다른 사회 연결망이 존재했던 북한으로 향했다는 사실 자체는 그다지 놀라운 일은 아니다. 이런 현상은 조선족에게 국한되었던 것이 아니라 중국 변경 지방의 다른 소수민족에게서도 광범위하게 관찰되었기 때문이다. 옌안延安에서 베트남·라오스·버마로의 이동, 신장新疆에서 카자흐스탄으로의 이동, 내몽골에서 몽골인민공화국으로의 이동, 그리고 중국 남부에서 홍콩으로의 이동 등이 대표적 사례라고 할 수 있다.[25]

다만 조선족의 사례에는 한 가지 특이점이 있었다. 중국에서 빠져나온 사람들을 선택적·한시적으로만 받아들이고자 했던 다른 주변 국가들과 달리, 북한은 중국에서 넘어오는 조선족 전부를 귀국자로 받아들이는 정책을 취했던 것이다. 같은 시기에 북한이 재일조선인들, 사할린의 조선인들, 그리고 한국전쟁 당시 동유럽으로 보내졌던 고아들의 귀국까지 추진했다는 점을 고려할 필요가 있다.[26] 필자는 당시 북한 당국이 중공업 중심의 발전 전략과 군수산업 건설을 강력히 추진하면서 학교와 공장 수를 급격히 늘렸던 반면,[27] 전후 복구를 위해 남아 있던 중국 인민지원군 및 소련과 동독 등에서 파견되었던 과학자·기술자들은 대규모로 북한을 떠나는 상황에서[28] 이들을 대체할 노동력이 시급했다는 점에 주목한다. 이로 인한 북한의 '동포 귀국 지원' 정책이, 그즈음 중국의 새로운 사회주의 계층 질서가 고착화되는 가운데 상향 이동의 길이 막혔다고 느끼던 조선족 청년들에게 '출구전략(exit strategy)'을 제공했던 셈이다. 요컨대 1960년대로 들어가는 길목에 동북 지역의 조선족 사회를 휩쓸었던 '조선 바람'은 단지 불가항력의 자연재해로 인해 벌어진 조선족 역사의 일탈적 에피소드가 아니라, 이전 시기 자유로운 월경과 유사 이중국적에 대한 집합기억을 지닌 조선족들이 중국의 사회주의 이행을 헤쳐 나가는 과정에서 벌어진 일이라고 하겠다.

또 다른 '사회주의 조국'에서 조선족 '귀국자'들이 겪었던 일을 추적하기 전에, 먼저 중국 당국이 조선족들의 대규모 무단 월경과 북한 정착에 보인 수용적·타협적 태도를 잠시 검토해보자. 사실 당시 중국 당국의 대응은 이해하기 좀 어려운 측면이 있다. 현 시기 중국의 국경 관리 및 소수민족 통제 정책에 대한 학계의 상식에 비춰 봐도 그렇고, 바로 몇 년 전 중국에서 조선족들의 '지방 민족주의'와 '비뚤어진 조국관'을 다잡겠다고 격렬한 정치운동이 벌어졌던 일을 떠올려도 그렇다.

이상숙·송문지의 연구와 선즈화(Shen Zhihua)·샤야펑(Xia Yafeng)의 연구는 최근 기밀 해제된 외교부 문서에 기반하여, 그 무렵 중소분쟁을 겪으면서 북한의 전략적 가치에 더욱 관심을 기울이게 된 공산당 중앙이 북한과의 관계를 거스르지 않는 것을 최우선사항으로 두고 이 문제를 대했다는 점에 주목한다. 1961년 7월에 열린 북중 정상회담에서 저우언라이周恩來가 김일성과 대화하던 중 조선족의 무단 월경 및 북한 정착을 언급하며 북한의 노동력 제고에 도움이 될 만한 건강하고 젊은 조선족 노동자들을 보내겠다고 약속한 것이 대표적이다. 그러나 변경 관리의 현실을 중앙의 의도적인 정책 결정의 산물로만 보는 것이 과연 타당할까?

필자는 이러한 관대한 정책이 정치적 반대자를 혹독히 탄압할 역량은 지녔지만 중앙이 공표한 정책을 주변부까지 관철시키는 데는 놀랍게도 무능하여 사회의 모든 영역에서 수완껏 사익을 추구하는 행위를 용인 혹은 권장하는 결과를 낳았던 마오 시기 당-국가의 모순적 성격[29]을 드러낸 측면도 있었으리라 추측한다. 특히 대기근은 권위주의적 당-국가의 '분절적(fragmented)' 성격을 더욱 두드러지게 드러냈을 뿐 아니라, 공산당 1당 지배를 지탱해주던 도덕 경제가 심각하게 약화된 시기가 아닌가? 정부의 공식 문서에만 의존하는 데서 벗어나 철저한 역사민족지적 연구가 이루어질 때라야만, 중앙의 의도적 정책 결정과 지방정부의 무계획적이고 즉흥적인 반응 간의 복잡한 상호작용이 조선족의 대규모 월경에 대한 정부 당국의 다양하고 때로는 모순적인 대응을 어떻게 만들어냈는지를 총체적으로 규명할 수 있을 것이다.

5. '귀국'으로부터 귀국

이제 북한으로 넘어갔던 조선족들이 다시 중국으로 귀환하게 된 원인과 그 과정, 그리고 그 이후의 삶을 살펴보자. 언어 문제, 체제 적응 문제, 사회적 연결망의 존재 여부 등을 고려했을 때, 조선족이 북한으로 통합되는 과정은 같은 시기 귀국 운동을 통해 북으로 건너간 재일조선인들에 비해 대체로 훨씬 수월했다. 그럼에도 길룡의 이야기를 통해 알 수 있듯이, 이들 중 많은 수가 몇 년 사이에 중국으로 다시 돌아가는 길을 택했다.[30] 중국의 식량 사정이 개선되고 대부분의 가족이 중국에 남아 있었다는 요인이 컸지만, 무엇보다 북한에서의 삶이 생각과 많이 다른 데 따른 실망감이 주효했다. 우선 소문과 달리 고등교육을 받을 기회가 쉽게 주어지지 않았던 듯하다. 귀국자들은 대부분 집단농장, 광산, 공장 등에 배치되었는데, 인터뷰 대상자들의 기억에 따르면 "중국의 대약진 운동 때의 노동 강도는 저리 가라" 할 정도로 일이 힘들었다고 한다. 이는 저명한 영국 경제학자 조앤 로빈슨(Joan Robinson)이 'Korean Miracle'이라고 지칭할 정도였던[31] 1950년대 중반~1960년대 중반 북한의 고속 성장은, 실상 비현실적인 생산 목표의 달성을 신사회주의 노동자의 성스러운 의무로 만들어버린 총동원 체제하에서 가능했다는 학계의 연구 결과와 일치한다.[32] 직장을 그만두거나 옮기는 일마저 법을 통해 처벌 가능한 행위가 되는 상황에서,[33] 기계를 돌리는 일이 꿈꾸던 것과는 전혀 달리 농업 노동보다 그다지 나을 것도 부러울 것도 없는 고충이었음이 판명 나는 것은 시간문제였다.

필자의 인터뷰에 따르면 일상 문화라는 측면에서 북한이 중국보다 훨씬 위계적이고 억압적인 사회였다는 진술도 일관된다. 개인위생 및 공중위생,

복장, 언어 습관, 연애 풍습 등에 이르기까지 북한에서 일상 생활에 대한 감시와 통제는 날로 강화되었던 것 같다.[34] 흥미롭게도 조선족 귀국자들의 생생한 공통 기억 중 하나는, 북한 당국과 공민이 개인위생이나 공중위생에 지나치다 싶을 정도로 신경을 썼다는 사실이다. 국경 수용소에 입소하자마자 단체로 예방 백신을 맞고, 들끓는 이를 소독해야 한다며 입고 온 옷을 모두 벗어 커다란 솥에 팔팔 끓여야 한다기에 당황했던 기억, 국경일을 맞아 인민문화궁 앞길을 젖은 걸레로 닦는 평양 시민들을 보며 혀를 내둘렀던 기억, '목욕증'을 제시하지 않았다는 이유로 기차 승차를 거부당했던 기억 등이 그 예이다. 이를 모국의 '발전'을 드러내는 선명한 증거로 여기며 감탄했던 이들도 물론 있었다. 그러나 일상 생활에 대한 감시와 규율에 숨 막혔다고 토로한 이들도 많았는데, 규율 위반에 종종 벌금이나 징계가 뒤따랐다는 사실을 고려할 때 이해할 만하다. 이때는 마침 1958년 연안파 숙청, 1961년 1인 독재 체제의 강화 등을 계기로 김일성에 대한 개인숭배가 전면에 등장한 시기이기도 했다. 또 다른 "사회주의 조국의 품에 안긴" 조선족들에게 북한 사회는 여러 측면에서 중국과 크게 다르지 않았다. 아니, 오히려 인구에 대한 전면적인 개입을 꾀하는 근대화 국가의 열의와 능력 측면에서 보자면 한층 억압적이고 전체주의적으로 경험되었던 듯하다.

북한에서 현지 조사를 할 수 없었던 상황이라 확언할 수는 없지만, 몇 가지 기록과 구술 자료는 이 환멸감이 상호적이었을 것이라 추측하게 한다. 예를 들어 한 조선족 남성은 북한에 '귀국'한 뒤 김책공업고등학교에 배치되는 행운을 맞았는데도 "결석을 밥 먹듯"하면서 중국·일본·사할린에서 귀국한 다른 학생들이나 루마니아·불가리아에서 돌아온 전쟁고아들과 함께 러시아 술을 마시며 여름 한철을 신나게 보냈다고 회고한다. 그 후 자신이 원하는 대로 직장 배치를 받지 못하자 국경 근처 남양의 수용소로 몰래 돌아가 마치 어젯밤에 두만강을 막 건너온 귀국자인 양 재배치를 받아보려 했는데, 여의치 않자 그냥 몰래 두만강을 거꾸로 건너서 중국의 집으로 돌아와버렸다. 그에게 북한에서 보낸 여름은 청소년기의 가출 같은 것이었던 셈이다. 귀국자 중 상당수가 10대 후반, 20대의 미혼 남성이었다는 사실을 고려할 때, 1963년쯤에는 동네에서 문제를 일으키거나 임신한 여자를 남겨둔 채 밤사이 그냥 사라져버린 조선족 귀국 동포의 이야기가 지역사회의 소문이나 당 간부의 훈계거리가 되곤 했다는 몇몇 인터뷰 대상자들의 진술에도 어느 정도 근거가 있다고 여겨진다. 평양 주재 중국 대사의 1961년 12월 보고에 따르면, 밀수, 투기, 폭리 추구 등에 관여하거나 전염병을 퍼뜨리고 다니는 조선족 귀국자들이 이때 이미 북한 당국의 우려를 자아내고 있었다.[35]

언급된 몇 가지 예들에서 드러나듯이, 일단 '귀국자'들이 중국으로 돌아가기로 결심한 경우 약간의 자원과 수완이 있고 운수가 너무 나쁘지만 않다면 국경을 다시 건너는 것 자체는 불가능한 일이 아니었던 듯하다. 물론 북한에 남은 사람들을 인터뷰할 수 없었기 때문에, 중국으로의 귀국을 곤란하게 만들었던 요인들을 총체적으로 평가하는 것은 무리일 수 있다. 그럼에도 이들의 운명에 중요한 문제는 "북한을 떠나는 것이 과연 가능한가"였다기보다는 "중국으로 돌아갔을 때 과연 어떤 취급을 당할 것인가"였다는 것이 필자의 추론이다.

역사학자 린 비올라(Lynn Viola)는 스탈린 시대의 대중저항을 분석하면서, 행위의 내재적 성격이나 행위자의 불투명한 동기가 아니라 당국이 그 행위에 사후적으로 부여하는 의미에 따라 똑같은 행위가 '반혁명적 저항'으로 낙인 찍혀 혹독한 처벌의 근거가 되기도 하고, 경미한 범죄, 충동적 반항심에서 불거진 실수, 혹은 몽매한 농민이 자기방어를 위해 저지른 행위 정도로 일축되어버리기도 함을 보여준다. 비올라의 이 통찰은 중국 당국이 조선족들의 대규모 무단 월경과 귀환에 내보였던 다양한 대응을 분석하는 데도 유용하다. 현지 조사에 따르면 북한으로 가게 된 이유, 귀국자의 사회적 지위, 귀국 시기, 국경경비대나 지방 관료와의 협상력, 그들이 발휘한 재량 등에 따라 귀환자들의 처리가 달라졌던 것으로 보이기 때문이다. 설사 북한에서 공민권을 획득했다 하더라도 이들의 중국 국적이 아예 박탈되는 일은 드물었고,[36] 특히 국경경비대에 들키지 않고 월경에 성공하여 조선족 농촌으로 돌아간 경우에는 심각한 범죄라기보다는 미숙한 청소년의 방황과 비행 정도로 취급받는 일도 흔했다. 길룡의 사례처럼 희소가치가 높은 도시호구를 가지고 있었던 경우에 이를 회복하기란 훨씬 어려웠던 것이 사실이지만, 역시 개인의 재량에 따라 아주 불가능한 일도 아니었다.

무단 월경 이후 다시 중국으로 귀환한 자들에 대한 중국 당국의 유연하고 상대적으로 관대한 대응 또한 대기근 시기 중국의 당-국가가 겪고 있던 정당성의 위기 및 기존 도덕 경제의 약화라는 측면에서 이해할 필요가 있다. 이 시기 무단 이동에 관여한 모든 이들을 처벌하는 것은 실용적이지도 바람직하지도 않았던 것이다. 당 기관지 『지부생활』 1964년 1-2호에 실린 「당의 기본 지식 문답」이라는 글 일부는, 중앙정부가 무단 이동에 관여한 자의 공산당원 자격에 대해서마저 유연한 태도를 보였음을 드러낸다. "사사로이 외출한 당원이 여러 해 동안 돌아오지 않고 당비를 바치지 않으면 그의 조직 관계를 어떻게 처리해야 하는가? 그가 당원이라는 것을 그냥 승인해야 하는가?"라는 질문에 다음과 같은 답이 따른다.

(…) 당장의 규정에 근거하면 당원이 정당한 리유 없이 6개월간 당 생활에 참가하지 않는다면 자동적으로 탈당한 것으로 인정한다. (…) 그러나 우리가 료해了解한 데 의하면 당원들이 외출한(무단 이동을 지칭—인용자) 데는 여러 가지 원인이 있다. 어떤 당원은 사상 각오가 높지 못하여 도시(城市) 생활을 부러워서 그리하였고, 어떤 당원은 5풍(당시 벌어졌던 여러 차례의 정치운동을 줄여서 일컫는 말—인용자) 혹은 천재의 위해를 받아(대기근을 완곡하게 지칭하는 표현—인용자) 생활상에 엄중한 곤난을 입었기 때문이며, 어떤 당원은 나쁜 기풍을 항거하다가 타격 및 박해를 받았기 때문이며, 어떤 당원은 나쁜 분자들의 타격과 보복을 받고 출로가 없다고 느꼈기 때문이며(반우파운동 등 이전의 정치운동을 돌려 말함—인용자), 또 어떤 당원은 엄중한 착오를 범하였기에 처분을 두려워 도주한 것 등등이다. 그리고 이런 당원들이 외출한 후의 사상 행동도 각기 다르다. 그러므로 이런 문제들에 대하여 응당 구체적으로 분석하여야 하지, 간단하게 죄다 처분 줄 수는 없다.

중앙정부의 이런 지침이 동북 지방의 개개 인민공사나 단위에서 벌어지는 상황까지 얼마나 효과적으로 규율할 수 있었는지, 그리고 이런 유연한 태도가 무단으로 국가의 경계를 넘어간 경우에도 적용되었는지는 확실치 않다. 다만 이 문제의 처리에서 중앙정부가 엄격한 통일 지침을 내려 적용하기보다는 지방정부에 상당한 재량권을 허락했던 것은 분명한 듯하다.

그러나 문화대혁명이 일어나고 북중 관계가 악화되면서 상황은 완전히 돌변한다. 문화대혁명이 소수민족에 대한 폭력적인 동화주의적 공격을 수반했다는 사실은 잘 알려져 있다.[37] 그러나 몽골족이나 조선족의 경우에는 이러한 전반적인 동화주의적 압력보다는 중소 관계나 북중 관계의 악화로부터 훨씬 큰 영향을 받았다. 이 시기 중소 갈등은 변경에서 무력 충돌이 벌어질 만큼 심각했다. 한편 1965년 '주체'를 민족의 핵심 지도 원칙으로 선포한 북한은 흐루시초프의 '수정주의'뿐만 아니라 마오쩌둥의 '좌파 모험주의'까지 비판하기 시작했다. 이런 상황에서 몽골족과—소련의 영향하에 있던—몽골인민공화국의 관계, 그리고 조선족과 북한의 관계가 두 소수민족의 최대 정치적 약점이 되어버린 것이다. 즉 몽골족과 조선족은 '열등하지만 무해한 소수민족'으로서 모멸적 취급을 당했다기보다는, 적과 내통하는 제5열(fifth column)의 혐의 속에서 폭력적 탄압에 노출되었다고 하겠다.

이전의 정치운동에서 그러했듯 지정학적 긴장의 고조로 인한 정치적 탄압의 주요 희생자는 당 간부와 지식인들이었다. 20년간 연변자치주의 주장을 맡아왔던 주덕해朱德海를 비롯한 수많은 사람들이, 분리주의 사상을 품고 체제 전복 행위를 사주하거나 북한을 위해 간첩 행위를 수행했다는 명목으로 투옥·고문·살해당했다.[38] 1968년에는 사법경찰 분야에 종사하는 조선족 당 간부의 70%에 해당하는 175명이 북한의 스파이라는 누명을 쓰고 체포·고문·살해당했으며, 연변대학에서는 전체 36명 중 25명의 조선족 교수가 해고 및 육체적 폭력을 포함한 각종 괴롭힘을 겪어야만 했다.[39] 극좌 그룹은 연변대학이 비밀리에 평양 김일성대학의 지부로 암약해왔다고 주장하면서, 그 근거로 1964년까지 배출된 3,200여 명의 졸업생 중 1,640명이 중국을 배반하고 북한으로 건너갔다는 확인되지 않는 주장을 내세웠다.[40]

이런 상황에서 허가 없이 북으로 가는 행위가 '충성'과 '안보'라는 프레임으로 해석되기에 이른 것은 놀랄 일이 아니다. 조선족 소설가 리혜선은 『빨간 그림자』라는 소설에서 한족 이웃사람들이 조선족 등장인물에게 다음과 같이 소리치는 장면을 통해 그 시대의 공기를 잘 잡아냈다. "당신들이 나라를 배반하고 고향으로 도망치려고 한다던데 정말이오?", "당신네 정말 량심이 없소. 중국이 없으면 당신네 어디서 살겠소? 남조선은 자본주의 나라지, 조선도 소문에 수정주의라던데. 당신네 어떻게 이 사회주의 나라를 배반한단 말이오? 키워준 개 발뒤축 문다더니!" 길룡 아버지의 인생 역전에서 드러나듯이, 이전에는 영광으로 여겨졌던 조선인민군 경력, 북한 고위급 인사와의 인맥 등은 오히려 의심스러운 행적이 되었고, 심지어 투옥까지 각오해야 할 사실이 되어버렸다. 남한은 두말할 필요도 없고 북한에 있는 친척과 편지를 주고받는 일도 간첩 행위로 의심받을 수 있었다. 이전에 북한에서 돌아와 별 탈 없이 살고 있다가 그 일이 뒤늦게 들춰져 사후 처벌을 받는 경우도 많았다.

북한이 조선족에게 출구 전략으로 존재하던 시기는 이렇게 짧게 끝났다. 잘 알려져 있다시피 문화대혁명은 소수민족 문화에 대한 격렬한 공격, 교육 제도의 근간 파괴, 도시호구를 가진 학생들까지 포함하는 급진적인 하방下放·하향下鄕 프로그램의 실시 등을 수반했다. 그러나 조선족들의 대규모 탈출은 더 이상 목격되지 않는다.[41] 북중 국경의 경비는 전례 없이 강화되었고, 이제 무단 월경을 시도하다가 체포되면 끔찍한 조건에서 10~15년에 걸친 강제 노동을 감수해야만 했다.[42] 우편 교환을 포함하여 일상적인 거래와 소통 행위도 금지되어버린 국경지대에는 상대의 교조주의와 수정주의를 비판하는 선전 문구만 횡행했다. 이런 상황이기에 북한으로 월경한다는 것은 가장 절박한 자만이 찾는 마지막 수단이자 다시는 되돌릴 수 없는 일방통행의 여정으로 여겨지게 되었다.

주목할 점은 중국에서 조선족과 북한의 관계가 범죄화되고 있던 1960년대 중후반 북한에서도 비슷한 변화가 진행되었다는 사실이다. 1964년부터 시작된 전 국민 분류 작업에서 예전에는 남한에 대한 북한의 우월을 증명하는 예로 치켜세워졌던 월북자 및—일본·중국·소련으로부터 돌아온—귀국자들이 '동요 계층'으로 분류되고, 이후 지속적인 경계와 숙청의 대상이 되었다.[43] 지배 엘리트가 자신의 전제적 권위의 기반에 대해 가지고 있는 피해망상적 불안감이 커질수록, 북한 외의 다른 국가와 어떤 종류의 유대라도 가지고 있는 자들의 충성심은 의문에 부쳐졌던 것이다.

북한 정권의 전제적 성격 강화와 지정학적 긴장 관계의 변화라는 거시적 요소 외에도 조선족 귀국자들의 대규모 '변절'로 인한 실망감이 이런 급격한 정책 변화에 끼친 영향 또한 생각해볼 만하다. 북한과 중국의 외교 관계가 회복되고 국경이 다시 개방된 1970년대 중반쯤에는 누구도 조선족을 북한의 잠재적 구성원으로 여기지 않았다. 국경이 열린 뒤에도 몇몇 유명한 망명자들 외에 북한에 남은 조선족들 중 누구도 중국 공민권을 쉽게 회복할 수 없었다. 이렇게 하여 20여 년간 양국 모두가 인정하던 조선족의 유사 이중국적 지위는 1960년대 중후반에 이르러 완전히 소멸하게 된다.

6. '죽의 장막'과 '은둔의 왕국'을 넘어

지금까지 이 글은 중국의 소수민족 정책을 중심으로 중국과 조선족 양자 관계를 분석하는 데 머물지 않고 북중 국경에서 벌어진 인구 이동 현상에 초점을 맞춰 중국, 조선족, 북한의 삼자 관계를 분석했다. 이를 통해 조선족이 중화인민공화국으로 선형적·점진적으로 통합되었음을 강조하는 지배적 역사 서술의 타당성을 문제시했다. 좀 더 구체적으로 이 글이 드러내는 것은

1940년대 중반에서 1960년대 중반까지 북한이 조선족을 반제 사회주의 국가 건설에 적극적으로 통합해내고자 했다는 점이다. 이를 북한의 재일조선인 정책과 비교해 보면 몇 가지 흥미로운 점이 발견된다. 필자는 저서 *Contested Embrace*의 두 번째 장에서 북한의 대對재일조선인 전략의 핵심을 '피난처(safe haven)' 정책이라고 설명했다. 재일조선인에게 조선민주주의인민공화국을 적대적인 일본 사회뿐만 아니라 약탈국가(predatory state)의 성격을 보였던 이른바 '미제의 괴뢰국'으로부터 보호해줄 수 있는 안전한 피난처로서 재현했다는 말이다.[44] 1950년대 후반부터 1960년대 초반에 걸쳐 전개한 '귀국 운동'과 더불어, 조선인들이 집중적으로 모여 살던 지역에 특히 조선학교 건설과 운영을 위한 여러 지원을 아끼지 않았던 일이 대표적인 예라고 할 수 있다. 이산離散과 지정학적 격변이 새로이 창출해낸 영토, 시민, 민족 경계의 불일치를 어떻게 극복할 것인가라는 질문에 종종 민족문제의 핵심이 놓인다는 점에 주목해보자. 귀국 운동이 국경 바깥의 조선인들을 모국으로 데려오는 방식으로 이 불일치를 극복하고자 했다면, 조총련을 매개로 한 재일조선인 지

Note │ 남한의 재일조선인 전략

북한의 대對재일조선인 전략을 '피난처' 정책이라고 한다면, 남한의 재일조선인 전략은 '브로커' 정책과 '문지기(gatekeeper)' 정책이었다. 한일협정 등을 통해 재일조선인이 일본 사회에 제도적으로 통합될 수 있도록 도와주는 동시에(브로커), 그들이 대부분 한반도 남부 출신이라는 점을 이용하여 남한 정권의 경제적·정치적·이데올로기적 어젠더에 순응하는 이들만이 본국과 각종 교류를 유지할 수 있도록 했다(문지기)는 점에서이다.

원 전략은 '사회주의 조국의 품'을 국경 바깥에 창출해내는 방식으로 동일한 불일치를 극복하고자 했다고 볼 수 있다.[45]

이를 참조하여 북한의 조선족 정책을 비교 분석해보면, 동맹국인 중국의 '중화민족 만들기' 기획을 정면으로 거스르는 후자의 전략, 즉 '사회주의 조국의 품'을 중국의 영토 내에 창출해내는 전략은 되도록 피했다는 점을 확인할 수 있다. 또 전자의 전략, 즉 동포를 모국으로 데려오는 방식을 택할 때도 일본에서 취했던 태도와 달리 귀국 운동의 정치화를 되도록 삼가고 중국 정부에 협조를 구하거나, 무단 월경자를 귀국 동포로 조용히 맞아들이는 식으로 좀 더 실용주의적인 접근을 선호했다고 하겠다.

중국 조선족에 대한 북한의 정책을 한반도를 넘어 비교 분석하는 것도 가능하다. 이를테면 "다른 사회주의 국가에서 '국경을 가로지르는 소속의 정치'는 과연 어떻게 펼쳐졌는가?"라는 질문과의 관련 속에서 고찰 가능하다는 것이다. 바로 이것이 이 글의 두 번째 의의이다. 사회주의 국가에서 이러한 소속의 정치에 대해 가장 널리 알려져 있는 것은, 중부 유럽과 동유럽의 사례—소련 관할하의 (종족적) 독일인에 대한 동독의 정책, 루마니아 관할하의 (종족적) 헝가리인에 대한 헝가리의 정책 등—이다. 이들 연구는 어떻게 냉전 시기 사회주의 국가들이 우방 국가의 관할하에 소수민족으로 살고 있는 이들에게 종족적·민족적 연대감을 바탕으로 접근하는 것을 부르주아 민족주의의 악습이자 국제 공산주의적 연대에 대한 위협으로 여기고 억제해왔는가, 그런데 어떻게 사회주의의 몰락이 냉전 우산 아래서 가능했던 '오랜 평화'를 종결시키고 민족적 갈등에 새로이 불을 지피는 결과를 낳았는가를 설명하는 경향이 있다.[46]

하지만 이 글이 보여주었다시피 냉전 시기 동북아의 조선족을 통해 본 소속의 정치는 이런 유럽 중심적 서사로 분석해내기가 곤란하다. 역시 동북아에 위치한 몽골인민공화국이 내몽골자치구의 몽골족을 상대로 펼쳤던 정책은[47] 북한과 또 사뭇 달랐다는 점에서 잠시 검토할 만하다. 1924년 소련의 위성국으로 수립된 몽골인민공화국은 중부 유럽이나 동유럽의 사회주의 국가들과 마찬가지로 이웃 중국의 소수민족인 내몽골의 몽골족에 대해 어떤 종류의 소유권도 주장하지 않았다. 그러나 이는 몽골인민공화국과 중화인민공화국 사이의 이념적 연대를 민족적 연대보다 우선시했기 때문이 아니었다. 거꾸로 범몽골주의는 내몽골을 중국의 일부로 만들고 외몽골에 대한 영토적 야심도 쉽사리 포기하지 못했던 중국의 팽창주의와 역사적으로 연관되어 이해되었다는 점이 중요하다. 이러한 상황에서 몽골인민공화국은 방대한 초국경적 몽골 민족 공동체를 대표하는 고국의 역할을 자임하는 대신, 의도적으로 외몽골인과 내몽골인의 차이를 강조하거나 새로이 생산해내는 데 힘썼다. 공식적으로 몽골족을 다양한 세부 종족으로 나눈다거나 전통 문자를 키릴 알파벳으로 대체했던 것이 그 예다. 이러한 상황하에 내몽골 몽골족의 이른바 이중적 소속감과 정체감은 중국뿐만 아니라 몽골인민공화국에서도 의심의 대상이 되었다. 1960년대 초반 대기근과 박해를 피해 외몽골로 향한 몽골족이 몽골인민공화국에서 전혀 환영받지 못했던 이유가 여기에 있다. 국경경비대는 이들을 향해 발포를 서슴지 않았고, 재정착을 허가받은 이들이라 하더라도 지속적인 감시에 시달려야 했으며, 몽골인민공화국의 여권은 발급되지 않았다.

사회주의 블록에서 국경을 가로지르는 소속의 정치를 통합적으로 이해하기 위해서는 이렇듯 기존에 잘 알려지지 않았던 다른 지역의 사례 연구를 추가적으로 검토해야 한다. 또한 그 과정에서 동서의 대립, 공산주의 블록 내부의 갈등, 그리고 민족주의 정치가 어떻게 지역별로 서로 다른 방식으로 얽히며 진행되었는가를 세심하게 비교 평가할 필요가 있다.

마지막으로 이 글은 중국의 개혁·개방 이전 시기를 '죽의 장막'하에 수십년 동안 인구 이동이 완벽히 통제되었던 시기로 보는 상식에 문제를 제기한다. 그 같은 고정관념을 반박하는 연구조차도 국가의 동원에 따른 이동이든 국가 통제력의 상실 때문에 일어난 이동이든 개혁·개방 이전 상당한 규모의 국내 인구 이동이 있었음은 인정하는 반면, 국경을 넘나드는 이동은 거의 없었다고 본다.[48] 그러나 이 글은 중국 본토의 한족이 아닌 변경 지방의 소수민족들에 초점을 맞춘다면 상당히 다른 그림이 보일 수도 있다는 점을 시사하고 있다.

물론 영토적 경계를 넘어서 계층 이동 전략을 구상하고 실천할 수 있는 선택지가 모든 중국인에게 골고루 주어지지는 않았다. 사회주의 중국의 악명 높은 출국 통제 정책 때문만이 아니라, 중국의 출국 통제가 가장 엉망이었던 시기에도 주변 국가들이 입국 통제에 여념이 없었기 때문이다. 그러나 본문에서 살펴본 여러 이유로 적어도 조선족에 대해서는 중국과 북한 양국이 건국 초기 약 20년간 그 영토적·인신적 경계를 유연하게 남겨두었다. 이는 날로 강화되는 인구 이동 통제에도 불구하고 조선족들이 월경을 통해 사회적 지위 상승을 추구하는 것을 가능하게 했다.

그러나 조선족들이 그들의 또 다른 사회주의 조국에 대해서도 순종적인 억류 노동자로 남아 있기를 거부했다는 점 또한 잊지 말자. 북한에서의 생활이 애초의 기대를 배반하자 그들은 몇 년 지나지 않아 다시 중국으로 돌아가 버렸던 것이다. 이러한 출구 전략 역시 북한에서 나고 자란 북한 공민은 물론이고 귀국 운동을 통해 북한에 재정착한 재일조선인에게는 가능한 일이 아니었다. 재일조선인의 경우, 그들이 북한으로 떠나기 이미 오래 전, 전후 일본 국민의 경계로부터 추방되어버렸기 때문이다. 조선족과 달리 이들의 '귀국'은 되돌릴 수 없는 치명적 선택이 되어버렸다.

요약하자면 이 글은 위계적 도농 관계를 포함한 사회주의 계층 질서의 고착화, 노동 강도의 강화, 그리고 일련의 정치적 고비들을 통해 경험되었던 북한과 중국의 사회주의 이행의 격랑 속에 조선족들의 월경의 역사를 위치시켰다. 그리고 이 월경의 역사가 흔히 '죽의 장막', '은둔의 왕국'이라고 불리는 사회주의 시기 중국과 북한에서 전쟁 만들기, 국가 만들기, 그리고 민족 만들기와 해체하기를 이해하는 데 핵심적이라는 점을 강조했다. 또한 중국에서 북한으로, 북한에서 중국으로 이동하는 방식을 통해 두 사회주의 조국에 양발을 걸치고 그들 나름대로 '발로 하는 투표'를 실천하면서 이 격변을 헤쳐 나가고자 했던 조선족들의 '밑으로부터의 행위성'을 조명했다. 오랫동안 침묵당하고 오로지 파편적으로만 이해되어왔던 이 역사는 중국이 세계 자본주의 경제로 편입되는 격랑의 시대 한가운데 펼쳐진 1990년대 조선족 사회의 '한국 바람'에 대한 우리의 이해 역시 한층 깊게 해줄 것이라 기대한다.

흔들리는 청춘
—루야오의 '도농교차지대'

성근제

1. '루야오'라는 문제

루야오路遙는 한국인에게 상당히 낯선 작가이다. 아직 한국에 번역 출간된 작품도 없고, 그와 그의 작품에 관한 연구[1] 역시 매우 드물 뿐 아니라, 심지어 한국에 소개되어 있는 중국현당대문학사中國現當代文學史 저작들에서도 그에 관한 언급을 찾아보기 쉽지 않다.[2] 반면 1980년대 중국에서는 루야오가 가장 많이 '팔리고' 가장 많이 '읽힌' 작가의 반열에 올라 있다. 그렇다고 루야오가 1980년대에만 반짝 유행을 타다가 잊혀버린 작가도 아니다. 그는 2017년 현재까지도 중국 대학생들 사이에서 꽤 널리 읽히고 있는, 이른바 스테디셀러 작가이기도 하다. 「1978~1998, 대중 독서생활 변천 조사」라는 조사보고의 결과에 따르면 루야오의 장편 『평범한 세계(平凡的世界)』는 이제까지 마오둔문학상(茅盾文學獎)을 받은 20여 작품들 가운데 독자의 선호도와 실제 도서구매 부수가 가장 많은 작품이며,[3] "중국 대학 도서관 대출 빈도가 꽤 높은 도서 가운데 하나"[4]이기도 하다. 더 나아가 루야오는 루쉰魯迅, 바진巴金, 진융

루야오
1949년 산시성 칭젠현 왕자바오촌에서 태어났다. 1980년대 농촌 청년들의 현실을 그려낸 작품을 주로 창작하여 널리 환영받았다.

金庸, 빙신冰心, 마오둔茅盾에 이어 당대當代[5] 중국의 대학생들이 가장 좋아하는 중국 작가 6위에 해당한다는 다소 놀랍기까지 한 조사 보고도 있다.[6]

이렇게 이야기하면 누구나 이런 질문을 하기 마련이다. '그렇게 많이 팔리고 많이 읽히고 환영받는 작가인데 왜 문학사에서는 거의 다루어지지 않고, 한국의 학계와 독서 시장에도 전혀 소개되지 않은 것일까?' 그런데 얼핏 단순해 보이는 이 질문은 의외로 중국 당대 문학사 기술의 정치적·사회적 제반 조건들에 대한 논의와 폭넓게 연관될 수 있는 매우 흥미롭고 중요한 문제 제기이다. 이 질문은 문학사 (다시)쓰기의 영역에서만이 아니라, 1980년대 정치적 이데올로기의 변동이나 중국 사회 전반의 구조적 변화, 개혁·개방 이후 중국 독서 시장의 변화 및 대학과 평론계를 아우르는 지식장知識場의 변화 등에 대한 전면적인 재검토를 두루 요구한다.

사실 현재의 시점에서 볼 때 그는 이름이 널리 알려진 유명 작가가 아니다. 그럼에도 그의 문학사적 위상에 관한 간단한 질문 하나가 이렇게 폭넓은 문제와 연관될 수 있는 것은, 무엇보다 루야오라는 작가와 그의 작품이 지닌 루야오는 1982년 7월 21일, 자신의 소설 「인생」이 『중편소설선간中篇小說選刊』(1982年 第5期)에 전재되었음을 기념하여 「새로운 생활을 앞에 두고(面對著新的生活)」라는 짧은 글을 썼다. 이 글에서 그는 도시 생활과 농촌 생활, 현대적 생활 방식과 오래되고 소박한 생활 방식, 문명과 낙후, 부르주아적 사고와 전통적인 미덕 사이의 충돌이 현대 생활의 중요한 내용을 구성하고 있다면서 '입체 교차로'라는 표현을 처음 사용했다. 이어 8월 21일 문학평론가인 옌강閻綱에게 보낸 편지에 같은 취지의 이야기를 하면서 "농촌과 도시의 '교차지대'"라는 개념을 언급했다. 루야오 자신이 바로 이 '농촌과 도시의 교차지대'라는 세계에서 성장했고, 아직도 그 사이를 끊임없이 오가고 있으며, 따라서 이 모순으로 가득 찬 공간이 자기에게 가장 익숙한 공간이라고 말한다.

독특한 '위치' 때문이다. 루야오의 표현을 그대로 빌려 이야기하자면, 그는 1980년대 개혁·개방 초기에 도시와 농촌의 '교차지대', 즉 두 시대와 두 세계, 두 세계관과 가치관이 중첩되고 교차되는 지점을 서성거렸으며, 자신이 발을 디디고 있던 바로 그 '교차지대'의 모순과 고뇌를 관찰하고 묘사하고 서술했던 현실주의 작가이다. 그의 작품이 1980년대 이후의 중국 청년들에게 크게 환영 받았던 이유, 그렇게 환영받았던 작품임에도 당대 문학사류의 저작들과 중국 대학의 중문과 교과과정에서 철저하게 무시되거나 배제되었던 이유는 서로 다르지 않다. 이 두 모순된 현상의 근본 원인은 모두 루야오가 서 있던, 그 특수하고도 전형적인 자리로부터 찾을 수 있다. 그것이 바로 이 글이 루야오의 성공작 「인생」과 이 소설을 계기로 그가 제출한 '교차지대'라는 개념에 주목하고자 하는 이유이다.

루야오의 고향

루야오의 고향인 산시성陝西省 북부 지역은 거대한 황토고원 지대이다. 이 지역을 지나면서 황허黃河는 비로소 누런 황토빛을 띤 강으로 변모한다.

이 글에서는 루야오의 '교차지대交叉地帶'라는 개념을 입구 삼아 그의 최초 성공작이자 대표작 가운데 하나인 중편소설 「인생」이 1980년대 중국 사회에 던졌던 문제들의 역사적 의의를 검토해보고자 한다. 또한 1980년대 이후 개혁·개방의 서사 이면에 은폐된 서사와 그 목소리들의 역사적 선색을 추적해 보고자 한다.

2. 루야오의 '인생'과 가오쟈린의 '인생'

루야오(본명 왕웨이거王衛國)는 1949년 음력 12월 3일 중국 산시성陝西省 옌안延安에서 동북쪽으로 100km쯤 떨어진 칭젠현淸澗縣 왕쟈바오촌王家堡村의 가난한 농민 가정에서 태어났다. 어려운 가정 형편 때문에 그는 큰아버지 집에 양자로 들어가 옌촨현延川縣에서 성장했다. 옌촨중학延川中學을 졸업하고 상급 학교 진학을 앞두고 있던 1966년 문화대혁명이 일어나자 홍위병이 되어 베이징을 다녀온 뒤 '충톈샤오衝天笑'라는 필명으로 대자보를 쓰기 시작하고, 스스로 홍위병 조직을 결성함으로써 본격적으로 문화대혁명의 격랑 속으로 휩쓸려 들어간다. 이후 조반造反(반란·반항) 조직인 '징강산井岡山'을 거쳐 1966년 말에는 옌촨현 최대 조반 조직인 '홍쓰예紅四野'의 핵심 지도부(軍長)가 되어 1967년의 탈권 투쟁과 무투武鬪에 적극 가담하게 된다. 기록에 따르면, 1968년 무투가 종료되고 현의 혁명위원회가 수립되는 과정에서 군중 대표의 자격으로 혁명위원회 부주임으로까지 활동했지만,[7] 1969년 9차 당대회 이후 무장투쟁 기간의 폭행 치사 사건에 연루되어 조사를 받고 혁명위원회 부주임 자리에서 파면된 뒤 회향지청回鄉知靑[8]의 신분으로 마을로 되돌아온다. 이듬해인 1970년부터는 모교(馬家店小學)에 민판교사民辦敎師(1950년대 이후 농촌 지역의 초·중등교육 보급을 위해 지방정부가 채용한 일종의 비정규직 교원. 당시 농촌에서 상당히 높은 사회·문화적 지위를 인정받은 지식인)로 배치되어 근무하다가 오래지 않아 농민공 신분(일설에는 '창작원' 혹은 '대리 교사'의 신분)으로 옌촨현의 '마오쩌둥 문예 사상 선전대'에 배속되면서 초보적인 창작 활동을 시작한다.

1973년 옌안대학延安大學 중문과에 입학한 뒤 작가로서 본격적인 문단 생활을 시작했으며, 졸업 후에는 『섬서문예陝西文藝』 편집부에 배치되어 창작과 문단 생활을 병행했다. 1978년 1월 옌촨으로 내려온 베이징 출신의 지식청년 린다林達와 결혼한 뒤, 그해 가을에 쓴 중편소설 「식은 땀 흐르는 한 장면(驚心動魄的一幕)」을 1980년 『당대當代』 잡지에 발표하고 제1회 전국 우수중편소설상을 수상(1981. 1)함으로써 처음 작가로서 이름을 세상에 알렸다. 또 상을 받은 그해에 창작한 작품 「인생」을 1982년 『수확(收獲)』에 발표했는데, 엄청난 반향을 불러일으켜 다시 제2회 전국 우수중편소설상을 수상하고 전국적인 문명을 떨치게 된다. 개혁·개방 이후 중국 문단과 지식계의 변화가 가장 극심했던 해인 1985년, 거의 모든 작가들이 전통적인 현실주의로부터 탈주하기 시작했던 바로 그 시점에 루야오는 본격 현실주의 장편인 『평범한 세계』의 집필에 들어가 1989년 총 3부작의 출판을 마친다. 루야오는 이 작품으로 1991년 제3회 마오둔문학상을 수상하고 작가로서 전성기를 맞이하지만, 이듬해인 1992년 11월 17일 간경화 증세가 악화되어 42세의 젊은 나이로 갑작스레 세상을 떠나고 말았다.[9]

루야오의 성공작 「인생」의 주인공 가오쟈린高加林의 인생 역정은 작가 자신과 여러모로 닮아 있다. 소설은, 도회지로 나가 학업을 마친 뒤 고향로 되돌아와 마을 초등학교에서 민판교사를 맡고 있던 회향지청 가오쟈린이 같은 마을 서기인 가오밍러우高明樓의 아들 싼싱三星에게 민판교사 자리를 부당하게 빼앗기는 장면으로 시작된다. 그러나 스토리의 초점은 마을의 서기인 가오밍러우의 부당한 권력 남용이나 횡포에 맞춰져 있지 않다. 좀 더 중요한 '문제'는 가오쟈린이 일찍 현 소재지인 도시로 나가서 교육을 받고 고향으로 되돌아온 지식청년이라는 것이었다.

가오쟈린은 농촌호구를 지니고 있었지만 어려서부터 도회지로 나가 교육을 받는 동안 농촌에서 해야 할 노동의무를 면제 받았기 때문에 사실상 농촌의 노동에 적응할 만한 육체적·심리적 준비가 전혀 되어 있지 않았다. 가오쟈린은 "비록 가난한 집에서 태어났지만, 내로라할 재주가 없었던 아버지가 순전히 노동으로 벌어온 돈으로 그를 기르고 학교에도 보낸 덕에 그의 몸에는 이미 농민들의 몸에 있는 것과 같은 황토의 흔적이 거의 남아 있지 않았"[10]으며, 건장하고 탄탄한 몸을 가지고 있긴 했지만 그의 늘씬하고 아름다운 몸은 "누가 보더라도 정규적인 체육 활동과 훈련을 통해 다져진 몸"이었고, 이 때문에 그의 몸에서는 "고된 육체노동이 남긴 흔적이라고는 찾아볼 수가 없"[11]었다. 그의 건장한 몸은 이미 농민의 신체가 아니라 교육받은 지식 청년의 신체였으며, 도회지에 어울리는 문화인의 몸이었다. 정신적으로도 마찬가지였다. 가오쟈린은 "이제까지 농민들 가운데 누구 한 사람도 우습게 생각하거나 멸시해본 적이 없"지만, "자기 스스로가 농민으로서 살아가겠다는 생각 역시 한 번도 해본 적이 없"다. 가오쟈린은 "태생이 농민의 아들인지라 이 빈궁한 산촌에서 농민으로 살아간다는 것이 무엇을 의미하는지를 분명히 이해"하고 있었다. "농민, 그들의 그 모든 위대한 간난신고를 그는 아주 정확히 알고 있었다." 가오쟈린이 "지난 십수 년 동안 이를 악물고 책을 읽어온 것은, 그 무엇보다도 아버지처럼 한평생을 땅의 주인(혹은 그의 또 다른 표현을 빌려 이야기하자면 땅의 노예)으로 살아가고 싶지 않았기 때문이었다. 요 몇 년 민판교사로 일해왔지만, 이 일은 그에게 정말로 큰 희망을 품을 수 있게 해주었다. 몇 년 후 시험에 통과하면, 그는 아마도 정식 국가 교사 자격을 얻을 수 있을 것이며, 거기에서 조금만 더 노력한다면 좀 더 나은 자리로 나아갈 수도 있을 것" 같았다. 말하자면, 가오쟈린에게 민판교사 자리는 농촌과 아버지의 운명으로부터 벗어나기 위한 유일한 기회이자 희망이었다. 그러나 민판교사 자리를 싼싱에게 빼앗긴 순간, "이제 그도 그의 아버지와 똑같은 농민으로서의 생애를 시작하지 않으면 안 되는 상황에"[12] 처하게 된 것이다. 요컨대 가오쟈린은 이미 육체적으로나 정신적으로 농촌의 땅과 흙으로부터 유리되어 있는, 농촌으로 돌아갈 수 없는 존재임과 동시에 그의 존재와 욕망을 실천시켜줄 수 있는 유일한 공간인 도시로 나가는 일조차 허락되지 않는, 즉 농촌호구라는 체제의 족쇄에 단단히 결박된 존재이기도 했다.

회향지청 가오쟈린이 직면한 이 욕망과 현실 사이의 아포리아는 소설 전체를 이끌어 나가는 주요한 동력이다.

상처받고 실의에 빠진 가오쟈린은 오랫동안 그를 마음속으로 동경하고 사랑해왔던 마을 처녀 챠오전巧珍의 사랑을 통해 위로를 얻는다. 그럼에도 끝내 도시에 대한 욕망을 떨쳐버리지 못하던 중, 어느 날 멀리 변방 부대의 해방군 간부로 근무하던 작은아버지가 고향의 고위급 간부로 복귀하면서 작은아버지의 후광 덕에 갑자기 현위원회 통신조의 통신 간사가 되어 도시 거주 자격을 얻게 된다. 도시로 간 가오쟈린은 물 만난 고기처럼 자기 역량을 발휘하고, 학창 시절 동기였던 도시 처녀 황야핑黃亞萍과 새로운 연애를 시작하면서 연애만큼이나 달콤한 꿈과 야망을 키워간다. 그러나 그 욕망이 막 실현되려고 하는 순간, 부정한 방법으로 통신 간사가 되었다는 사실이 탄로 나면서 하루아침에 다시 자리도 사랑도 잃고 농촌으로 돌아오게 된다. 자기를 그토록 사랑했던 챠오전 역시 이미 다른 남자에게 시집을 가버리고 말았고, 고향 마을로 쓸쓸히 돌아온 가오쟈린은 깊은 절망에 몸부림쳤다. 그런 그를 최종적으로 위로하고 설득한 것은 평생을 독신으로 땅을 일구며 살아온 가난한 농부인 더순德順 할배의 사회주의적 '노동윤리'와 농촌 사람들의 소박하고 따뜻한 온정이었다. 소설 말미에서 가오쟈린은 할배가 들려주는 '무엇보다도 농민이 세상의 근본이며, 성실하게 노동하면 결국 모든 것이 좋아질 것'이라는 인생의 교훈과 함께 '당의 정책도 호전되고 있으니 앞으로 농촌의 상황도 훨씬 나아질 것'이라는 전망에 고개를 끄덕인다. 그리고 끝까지 자신의 처지를 돌봐주는 주변 사람들의 따뜻한 온정과 배려를 확인하는 순간, 더순 할배의 발아래 엎드려 두 손 가득 황토를 움켜쥔 채, "내 사랑하는 사람들아(我的親人哪)"[13]라는 절규를 내뱉음으로써 '농촌'과 '토지', '노동', 그리고 '당의 영도'

루야오의 고향집과 루야오기념관

루야오의 고향 마을에는 루야오기념관이 세워져 있고, 황토고원 지대의 전형적인 주거 양식으로 지어진
그의 생가 역시 관광객의 참관이 가능하게 꾸며져 개방되어 있다.

로 상징되는 사회주의적 윤리의 정당성을 재확인하는 일종의 화해에 도달한다.

그러나 이 화해를 정말로 루야오와 가오쟈린의, 그리고 그 이후 오늘날까지 중국의 수많은 농촌 청년들의 인생 앞에 던져져 있는 '문제'가 충분히 해결되리라는 주장으로 받아들이는 것은 다소 성급해 보인다. 소설의 대미가 외면적으로는 화해의 형식을 취하고 있지만, 내용적으로 보자면 가오쟈린의 미래는 그의 마지막 절규만큼이나 여전히 암담하고 공허하게 다가오기 때문이다. 누가 보더라도 가오쟈린은 꿈을 찾아 도시로 진출하려는 시도를 멈출 것 같지 않다. 그 모든 시도가 실패로 돌아가 가오쟈린 역시 그의 아버지처럼 어쩔 수 없이 '땅의 주인(혹은 노예)'으로 살아가게 된다 하더라도, 그가 진정 더순 할배의 인생관을 자신의 것으로 받아들이게 될 가능성은 희박하다. 그 때문에 소설의 말미에서 가오쟈린에게 요구된 '화해'는 어쩌면 그 자체가 가오쟈린이 직면하고 있는 모순의 단면이요, '불우'의 상징일지도 모른다. 이와 관련하여 한 가지 주목해 볼 만한 것은, 루야오가 이 작품의 마지막 장인 23장의 서두에 괄호 속에 묶인 소제목을 한 구절 추가해두었다는 점이다. 1장부터 22장까지는 장의 소제목이 제시되어 있지 않지만, 유독 23장에만, 그것도 괄호 속에 묶인 채로, "끝나지 않은 이야기(並非結局)"라는 소제목이 덧붙어 있다. 소설은 끝이 났지만, 그것은 결코 끝이 아니었다. 가오쟈린의 문제는 아무것도 해결되지 않았으며, 그의 인생 역정은 끝나지 않았다. 이제 루야오가 소설의 말미에 열어놓은 이 끝나지 않은 길을 따라 한 걸음 더 들어가보기로 하자.

3. 끝나지 않은 이야기: '교차지대'의 내면 풍경

소설의 결말을 두고 이야기할 때, 루야오와 가오쟈린 사이에 의미 있는 차이가 존재한다면 그것은 루야오가 걸었던 실제 인생, 그가 지니고 있던 현실의 인생관과 달리 가오쟈린에게는 농촌과 노동, 흙에 뿌리내리는 삶이 요청되는 것으로 이야기가 매듭지어진다는 점이다. 소설의 바깥으로 눈을 돌려보면, 루야오는 「인생」을 구상하기 시작한 1979년부터 본격적으로 집필하던 1981년 여름, 더순 할배의 목소리를 빌려 가오쟈린에게 "농촌으로의 회귀(回歸土地)"를 요청하는 형태로 소설의 결말을 써내려가던 그 순간까지도 자기 동생을 농촌에서 탈출시킬 길을 집요하게 찾고 있었다.[14] 이로 미루어 루야오의 현실과 소설 속에서 가오쟈린에게 요구되었던 인생관 사이에는 분명히 일정한 간극이 존재한다고 볼 수 있다.

루야오를 연구하는 양샤오판楊曉帆은 이 간극을 서로 다른 가치관·인생관 사이의 충돌에 대한 형식적인 '타협'과 '미봉'의 결과로 해석한다.[15] 그러나 소설의 마지막 장이 그려내고 있는 정조의 암울함을 염두에 두고 다시 본다면, 그것은 '타협'과 '미봉'을 통한 이데올로기적 선전이라기보다는—가오쟈린으로 상징되는—당시 농촌 출신 지식청년들이 실제 현실 생활 속에서 요구받았던 인생관의 억압적 단면과, 그로 인해 그들이 직면한 진퇴양난의 '불우不遇'를 있는 그대로 묘사했다고 해석하는 쪽이 더 적절한 듯하다. 쉽게 부정할 수도 없고, 그대로 받아들이기도 어려운, 그래서 가오쟈린으로 하여금 고통스러운 절규를 내뱉지 않을 수 없게 만드는 이 암담한 상황이야말로 당시 '교차지대'를 오가던 농촌 출신 청년들의 내면 풍경이기 때문이다. 이 '불우'한 교차지대의 내면을 정확히 포착해내 그려낸 것이야말로 1980년대 이후 중국의 수많은 청년 독자들이 루야오의 소설에 공감하지 않을 수 없게 만든 핵심적인 요소 가운데 하나일 것이다.

그런데 이러한 '교차지대'의 내면 풍경에는 또 하나의 소설 외적인 맥락과 배경이 존재한다. 그것은 바로 1980년 『중국청년中國靑年』에 게재된 판샤오潘曉의 글 「인생의 길은 왜 가면 갈수록 좁아지기만 하는가(人生的路啊, 怎麼越走越窄)」로 인해 촉발된 '인생관 토론'이다. 판샤오[16]는 『중국청년』의 편집자에게 보내는 편지의 형식을 빌려 문화대혁명 이후 자신들의 인생관에 불어닥친 혼란과 사상적 곤혹을 솔직하게 토로함으로써 커다란 반향을 이끌어낸 바 있다. 판샤오는 어린 시절 보고 듣고 배운 "사람이 세상을 살아가는 이유는, 다른 사람이 더 나은 삶을 살아갈 수 있도록 하는 데 있는 것"이라는 숭고하고 아름다운 사회주의적 인생관이—문화대혁명 기간에 그가 경험한—추악하고 허위로 가득 찬 현실 속에서 철저히 깨져 나간 과정을 이야기하면서, 이러한 실망으로 점철된 자신의 사회적 경험을 통해 "모든 사람은 이기적"이며, "어떤 사람이든 (…) 속으로는 자기 자신을 위하면서 겉으로는 타인을 위하는 척" 살아가는 데 불과하고, 그것이 인간의 본성과 자연의 법칙에 부합한다는 일종의 깨달음에 도달하게 되었다고 고백한다. 그리하여 온 힘을 다해 자신의 존재 가치를 높이고자 노력하는 일이야말로 자신과 사회를 발전시키는 유일한 길이 아니겠냐는 본인 나름의 견해를 제시한다. 하지만 이러한 결론은 판샤오 스스로에게도 그리 만족할 만한 인생관 문제의 해결 방안이 되지 못했던 것으로 보인다. 그 같은 깨달음에도 불구하고 "인생의 길이 왜 가면 갈수록 좁아지기만 하는지" 여전히 알 수 없으며, 자신은 너무 힘들고 지쳐서 머리를 밀고 중이 되거나 그냥 딱 죽어버리고 싶을 정도로 혼란스럽다는 고백을 글의 말미에 덧붙이고 있다. 판샤오의 글은 전체적으로 볼 때 이론적으로나 사상적으로, 또 형식적으로도 그리 성숙하다고 할 수 없지만, 과감하고 솔직하게 드러낸 내면의 고뇌는 당시 청년들의 열렬한 호응을 이끌어내면서 이후 거의 1년에 가까운 시간에 걸친 대규모의 '인생관 토론'을 촉발하는 힘이 되었다.[17]

그런데 이 토론이 진행되던 시점은 루야오가 1979년부터 집필을 시작했던 「인생」의 창작을 마무리하는 시점과 정확히 겹쳐진다. 비록 루야오의 발언이나 기록 속에 이 인생관 토론으로부터 받은 영향을 직접 언급한 대목은 발견되지 않지만, 루야오가 작품의 주제와 제목을 최종적으로 결정하는 데 이 논쟁이 영향을 미쳤으리라는 것은 비교적 분명해 보인다. 「인생」이 던지고 있는 질문, 즉 '무엇을 위해', '어떻게' 살아가야 할 것인가라는 질문과 그로부터 비롯된 가오쟈린의 고뇌는 이 인생관 토론의 주제와 상당 부분 일치한다. 특히 헌신적이며 순수하지만 가난하고 문맹인 시골 처녀 챠오전과, 문화적 수준이 높고 자신의 출세에도 도움이 될 만한 배경을 가지고 있는 도시 처녀 황야핑 사이에서 가오쟈린이 겪는 고민과 갈등, 그리고 그가 제시하는 대안의 구체성은 인생관 토론을 통해 드러난 지청知靑 세대 청년들의 고민에 대한 소설적 번안이라고 해도 좋을 만한 대목들[18]을 담고 있는 것이기도 했다.

루야오의 「인생」이 던지는 문제제기는 확실히 이 인생관 토론의 내용을 배경으로 하고 있다. 그러나 루야오의 문제제기 속에는 인생관 토론이 제기하는 문제보다 훨씬 더 구체적이고 심각하며 절실한 내용이 담겨 있다. 판샤오의 고민이 시대의 문제였다면, 가오쟈린의 고민은 시대의 문제임과 동시에 체제의 문제이기도 했다. 판샤오의 문제가 자아실현과 개인주의, 주체성을 둘러싼 근대성 일반의 문제였다면, 가오쟈린의 문제는 자아실현과 주체성에 대한 고민으로 나아가는 것 자체가 차단되어 있는 농촌 지식청년의 불평등과 차별의 문제였다. 이와 관련하여 루야오의 다음과 같은 발언은 특별히 눈여겨볼 필요가 있다.

"오늘날 농민에 대한 국가의 정책에는 분명하고 심각한 이중성, 즉 경제적으로는 지원하면서 문화(광의의 문화, 즉 정신문명)적으로 억제하는 양상이 존재한다. 기본적으로 오늘날 농촌호구를 지닌 사람들이 더 높은 문명적 수준에 대한 요구를 지니고 있다는 사실을 돌아볼 생각 자체를 아예 하지 않는다. 이것이 수천, 수백만의 고뇌하는 청년들을 양산하고 있다. 장기적 안목에서 본다면 이것은 이 나라의 심각한 잠재적 위험 요소가 될 수 있다. (…) 엄청난 숫자의 문화적 수준을 갖춘 사람들을 그냥 이대로 땅에 묶어둔다는 것은 불평등 가운데서도 가장 심각한 불평등이 아닐 수 없다."[19] 가오쟈린이 빠져든 고뇌의 본질은 바로 이런 것이었다.

소설은 도시 정착에 실패한 가오쟈린이 농촌에 머물 수밖에 없게 된 상황에서 끝나기 때문에, 이후 가오쟈린이 이 불평등 문제에 어떤 방식으로 대처해 나가게 될지 분명히 이야기할 수 있는 근거는 없다. 그러나 가오쟈린이 처한 상황이 바로 루야오가 이야기했던 바, 수천 수백만의 청년들을 고뇌하지 않을 수 없게 만든 바로 그 상황이었음을 떠올려본다면, 장기적으로는 가오쟈린 역시 이 고뇌에서 쉽게 풀려 나오기 힘들 것이라 추론할 수 있다. 그런 의미에서 가오쟈린의 문화적 수준과 문화적 지향은 더순 할배 식의 윤리적 설교를 통해 궁극적으로 해소되거나 화해될 수 없는, 체제에 대한 "심각한 잠재적 위험 요소" 가운데 하나이다. 가오쟈린의 마지막 절규와 눈물이 결코 끝나지 않은(並非結局) 이유가 바로 여기에 있다.

4. 지청 운동과 도시 상상: 중국혁명의 꿈과 좌절

주지하다시피 20세기 중국의 역사는 무엇보다 혁명의 역사였으며, 그 혁명을 이끌었던 핵심 이념은 누가 뭐래도 '마오쩌둥주의'였다. 그리고 이 '마오쩌둥주의'로 대표되는 중국혁명의 이론과 방법과 목표를 관통하는 고유한 문제의식 가운데 하나는 바로 '도시와 농촌'이라는 테마로 집약될 수 있다. 저 뿌리 깊은 전통과 질곡의 역사로부터 거대한 중국 농민의 삶을 구원해내고 지주-부르주아와 농민, 도시와 농촌, 근대적 산업과 농업 사이의 차별과 격차, 즉 '3대 차별'을 해소함으로써 종국에는 더 평등하고 통합된 사회와 국가를 건설하는 것, 그것이야말로 마오쩌둥주의적 중국 혁명의 고유한 꿈 가운데 하나였다.

이와 관련하여 볼 때, 『마오쩌둥선집毛澤東選集』 1권의 첫 번째 글이 「호남농민운동 고찰 보고湖南農民運動考察報告」라는 사실은 우리에게 상당히 많은 것을 시사해준다. 1927년 3월 5일 발표된 「호남농민운동 고찰 보고」는 마오쩌둥이 당시 당의 지도자였던 천두슈陳獨秀, 그리고 코민테른의 이론과 노선으로부터 벗어나 농민과 농촌, 그리고 군중이라는 새로운 요소의 혁명적 동원 가능성과 필요성을 공식적으로 제기한 최초의 문건으로 받아들여진다. 물론 마오쩌둥은 1921년 중국공산당 창당 이후는 물론이거니와 그 이전에도 중국 사회의 변혁이라는 주제와 관련된 다양한 글을 발표한 바 있다.[20] 그러나 이 여러 글들 가운데 「호남농민운동 고찰 보고」라는 문장을 선집의 첫 번째 글로 선택하여 배치한 것은 마오쩌둥, 혹은 마오쩌둥주의와 농민이라는 요소 사이의 연관성을 부각시키려는 의도가 작용한 결과라 할 수 있다.

「호남농민운동 고찰 보고」에서 보여준 농민의 혁명적 가능성에 대한 마오쩌둥의 전술적 주목은 머지않아 농촌이라는 공간의 혁명적 가능성에 대한 전략적 차원의 주목으로 격상되었다. 도시 무장봉기 전술로부터의 전격적인 후퇴와 징강산井岡山 근거지 건설이라는, 아무도 예상하지 못했던 파격적인 전술적 선회는 바로 이런 맥락에서 설명될 수 있다. 이후 대장정을 거쳐 당권을 장악하고 옌안에 근거지를 건설한 이후 중국공산당이 '농촌으로 도시를 포위하는' 전략적 방침을 수립하게 되는 과정은 혁명의 실질적 동력과 정치적 정당성의 원천에 대한 마오쩌둥과 대장정 이후 중국공산당 특유의 예민한 현실주의적 감각이 구체적인 이론과 정책으로 가시화되는 과정이기도 했다. 이 과정을 통해 '농촌'과 '농민'이라는 요소는 그야말로 중국혁명의 방법과 목표, 전술과 전략 전체를 관통하는 핵심 요소로 자리 잡게 되는데, 이는 한편으로 중국공산당과 혁명가들이 중국이라는 세계가 지니고 있는 특수성의 일단을 비로소 발견하는 과정이면서, 또한 초기 중국공산당을 주도했던 이론과 주체(코민테른과 혁명적 인텔리겐치아)로부터 벗어나 새로이 토착화된 이론과 주체를 창출해내는 과정이기도 했다. 이후 20세기 중국혁명사의 환희와 비극은 모두 이 뿌리로부터 자라 나온 것이었다고 해도 결코 과언이 아니다.

그런데 중국혁명의 새로운 주체 창출이라는 측면에서 볼 때, 이러한 농촌 중심 전략은 상대적으로 도시 지향성이 강할 수밖에 없는 청년 지식인과의 충돌 가능성을 잠재적으로 내포하고 있다는 데 문제의 일단이 있다. 옌안에 근거지를 둔 이후 중국혁명의 공식적인 주체로 규정된 세력은 '공농병工農兵'이라는 글자로 축약될 수 있지만, 결코 소홀히 할 수 없는 부분이 바로 '청년 지식인'이었다. 어떤 유형의 변혁운동에서든 운동 내부의 가장 중요한 활력 가운데 하나는 늘 '청년 지식인'들로부터 나왔다. 그뿐만 아니라 이들은 가장 중요한 혁명의 후속 세대이기도 했다. 1939년 '5·4운동' 20주년을 즈음하여 마오쩌둥이 발표한 두 편의 문장 「5·4운동五四運動」과 「청년운동의 방향(靑年運動的方向)」에는 바로 그런 고민이 담겨 있었다. 당시 옌안에는 일본에 점령당한 대도시를 떠나 항일전쟁에 참여하기 위해 몰려든 청년 지식인들이 늘어나면서 일정한 사상적·문화적 갈등의 조짐이 대두되고 있는 상황이었다. 그런 상황에서 마오쩌둥은 이 두 편의 글을 통해 '5·4'를 계승한 청년(지식인)운동은 반드시 공농병과 결합을 지향해야 한다는, 이른바 '청년절 담론'을 제시함으로써 이후 「옌안문예강화」로 나아가는 길을 열어 놓았다.[21] 마오쩌둥의 '청년절 담론'은 1960년대 초반까지 적어도 외면적으로는 큰 변화 없이 그대로 유지되었고, 문화·예술·교육 등 청년 및 지식 관련 영역에서 농촌과 대중의 헤게모니는 반복적으로 강조되었다.

그러나 이러한 지속에도 불구하고 중국의 청년 세대, 특히 도시의 교육받은 청년들에게 '농민(농촌)과의 결합'은 사실 구두선에 가까웠다. 1949년 중화인민공화국 수립 이후 건설의 중점은 빠르게 도시로 옮겨졌으며, 1960년대 중반 도시의 청년 학생들에게 농촌과 변방은 경험해보기 쉽지 않은 곳이었다. 그 때문에 중국의 사회주의 역사 전체를 놓고 보았을 때, 도시 출신 청년 지식인과 농민 사이의 전면적·직접적·장기적 접촉이 이루어진 것은 분명 문화대혁명 시기 지청의 상산하향上山下鄕 운동을 통해서였다. 루야오는 이 상황을 다음과 같이 서술했다.

"1960년대 중반을 기점으로 우리나라의 이 광활한 토지 위에서 일어났던, 그 모든 외딴 오지 마을들 하나하나와 그 속의 모든 사람들 하나하나에 이르기까지 그야말로 상당한 기간 동안 지속적인 영향을 미쳤던 그 거대한 사회적 변동으로 인하여, 도시와 도시 사이, 농촌과 농촌 사이, 무엇보다도 도시와 농촌 사이의 상호 왕래와 교류는 하루가 다르게 널리 확산되었다. 게다가

농촌으로 내려가는 지식청년
1968년 홍위병 운동이 종료될 즈음, 중국의 교육받은 도시 청년들은 농민들로부터 혁명적 재교육을 받아야 한다는 명분하에 농촌과 변경 지역으로 보내졌다.

전 사회적인 문화 수준이 제고되고, 특히 농촌의 초급 교육이 널리 확대됨과 동시에 대량의 중·고등학교 졸업생들이 농촌의 생산대로 편입되거나 고향으로 되돌아와 농민의 행렬에 가담하게 되면서 도시와 농촌 사이의 다방면에 걸친 상호 침투 현상이 매우 보편적으로 일어나게 되었다."[22]

　여기에서 루야오가 이야기하는 "1960년대 중반" 이후의 "그 거대한 사회적 변동"이 바로 문화대혁명이며, '대량의 중·고등학교 졸업생들이' "농민의 행렬에 가담"하게 된 사건이 지식청년의 상산하향 운동이라는 데는 이론의 여지가 없다. 확실히 이 지청 운동은 중국만이 아니라 전 세계 어느 나라에서도 유례 없는 사건이자 사회적 실험이었다. 한 세대의 교육받은 도시 청년들이 특정 시기에 동시적으로 농촌(및 농민)과의 장기적이고 직접적인 접촉을 수행했다는 사실은, 한편으로는 농촌이라는 공간에 대한 도시 청년들의 체험과 인식 수준을 혁명적으로 제고시킨 계기가 되었고, 또 한편으로는 도시의 현대적 정보와 감각으로부터 소외되어 있던 농촌 사람들—특히 농촌의 청년들—이 도시적인 것을 체험하고, 완전히 새로운 차원에서 혁명의 도시적 성격을 경험하고 상상하는 전면적인 계기가 되기도 했다. 이른바 도시와 농촌 사이의 '교차지대'는 바로 이러한 특수한 조건 속에서 비로소 형성될 수 있었던 셈이다. 하지만 여기서 주목해야 할 사실은, 이 같은 교차지대가 형성된 결과 전통적인 중국혁명 담론 내부에서 농촌과 도시가 차지하고 있던 상징적 위계와 주도성에 의미심장한 변화가 발생하기 시작했다는 점이다.

한 가지 질문을 던져볼 만하다. 소설 속의 가오쟈린이 품은 강렬한 도시 지향성과 자유주의적 성향은 무엇으로부터 비롯되었을까? 소설 「인생」의 마지막 장에도 드러나 있듯이, 당시는 농촌의 윤리적·혁명적 정당성에 대한 사회적 동의(consensus)가 적어도 공식적인 영역에서는 매우 확고하게 유지되었던 시기를 이제 막 지나온 참이었다. 가오쟈린에게서 발견되는 뚜렷한 도시 지향성과 자유주의적 성향은 확실히 이 '교차지대' 내부의 문화적 주도성을 둘러싼 권력관계 및 구조의 단면을 보여준다. 소설 「인생」 속에는 이에 관한 직접적인 언급이 없지만, 가오쟈린 역시—루야오가 그랬던 것처럼—격렬한 문화대혁명의 격랑을 거쳐 왔으며, 도시에서 온 홍위병이나 지청들과 상당 기간 교류와 접촉의 기회를 가졌다. 심지어 루야오는 베이징 출신 지청과 결혼하기도 했다. 때문에 청소년 시기에 인식된 사회적 권력관계의 특성이 청소년들의 가치관 형성에 미칠 수 있는 영향의 일반적 양상을 고려해본다면, 가오쟈린이 지니고 있는 이 가치관이 일정 부분 이상 그의 교육 환경과 사회적 관계의 경험, 즉 그가 경험했던 교차지대 내부에서 확고한 문화적 우위를 지니고 있었던 도시 출신 청년들의 문화적 지향성에 대한 동경과 동일시의 욕구, 그리고 이를 통한 도시 상상으로부터 비롯되었으리라는 추론은 충분히 가능해 보인다.

마오쩌둥이 지청들에게 농촌으로 가서 빈하중농貧下中農의 혁명적 재교육을 받아야 한다며 상산하향 운동을 지시했을 때,[23] 분명 그의 의도 가운데 하나는 농민의 혁명적 주도성을 재확인하고 공고히 하는 것이었으며, 그 토대 위에서 농촌과 도시의 생산력 격차를 축소하고자 하는 것이었다. 그러나 대규모 상산하향을 통해 이루어진 도시와 농촌의 직접적이고 장기적인 접촉과 교류는 역설적으로 농촌과 도시의 문화적 격차가 집중 조명되는 극적인 무대가 되고 말았다. 동시에 이 무대는 도시 출신의 지청과 농촌의 농민 모두에게 매우 사소한 일상[24] 속에서 그 아찔한 기울기를 구체적으로 경험하고 인지하게 만드는 수없이 다양한 계기들을 제공하기도 했다. 특별한 공간이 아닌 일상 속에서 몇 해에 걸쳐 지속적으로 경험한 이 기울기와 낙차가 그들의 내면에 심리적·사상적 '지향성'이라는 일종의 '흐름'을 형성하는 것은 매우 자연스러운 일이었으며, 한편으로는 불가피한 일이었다.

마르크스가 『공산당 선언』에서 이야기한 것처럼, 문화대혁명 시기 중국에서도 농촌은 점점 더 도시 패러다임의 지배 아래로 복속되어갔다. 지식청년들을 농촌으로 내려보내 농민으로부터 배우도록 했던 혁명의 정당성과 현실성에 대한 회의의 확산은 그렇게 도시의 문화적 주도성을 인정하는 '흐름'이 확산되는 현상과 궤를 같이하고 있었던 것이다. 교차지대를 오가면서 이 흐름을 거슬러 오르려 했던 지청들은 결국 농촌에 동화될 수 없었으며, 농민들 역시 최종적으로 도시 출신 지식청년들의 문화적 권위와 주도성을 부정하고 극복할 수 없었다. 교차지대 위에 중첩되어 있는 도시와 농촌이라는 두 세계를 모두 경험하고 이해한 사람들은—가오쟈린이 그랬던 것처럼—사상적으로든 문화적으로든 더 이상 농촌에 뿌리를 내릴 수 없는 존재들이었다. 그들은 이미 내면적으로 도시인이었으며, 결국 모두 도시로 돌아가야 했다. 그리고 끝내 도시로 가지 못한 사람들의 생활과 내면에 그렇게 '교차지대'가 남겨졌다. 그것은 다름 아니라 마오쩌둥주의적 중국혁명의 꿈과 좌절이 남긴 흔적 가운데 하나였다.

5. 지청인가 농민공인가: 은폐된 서사

그런 의미에서 본다면, 확실히 '교차지대'는 단순히 도시와 농촌 사이의 중간 지대를 지칭하는 지리적·공간적 개념의 범위를 현저히 넘어선다. 교차지대는 두 세계를 모두 경험하고 두 세계 사이를 왕복하며 살아갔던 사람들의 생활과 문화, 그리고 그 내면 세계이기도 하다. 따라서 교차지대는 그 내부에 문화적 권력관계의 장력과 동력학(Dynamics)을 지니고 있는, 그 자체 하나의 거대한 서사로 간주될 수 있다.

그러나 이 서사는 1980년대 이후 주류 서사의 영역에 포함되지 못했다. 청 광웨이程光煒가 적절히 지적했듯이, "1982년 루야오(1949~1992)가 단편소설 「인생」을 써 냈을 때, 실질적으로 그는 이미 신시기의 가장 중요한 소설가 가운데 하나"였음에도 불구하고, 결과적으로 그와 그의 작품은 이후 1980년대 개혁·개방의 서사에서 철저히 '변방화'되고 말았다.[25] 하지만 루야오와 그의 작품의 변방화는 단순히 루야오라는 작가 개인의 문제로만 바라볼 수 없다. "'루야오 현상'은 루야오 개인이 범위를 현저히 넘어서 있는 것"[26]이었으며, 그것은 확실히 1980년대 개혁·개방의 진전과 함께 시작되었던 농촌으로부터 사회주의의 전면적인 퇴각, 그리고 농촌 마을과 국가 사이의 분리라는 장기적인 추세[27]와 깊이 관련되어 있기 때문이다. 그런 까닭에 우리는 1980년대 개혁·개방 시기의 수많은 영화와 소설, 문학사와 비평들 속에서 도시로 돌아온 지청들과 도시 지식인들의 시선과 목소리만을 만날 수 있을 뿐, 가오쟈린으로 대표되는 중국의 저 "수천, 수백만의 고뇌하는 청년들"의 목소리와 후일담을 찾아보기가 어려우며, 그들이 그 시대의 경험을 도시로 돌아간—혹은 갈 수 있었던—지청들과 어떻게 다르게 내면화하고 있었는지도 발견해내기 어렵다.

그러나 이렇게 이들의 이야기와 목소리를 찾아보기 어렵다는 사실이 곧바로 수천 수백만 청년들의 고뇌와 분투가 현실 속에서 사라져버렸음을 의미하는 것은 결코 아니다. 루야오가 「인생」의 마지막 장에 덧붙여놓은 '끝나지 않은 이야기(並非結局)'라는 소제목을 통해 이야기하고자 했던 것처럼, 이들의 분투와 질주는 멈출 수 있는 것이 아니었다. 고뇌하는 이 청년들이 갖고 있던 "더 높은 문명적 수준에 대한 요구"는 그 자체로 중국 사회가 지니고 있는 "가장 심각한 불평등"에 대한 불가피한 저항이자, 장기적 안목에서 볼 때 중국 사회의 가장 심각한 "잠재적 위험 요소"[28]였기 때문이다.

루야오가 「인생」의 마지막 장에서 더순 할배의 목소리를 빌려 도시에 대한 가오쟈린의 열망을 비윤리적 인생관으로 비판했음에도 불구하고, 현실 속에서 루야오가 그랬던 것처럼 가오쟈린'들' 역시 이미 농촌에 적응하고 머무는 것이 불가능해져버린 사회적 존재들이었다. 그 존재 조건은 농촌과 국가, 정책, 사회의 발전 방향이 분리되는 추세에 따라 이미 규정되어 있었다. 결국 가오쟈린'들'은 어떤 방식으로든 도시로 나가려는 시도를 멈추지 않았을 것이다. 문제는 도시로 간 그 가오쟈린'들', 혹은 루야오'들'이 완전히 떨쳐

버릴 수 없었던 농촌적 정체성, 사회주의적 가치관의 흔적을 몸에 지닌 채로 밀림과도 같은 신시기 중국의 도시 내부에서 어떻게 새로운 삶과 사유의 방식들을 찾아 나갈 것인가였다. "도시화는 언제나 일종의 계급 현상"이고, 형성 과정 속에 있는 도시는 언제나 "정치투쟁, 사회투쟁, 계급투쟁이 일어나는 주요 장소"이며,[29] 이것은 개혁·개방 시기 중국의 도시들 역시 예외가 될 수 없기 때문이다.

Note | 농민공의 교육 수준과 도시 진출에 관한 조사

● "농민공들은 교육 수준이 높으며, 고향에서는 비농업에 종사할 기회가 없어져 외지로 나오고 있다. 농민공들이 도시에서는 하층 취급을 받지만 그들의 교육 수준은 상대적으로 높은 편이다. 광둥성에서 농민공이 집중 분포하는 시市를 대상으로 그들의 학력을 보면 50% 이상이 중학 정도로 전국 평균(26.5%)이나 광둥성 평균(27.4%) 비율보다 높다. 또한 농민공들의 주요 유출지 및 유입지 취업 인구의 교육 수준과 광둥성 농민공들의 교육 수준을 비교해보면 농민공들의 교육 수준이 유출지보다 높은 것은 물론이고, 유입지의 평균 교육 수준보다 높다는 사실을 알 수 있다."[30]

● "[도시로 진출한 농민공의] 연령 구성을 보면, 16~25세까지가 가장 많아 72.13%이고, 26~45세가 22.23%, 46세 이상이 5.64%이다." "1990년대 농민공들은 일종의 '발전형 이농'의 성격이 강하다. 많은 농민공들은 농촌에서 경작할 토지가 없어 밀려났다기보다 이농을 통해 돈도 벌고 세상 구경도 하려는 목적에서 도시로 이동하고 있다. 예컨대 설문 조사에 의하면 '생활이 곤란하지 않으나 외지로 나가 더 많은 돈을 벌기 위해', '세상 구경도 하고 더 나은 발전 기회를 잡기 위해'라는 문항에 대답한 사람이 조사 대상자 중 각각 25.9%, 24.4%를 차지하여 그 합이 50.3%였다."[31]

이와 관련하여 한 가지 더 주목할 점은, 이 고뇌하는 청년들이 대학 입학 시험에 합격하거나 주변 권력자들의 도움을 얻어 이른바 '뒷문'을 찾아내는 바늘구멍과도 같은 특별한 혜택을 누리지 못한다면 대부분 '농민공'의 신분 으로 도시에 진출할 수밖에 없다는 사실이다. 1990년대 중국 민공들의 교육 수준이 전국 평균을 현저히 상회할 뿐만 아니라 농민공 유출지와 유입지의 평균 교육 수준보다도 높다는 지적, 그리고 민공들 대부분이 농촌에서는 얻 을 수 없는 기회를 찾아 의식적으로 도시로 진출한 청년이라는 조사 결과는 가오쟈린으로 대표되는 농촌 지식청년, 혹은 회향지청의 고뇌와 1990년대 이 후 중국 사회의 핵심적인 사회문제 가운데 하나로 부각된 농민공 사이의 깊 은 연관성에 주목해야 할 필요가 있음을 보여준다.

회향지청이 농민공으로 되었다는 것은 이 글의 주제와 관련지어 볼 때 분 명 중국 사회 생산력 구조의 전환과 그로 인한 정치·문화적 헤게모니의 거대 한 전환을 상징하는 사건이다. 사회주의 시기 농촌의 헤게모니가 도시의 과 잉생산력(지청)을 농촌으로 이동시킴으로써 지청으로 하여금 농민의 '학생'이 되게 했고, 개혁·개방 시기의 도시 헤게모니가 농촌의 과잉생산력으로 전락 한 농촌의 지청들을 도시로 이동시켜 도시의 '학생'이 되도록 만들었기 때문 이다. 1930년대 이후 마오쩌둥주의의 지도자들은 농민과 지식인의 관계에 관 한 테제, 즉 농민이 지식인의 학생이 되는 것이 아니라 지식인이 농민의 학 생이 되어야 한다는 것을 일관되게 강조해왔다. 이것이야말로 마오쩌둥주의 의 핵심 테제 가운데 하나였다. 그렇기 때문에 개혁·개방 이후 회향지청이 농민공이라는 신분으로 도시에 편입되기 시작했다는 사실은 이 테제의 토대 라 할 수 있는 중국 사회의 도농 관계 및 정치·문화적 헤게모니에 근본적인 전환이 일어나고 있음을 보여주는 상징이자 징후로 간주하고 주목해야 할 필요가 있다. 그러나 이와 관련하여 오늘날 우리가 주류 서사들 속에서 들을 수 있는 목소리는 매우 제한적이다. 도시의 하층으로 불안하게 편입된 '수천 수백만의 고뇌하는 청년들'의 감춰진 이야기는 1990년대를 한참 넘겨서야 이른바 '저층底層'[32]과 '신노동자(新工人)'라는 낯선 이름표를 단 채로 우리 앞에 그 신산했던 여정의 일단을 드러내고 있을 뿐이다.

이제 다시 루야오에게로 시선을 돌려 보자. 「인생」으로부터 『평범한 세계』에 이르기까지 1980년대라는 시간을 관통하며 루야오가 작품을 통해 끊임없이 던졌던 근본 질문은, 도대체 어떻게 중국의 농촌과 농민이 사회주의 중국의 현대화 과정 위에 안착되도록 할 것인가였다. 이 질문이야말로 루야오가 류칭柳青에게서 물려받은 가장 중요한 유산이다. 그리고 지금 그 누구도 루야오의 이 무거운 질문 앞에 긍정적인 평가나 전망을 내놓기 어렵다. 왜 중국의 농촌과 농민은, 그 고뇌하던 수천 수백만의 가오쟈린들은 중국의 현대화 과정 위에 여전히 안착되지 못하고 있는가? 대약진 시기 류칭이 던진 질문을 받아안은 루야오의 절창은 정말로 그 맥이 끊어져버린 것인가?

이 문제에 답하기 위해서는 우선 강단 문학사를 포함한 개혁·개방 이후 주류 서사의 이면에 가리워진 그들의 목소리와 흔적들을 발굴해냄으로써, 루야오 이후 오늘날의 농민공 이야기와 저층문학으로 이어지는 그 단속적인 선색들을 촘촘히 이어내는 서사를 복원하기 위한 노력이 절실하다. 개혁·개방 시기 그 화려했던 중국의 주류 서사에는 어떤 이면이 존재할까. 그리고 그 이면에 숨겨진 이야기들을 다 드러내고 나면 그 서사는 우리가 알던 개혁·개방의 서사와 어떻게 다른 모습일까.

사회주의 시대 노동자는 어떻게 말하는가
—자장커의 〈해상전기〉

박자영

1. 논란 속의 자장커 영화

자장커賈樟柯 감독의 영화가 논란의 한가운데 서 있다. 〈샤오산의 귀가(小山回家)〉(1995)와 〈샤오우小武〉(1998)로 세계 영화계에 등장한 이후 '중국 영화의 미래'[1]라고 불리며 세계 영화계의 찬사를 받던 자장커는 어느 순간 문제적인 영화를 제작하는 감독이 되어 있다. 그의 영화를 둘러싼 논쟁의 시작은 대략 〈스틸라이프(三峽好人)〉(2006) 이후로 거슬러 올라간다. 2006년 베니스 국제영화제에서 황금사자상을 받은 〈스틸라이프〉를 정점으로, 그의 영화는 변곡점을 지나며 찬반 논란을 불러일으키고 있다.

초기에 〈24시티(二十四城記)〉(2008)가 건설사의 투자로 제작되었다는 사실이 알려지고 이 회사에서 건설한 동명의 아파트가 영화 말미에 등장했을 때만 해도 의혹의 눈길을 던지는 정도에 그쳤다. 그러나 이후 몇 편의 영화가 공개되자 의혹은 의심으로 굳어졌고, 비판적인 시선으로 확산됐다. 이제 그의 영화가 공개되면 지지와 비판의 목소리가 첨예하게 맞부딪친다. 이러한 비판의 목소리는 최근작인 〈산하고인山河故人〉(2015)에서 도드라졌다. 중국 국내의 반응은 말할 것도 없고 그동안 변화하는 자장커 영화에 대해 호의적이었던 한국의 평단에서도 이 영화에 대해서는 지지보다 비판의 목소리가 우세했다.[2]

자장커가 중국 '체제' 바깥의 영화인으로 세계 영화계에 모습을 드러낸 지 20여 년, 이 엇갈리는 평가의 저변에는 어떤 문제가 놓여 있는 것일까. 우선 자장커의 누적된 명성과 그에 대한 기대가 작용한다고 볼 수 있다. 때로는 이에 기대어 호평을 이어가게 하고, 때로는 이에 반反했기에 혹평을 가한다. 이 누적된 '명성' 혹은 '기대'는 한편으로는 아이러니하게 자장커가 '체제'에 속해 있지 않은 '지하전영地下電影' 감독이었기에 가능했던 것이다. '지하전영'이란 개념은 과도한 외미부여와는 별개의 객관적인 조건으로서 유념해야 한다. 체제 바깥의 감독이었기에 국제적인 네트워크 및 지지는 그가 영화를 제작하는 데 정신적·물질적인 자원으로 긴요했던 것이다. 이런 조건으로 인하여 동시대 영화인과 관객들은 영화인으로서 그의 출생을 지켜보고 성장을 함께하는 특별한 경험을 공유하고 있다. 이 공유의 경험은 현실적으로 힘이 세서 일정 기간 동안 그의 실물 영화에 대한 비판을 유보하게 만들기도 했다.[3] 그러나 역으로 이는 전면적인 비판이나 재검토를 가로막아 성찰이나 갱신의 계기를 적절한 시간에 적절한 방식으로 가지는 것을 방해했다고도 할 수 있다.

그렇다면 자장커는 도대체 왜 인상적인 장편영화 데뷔를 목격하고 그의 성장을 계속 지켜본 동시대 영화인과 관객에게 '배신' 혹은 '변신'이라 할 만한 행보를 보인 것일까. 이는 실제로 변신을 의미하는 것일까. 만약 그렇다면 이는 어디서 기인한 것이며 만약 아니라면 왜 이를 배신 혹은 변신이라고 느꼈을까.

변신 여부를 판단하기에는 시간의 지층이 여전히 더 쌓여야 할지도 모른다.[4] 그렇지만 자장커의 최근 행보를 변화라고 보는 세간의 시각에 대하여 보다 적절하고 적극적인 설명이 필요한 것도 사실이다. 그 변화는 어떻게 이루어졌으며 어떻게 보아야 할까. 이와 관련하여 이 글은 그동안 자장커 영화의 변화에 대한 논의에서 홀략된 사안에 주목하며 이 문제를 재검토해보고자 한다.

이 글에서 필자는 자장커 영화의 최근 변화와 관련된 논의는 사회주의 시기 도시와 노동자를 다루는 방식을 검토하면서 재조명될 수 있다는 주장을 펴고자 한다. 그동안 자장커 영화에서 노동자는 상수常數로 여겨졌다. 자장커의 영화가 고평가될 수 있었던 것도 이른바 '5세대' 영화감독의 영화에서 사라진 도시-청년-노동자를 스크린으로 불러와 재현했다는 측면이 컸다. 그의 영화에서 노동자들은 당대 중국이라는 시간에 고정되었으며 공간적으로는 산시성山西省의 펀양汾陽에서 출발하여 중국의 다양한 지역을 주유했다. 대부분은 펀양이었고 때로는 같은 현성급 소도시였으며 아주 가끔 베이징과 상하이와 같은 대도시였다.[5] 하지만 대다수 영화 속 노동자는 포스트사회주의 시기인 '당대'의 지금 여기 시공간을 살아가는 인물이었다.

따라서 자장커는 무엇보다 포스트사회주의 시대를 살아가는 노동자의 일상과 행위를 보여주는 데서 뛰어난 성취를 이뤄냈다는 점이 주목된다. 이에 비하면 포스트사회주의 시대 직전 역사인 사회주의 시대 노동자들의 모습은 좀처럼 스크린에 비춰지지 않았다. 이는 자장커 영화의 주요 인물이 노동자라는 사실을 생각한다면 의외인 지점이라 할 수 있다. 거의 모든 서사는 개혁·개방이 시작되고 난 뒤, 사회주의 체제와 문화가 붕괴되던 시점에서 출발했던 것이다.[6]

'포스트사회주의'라는 당대의 특정 시간은 특히 〈스틸라이프〉까지 영화에서 집중적으로 재현됐던 서사의 시간적 좌표였다. 서사의 시간적 좌표는 지금 여기의 당대 중국을 가리키는 것이 명백했다. 이 좌표가 전후로 조금씩 움직이기 시작한 것은 〈스틸라이프〉 이후다. 직전 시대인 사회주의 시기는 〈24시티〉와 〈해상전기海上傳奇〉(2010)에서 다뤘다. 최근작인 〈산하고인〉에서는 근미래인 2025년이 다뤄지면서 엇갈리는 평가의 진원지가 되기도 했다.

흥미로운 점은 시간적인 좌표가 이동한 영화를 만들어내기 시작한 시점이 자장커 영화에 대한 찬반 논란이 분분하게 일기 시작하던 시기와 겹친다는 점이다. 자장커가 지금 이곳의 포스트사회주의가 아닌, 직전의 사회주의 시대를 다루면서 찬반 논란이 일기 시작했다. 이 글은 시간적 좌표의 이동 및 변경이 자장커 영화에 대한 평가를 가르는 데 중요하게 작용한 조건 중 하나라는 점을 주장하려고 한다. 주요하게 이 시간적 좌표의 이동 속에서 자장커 영화의 주요 인물인 노동자와 그의 시대에 대한 시각은 전반적으로 재조정된다.[7]

특히 흥미로운 것은 〈해상전기〉에서 재현되는 노동자의 형상이다. 난징조약과 개항 이후 상하이의 역사를 단락별로 되짚고 있는 영화인 터라, 사회주의 시대도 당연히 주요한 시간대로 포함되어 있다. 그런데 이 시기의 노동자가 묘사되는 양상은 여느 때의 노동자보다 특징적이면서 대비적이다. 또한 이 시기의 노동자와는 다른 형상의 노동자가 서사 주변부에서 명멸한다. 이 글은 자장커의 영화 〈해상전기〉에서 사회주의 시대 대도시 노동자가 다뤄지는 방식에 주목하여 그 각도와 심도를 문제 삼는 것에서 논의를 시작하고자 한다. 사회주의 시기 대도시 상하이의 노동자는 자장커 영화에서 어떻게 재현되고 기억되는가. 이러한 노동자 형상의 출현은 자장커 영화의 변화 여부를 재고하는 데 어떠한 시사점을 던져줄까. 또한 이는 자장커의 주요한 인물이었던 노동자에 대한 재현에 어떤 의미 변경을 가져다줄까.

2. 상하이의 전기傳奇는 다시 쓰여지는가

〈해상전기〉는 자장커의 필모그래피에서 여러모로 이색적인 영화이다.[8] 대도시라는 공간적인 선택도 그렇지만, 당대에 한정되지 않고 짧게는 70여 년, 길게는 150여 년의 긴 시간을 서사의 대상으로 삼았다는 점에서도 그러하다. 영화는 이 상하이의 역사를 몇 개의 시간대로 나눈 뒤 그 시간의 기억을 가진 대표적인 인물들을 인터뷰했다. 인터뷰이로는 정치가, 자본가, 조직폭력배, 혁명가, 노동자, 영화감독 등 상하이와 관련된 다양한 기억을 가진 이들이 등장한다.

그렇다면 자장커의 상하이 재현 영화의 주제와 방향을 알려주는 주요 인터뷰이는 구체적으로 누구일까. 20세기 초 상하이를 대표하는 인물로 선택된 이는 혁명가(양싱포楊杏佛)의 아들, 자본가(장위안쑨張原孫), 조직폭력배(두웨성杜月笙)의 딸이다. 중화인민공화국이 성립된 1949년 전후의 인물로는 공산당 열사(왕샤오허王孝和)의 아들과 대륙을 떠나 타이완으로 이주한 국민당 관련자 자녀들(왕퉁王童, 리자퉁李家同, 허우샤오셴侯孝賢)이 인터뷰에 담긴다. 사회주의 시기 상하이의 인물로는 모범노동자로 유명했던 황바오메이黃寶妹와 문화대혁명 시기 이탈리아 영화감독 안토니오니를 접대했다가 투옥된 주첸성朱黔生, 유명 여배우(상관윈주上官云珠)의 아들 등이 등장한다. 이 시기에 상하이를 떠나 홍콩으로 이주한 사람들(페이밍이費明儀, 판디화潘迪華)의 인터뷰도 실리는데, 그 가운데 페이밍이는 〈작은 도시의 봄(小城之春)〉을 감독한 페이무費穆의 아들이다. 개혁·개방기를 대표하는 상하이의 인물로는 최초의 성공한 증권투자가(양화이딩楊懷定)와 유명 청년 작가(한한韓寒)를 인터뷰했다. 그리고 개별 인물의 인터뷰 사이에 현재 시점의 인물인 자오타오趙濤가 상하이 거리를 이리저리 배회하며 서사를 연결 짓고 있다.

이와 같이 시공간을 종횡무진하며 한 명의 인물에 집중하는 것이 아니라 다양한 인물을 다루면서 그들의 인터뷰를 동등하게 병치한 점에 주목하는 연구들이 많다. 가령 류하이보劉海波 등은 〈해상전기〉가 병치의 수법으로 단일한 현대성이 아닌 복수複數의 현대성 양상을 드러냈다고 고평한다.[9] 상하이의 현대성을 한 방향으로 서술하지 않고 혁명가와 자본가, 암흑가의 인물들을 등장시키고 그들의 인터뷰를 병치시킴으로써 상하이에 다양한 현대성과 관련된 모델이 존재했고 각축했음을 알린다는 것이다. 이는 상하이를 현대성을 대표하는 도시로 그려내는 대중 서사와 상하이 연구의 시각을 겨냥한 것으로, 상하이의 식민지 모더니티 문제를 다양한 각도에서 재서술하고자 하는 감독의 의도를 포착한 것이다.[10]

어쩌면 이는 그동안 공개됐던 자장커 영화의 주제와 방법의 연장이라고 볼 수도 있다. 이 영화도 이전 영화와 마찬가지로 비주류적인 인물의 일상을 다큐멘터리의 형식을 빌어 드러냈다. 더구나 그들의 구술로 서사가 이뤄졌다는 특징을 지닌다. 어떻게 보면 이 영화는 기존의 자장커 영화에서 시도됐던 방법을 상하이의 서사에 적용한 버전이라고 할 수 있다.

그러나 문제는 이런 메시지가 어떤 맥락에서 적용됐고 누구를 통해 전달되는가 하는 것이다. 복잡한 상하이의 문화정치적 맥락으로 인해 그 비주류성과 전복성은 혼선을 가져온다. 자장커에 의해 비주류로 선택된 이들은 사실 공식적인 역사 담론에서나 비주류로 분류될 뿐이지 상하이의 대중 서사에서는 오히려 주류를 점하고 있던 인물들이기 때문이다. 허다한 상하이 노스탤지어를 불러일으키는 관련 서사물의 주인공은 대부분 자본가, 정객, 조직폭력배, 부르주아였다. 그들은 사회주의 체제의 공식 담론에서는 비주류로 분류되지만 상하이의 지역 서사에서는 여러 번 상연되고 재현된 주요 인물들이다. 오히려 이들은 '소인물小人物'이거나 비주류적인 인물이라기보다, 상하이 서사 내부에서 주류적인 위치를 점하는 '대인물大人物'이라 할 수 있다.

주변적이고 비주류인 작은 인물을 중심으로 세상과 사회에 대한 다른 시각과 삶의 형태를 개입시켰던 기존의 방법은, 식민지 현대성과 사회주의 시기의 복잡한 역사 과정을 통해 두껍게 재구성된 상하이라는 텍스트에서 굴절된다. 비주류의 인물이라고 자장커가 판단했던 이들 '대인물'의 일생은 서사로 다루기에 충분히 매력적이다. 그러나 상하이 역사를 재서술한다고 할 때 마땅히 해석되어야 할 새로운 의미가 이 재서술 과정에서 실종되었다. 인물과 서사가 가진 매력에 의미는 휘말려 사라진 것이다.

물론 자장커는 이들이 상하이의 대중 서사에서 자주 다뤄졌던 인물이라는 점을 인지하고 있다.[11] 그렇지만 그들의 알려지지 않은 뒷이야기를 서술함으로써 기존의 서사에서 은폐된 개인적인 다양한 시각과 삶의 실체를 인식할 수 있다고 생각한다. 이는 기존의 역사 서사가 은폐한 것에 저항하는 시도라고 의미 부여된다.[12] 그의 의도에 따르면 이들 자본가, 정치가, 암흑가의 '대인물'은 다시 언급될 가치가 있다. 그들의 알려진 행동 이면의 개인적인 삶에 대해 더 깊이 아는 것이 상하이의 역사와 일상을 더 풍부하게 이해하고 재인식하게 만든다고 밝힌다. 이것이 익히 알려진 '대인물'을 영화의 주인공으로 재상연해 올리는 이유이다.

그런 점에서 자본가 장위안쑨이 댄스홀에서 사교춤을 추는 장면에서 흘러

〈그때 알았더라면〉
영화 〈해상전기〉에서 재즈곡 〈I wish I knew〉가 흐르는 가운데 자본가 장위안쑨이 댄스홀에서 사교춤을 추고 있는 장면이다. 화면 오른쪽 끝의 정면을 바라보는 남자가 장위안쑨이다.

나왔던 재즈 곡명이자 영화의 영어 제목이기도 한 〈I wish I knew〉가 무엇을 의미하는지가 드러난다. '그때 알았더라면(I wish I knew)' 좋았던 것 중 하나는, 이들 다양한 '대인물'의 내밀하고 복잡한 사정이며, 그랬다면 상하이와 그 역사에 대해 더 깊이 이해할 수 있었으리라는 아쉬움이다. 이는 지나가버린 시절에 대한 향수 어린 표현에 다름 아니다. 그렇듯 상하이의 전기 다시쓰기는 '대인물'의 사정을 '자세히' 다시 서술하는 것으로 수행된다. 그런데 그 과정에서 자장커가 그동안 관심을 갖고 재현했던 노동자는 적절한 자리를 배당받지 못한다. 그리하여 '대인물'의 틈바구니 속에서 평범한 노동자는 중심적인 서사의 연결부로 서사의 주변부에서 출몰하는 것이다. 노동자 존재의 흐려짐 혹은 노동자 자리의 축소, 이것이 '대인물'의 서사를 다시 자세하게 서술하는 서사가 발휘하는 부수적인 효과 중 하나이다.

3. 노동자는 말할 수 있는가

1) 발화하는 노동자는 누구인가

따라서 흥미롭게 봐야 할 대목은 사회주의 시기의 노동자를 묘사하는 자장커의 방법이다. 〈해상전기〉에서 노동자의 위치가 본격적으로 드러나는 사회주의 시기는 어떻게 그려졌는가. 자장커가 조계지 상하이의 현대성 서사에서 '비주류'로 간주한 자본가, 암흑가 인물, 정치가, 예술가의 삶을 상세히 묘사하느라 노동자의 자리를 누락했다면 상하이의 사회주의 시기에 노동자는 필수적으로 언급될 수밖에 없다. 〈해상전기〉에서 사회주의 시기 노동자를 그려내는 방식은 그런 만큼 주의를 요한다.

황바오메이 인터뷰 장면

아닌 게 아니라 영화는 사회주의 시기 '모범노동자'였던 황바오메이의 빛
나는 순간을 인터뷰를 통해 서술하고 있다. 황바오메이는 푸둥에 거주하는
방직공장 노동자이다. 그는 '모범노동자'로 선발된 뒤 마오쩌둥을 만나 같이
경극을 관람하기도 했으며, 세계청년축전에 참가하고 영화의 주인공이 되기
까지 한 빛나는 삶을 영화에서 진술한다. 영화에서 황바오메이는 전형적인
사회주의적인 노동자 영웅 서사라 할 수 있는 방법으로 제시된다. 그에 대한
묘사에서 전복적이거나 비주류적인 시각은 찾아보기 힘들다. 사회주의 노동
영웅을 묘사하는 평범하고 통상적인 방식이 답습된다.

그러나 기묘한 것은 그의 서사가 놓인 위치이다. 그의 서사는 영화 속의
많은 인물 서사 중 하나로 파묻혀 재배열된다. 사회주의 체제의 '주인공'으로
서의 노동자라는 감각은 개별 인물을 묘사할 때는 드러나지만 전체적인 영
화 구도 속에서 강조되지 않는다. 오히려 이 인물의 앞뒤에서 1949년에 대륙
을 떠나야 했던 국민당원 가족들의 고통이 여러 인물의 인터뷰를 통해 길게

서술되고, 그 뒤에 문화대혁명 시기 고초를 겪은 상관원주 가족의 비극적인 삶이 배치된다. 이러한 배치 속에서 황바오메이의 순전한 영광의 서사는 상대적으로 평범해지고 진부해진다. 황바오메이는 밝은 표정으로 자신의 젊은 시절에 대해 회고하지만, 그 발화는 모범노동자의 영웅담으로 구술되는 만큼 새로운 의미나 깊이를 획득하지 못하고 표피적으로 그려진다. 사회주의 시기 노동자는 전형적인 방식으로 진부하고 평범하게 다뤄진다.

이러한 배치와 더불어 중요한 문제는 이 에피소드가 구성적인 틀에서 갖는 의미와 역할이다. 1949년 이후의 단락은 전반적으로 냉전 구조와 그 문제를 재사고해보는 의도로 구성되어 있다. 중국의 공식 담론에서 강조됐던 1949년 '해방'의 의미는 국민당원 가족의 서사가 개입되면서 탈주와 유랑, 실패의 관점에서 재조정된다. 이 단락에서 사회주의 시기 노동자의 자랑스러운 발화는 비극적인 사정 앞에서 빛을 잃는다. 오히려 대륙을 떠나 유랑해야 했던 인물의 기구하고 불우하며 향수 어린 삶이 더 무거운 무게를 지닌 채 진술된다. 황바오메이의 밝은 톤의 진술은 상대적으로 가볍고 무심하게 그려진다. 이는 냉전 구조와 그 감정 문제를 재사고하려는 이 단락의 구조가 지닌 필연적인 구성의 한계이다. 황바오메이의 서사는 이 단락의 구조상 제대로 조명 받지 못하고, 부수적이거나 군더더기의 위치에서 진술될 수밖에 없다. 사회주의 시기 상하이 서사에서 노동자의 위치는 축소되고 어울리지 않는 자리에 초대받은 이처럼 부록으로 덧달려 있다.

물론 이는 냉전 체제의 문제를 다시 사고하게 만드는 관점이기는 하다. 한편에서는 해방이, 다른 한편에서는 실향이자 유랑, 실패를 의미하기 때문이다. 그래서 상하이의 시공간에 한정짓지 않고 이를 아우르는 냉전 구조로 확대하여 이 시기를 재조명할 수 있다. 그렇다 하더라도 다른 한편의 해방이 갖는 의미가 어떤 식으로도 되새겨지지 않고 누락된다는 점은 문제적이다. 한편의 해방이 가진 의미는 황바오메이의 사례를 통해 새로운 관점이나 특별한 시각 없이 전형적이고 진부하게 기존의 방식대로 표현된다. 황바오메이의 영광스런 나날에 대한 발화는 특별한 무게를 갖지 않고 평범하게 처리된다. 그 과정에서 사회주의 시기와 대표적인 주체인 노동자의 의미는 재조명되거나 재규정되지 않는다. 사회주의 시기 노동자는 발화를 하지만 그 발화는 텅 비어 있다.

2) 노동자는 어떻게 침묵하는가

그런데 사회주의 시기 노동자의 대표로서 황바오메이의 발화와 대조를 이루는 것은 방황하는 자오타오와 그 뒤에 배경처럼 등장하는 침묵하는 노동자들이라는 점에 주목해야 한다. 상하이의 현실 노동자들이 노동하는 장면을 이 영화는 거리를 배회하는 자오타오의 뒤에서 배경처럼 처리한다. 이들은 자신의 이야기를 서술하는 노동자 및 하등의 관련이 없는 조계지의 '대인물'과 냉전 체제 저편의 인물들의 진술 사이사이에 등장한다. 〈해상전기〉에서 현실의 노동자는 주로 갈 곳 잃은 눈동자와 발길의, 대사 없는 자오타오와 행보를 같이한다. 말없이 배경으로 출몰하는 이 노동자들은 기존의 노동자와 다른 관점에서 재현된 듯 보인다. 이 비슷한 듯하지만 다르게 느껴지는 노동자의 출현을 어떻게 읽어야 할까. 이 영화에서 현실의 노동자는 왜 이렇게 특별한 방식으로 자오타오와 함께 유사한 모습으로 출현했을까.

사실 그동안 〈해상전기〉에서 자오타오와 현실의 노동자가 같이 등장하는 모습은 상당한 주목을 받았던 장면이다. 이는 자장커 영화에 대해 본격적인 비판이 개시된 대표적인 장면 중의 하나이기도 했다. 그렇다면 구체적으로 어떤 이유에서 이 장면에 주목했을까.

우선 자오타오와 노동자의 역할이 매개라고 보는 의견이 있다. 유세종은 자오타오와 노동자가 말없이 표정과 몸짓으로 영상의 이음새 부분에 등장하는 데 주목했다. 중국 전통의 장회체 소설처럼 인터뷰 대상자의 회고담이 한 장의 소설을 이루며 이들은 그 사이에 배치된 운문처럼 장과 장 사이에 등장한다는 것이다. 따라서 이들은 운문처럼 묘한 여운을 주는 서정적인 역할을 하고 있다고 분석한다.[13] 한편 노동자의 모습은 '삽화'처럼 그려졌는데, 그렇지만 이 삽화의 색조는 무겁고 비장하다는 평가를 내린다. 유세종은 이것이 사회가 노동자를 소외시켰음을 알려주는 장면이라고 본다. 그렇지만 그는 자장커가 이들에게 헌화하듯이 이들을 빠뜨리지 않고 그려냈다는 점에 의미 부여를 한다. 확실히 현실의 노동자는 '헌화' 혹은 정물화처럼 그려진 것 같다. 그런데 그 헌화 혹은 정물화의 의미와 지향이 변화한 것인지도 모른다.

한편 이러한 매개는 적절하게 이뤄졌다기보다 이데올로기적 봉합의 역할을 했다고 좀 더 신랄하게 비판하는 입장이 있다. 류신팅劉昕亭은 영화에서 실제 인터뷰의 서사들은 단절됐고 적절하게 봉합되지 못했으며 새로운 역사를 서술한다는 야심도 구현되지 못했다고 평가한다. 이러한 균열을 메우는 것이 자오타오의 역할이며, 그가 영화에서 '3무'—이름/대화/서사의 부재—로 출현한 것에서 그 역할이 잘 드러난다고 보았다.[14] 구체적으로 자오타오는 이 영화에서 다섯 번 등장했는데, 이는 역사의 상처가 드러나는 지점들이었다고 진단한다. 자오타오는 식민 역사와 '국공國共'(국민당과 공산당 관련) 서술이라는 역사와 현실의 균열을 메우는 역할을 세심하게 수행하고 있다는 분석이다. 자오타오는 영화의 전편에 걸쳐 역사적인 상처가 남아 있는 중요 단락에 출현한다. 중국 근현대사를 연결시켜 여기에 '대화해'의 의미를 부여

자오타오의 방황

하고, 이데올로기 분열을 초월하는 서술을 하는 데 유력하게 기능하는 인물이다. 류신팅의 분석에 따르면 자장커는 상하이에 대한 다큐멘터리를 빌려서 여러 이데올로기의 잘못된 위치를 봉합하고 중국 근현대사의 탈혁명화되고 탈계급화된 '대화해'로 서사를 봉합하여 서술하고 있다.[15]

이처럼 자오타오의 등장 방식에 대해 중국 국내외에서 분분하게 의견이 개진되었다. 그렇지만 흥미로운 것은, 이 의견 속에서 침묵하는 노동자에 대한 주목도는 상대적으로 떨어진다는 점이다. 현실의 노동자 재현에 대해 주목하더라도, 노동자의 양태를 영화의 인물들과 연계시키기보다 별개로 독립적으로 평가하는 의견들이 다수이다. 그러나 이때 이 영화 특유의 노동자 묘사 방법은 잘 포착되지 않고 오히려 기존 자장커 영화의 연속선상에서 이에 대한 분석이 이뤄지곤 했다.

노동자를 정물처럼 묘사하는 것이 자장커 영화에 자주 등장했던 방법이라고 한다면,[16] 이 영화에서는 그 정물로 등장하는 방식이 달라졌고 그에 따라 의미도 달라졌다는 점에 주목할 필요가 있다. 정물처럼 묘사하던 기존의 인물 묘사법과 비슷한 듯하지만 상당히 달라진 형태를 드러낸다. 자장커의 기존 인물들, 특히 노동자들은 종종 말을 하지 않고 행동으로 제시되곤 했다. 그러나 이들의 침묵은 묵묵히 수행하는 단단한 삶의 자세를 드러내는 데 소용됐다. 카메라도 시종일관 인물들을 뒤따르며 허름하지만 묵언수행하듯 삶을 살아가는 노동자의 일상과 노동에 초점을 맞췄다. 그러나 이 영화에서 그런 시선의 카메라는 더 이상 채용되지 않는다. 카메라는 노동자의 뒤보다 자오타오를 쫓아가기에 급급하다.

무엇보다 21세기 상하이의 현실 노동자는 자오타오가 이동하면서 그와 함께 포착되는 경우가 많다는 점에 주목해야 한다. 정처 없는 자오타오의 눈길과 발길은 노동자에게 가닿지만 오래 머물지 않는다. 노동자는 흔들리는 자오타오의 행로를 따라 덧붙여 등장하는 것이다. 노동자는 화면의 여기저기에 넘쳐나지만 주변적인 존재로 침묵 속에서 또렷하게 각인되지 않는다. 무無대사에 무목적적인 자오타오의 행로에 곁가지로 덧붙여짐으로써 노동자의 존재는 미소微小해지고 근심어린 눈길을 받는다. 영화에서 노동자들이 노동 외에 다른 일상과 행동을 영위하는 장면이 좀처럼 등장하지 않음으로써 이 점은 확증된다.[17] 현실 노동자의 삶과 노동의 다양하고 세부적인 양상은 다른 영화에서와 달리 더 이상 주목의 대상이 되지 않는다.

이렇듯 영화에서 현실의 노동자는 대부분 무표정한 얼굴로, 혹은 멀리 찍어서 미미한 모습으로 등장한다. 노동자는 곳곳에 드러나지만 의미가 부여되지 않고 목소리도 거의 들리지 않는다. 그들은 상하이 태생이 아니고 권력의 위치에 있지 않기에 인터뷰 대상이 될 자격을 얻지 못한다. 자오타오라는 존재에 기대 등장하고 그의 근심을 사는 노동자의 상황은 현실적인 구조와 주체성의 문제를 사고하거나 그에 접근하기 쉽지 않다는 사정을 알려준다.

자오타오 시선 속의 노동자들

현실의 노동자 존재의 이러한 의미는 자장커 영화에서 곤경이라 할 만하다. 더구나 같은 영화에서 황바오메이의 발화와 비교하면 이러한 의미부여 방식은 좋은 대비를 이룬다. 황바오메이의 발화가 새로울 것 없는 노동영웅의 서사를 반복생산하면서 진부한 형상을 보여줬다면, 화면 곳곳에서 과잉으로 출몰하는 현실 노동자의 형상은 주로 침묵 속에서 노동하는 장면을 자오타오의 방황과 더불어 무의미하게 반복재생하면서 곤경을 강화한다. 곤경의 재생산은 이 사회와 구조를 추인한다는 점에서 의미심장하다.

이런 점에서 현실 노동자가 영화에 과잉출현하는 맥락을 다시 살펴볼 수 있다. 현실의 노동자는 에피소드의 이음매마다 여기저기 출현하지만, 그 과잉은 노동자 주체성이 불가능함을 알려주는 표식처럼 보인다. 노동자는 의미를 초과하여 스크린에 등장한다. 이들에게 주체성의 자리는 좀처럼 허용되지 않는다. 더 중요하게, 이 초과하여 출현하는 노동자의 존재는 영화에서 중심으로 사고하는 현실 상황과 구조를 은폐하는 데 쓰인다. 곧 영화에서 21세기 상하이의 대표 인물을 재선출하고 드러내는 과정을 위장하는 데 과잉의 노동자 형상이 소용되는 것이다. 달리 말하면 그들의 과잉되고 초과하는 출현은 감독의 위장술 혹은 '알리바이'로 볼 수 있다. 상하이는 새로운 대표,[18] 자본가와 부호들의 도시로 면모를 일신하여 재등장하지만 현실 노동자에 대한 이런 서사 방식을 통해 그 사실이 표 나게 선언되지 않는 것이다.

4. 비주류화의 마술

어떻게 보면 자장커의 방법은 변화하지 않고 일관되게 관철됐다고 할 수 있다. 그러나 이 방법을 적용하는 맥락이 변경됐다. 뿐만 아니라 그 적용으로 인하여 역사와 시대의 의미가 달라지고 재규정된다는 점에서 이러한 방법의 변화 지점을 중요하게 톺아봐야 한다. 자장커가 일관되게 조명했던 당대 중국에서의 비주류-노동자는 시간이 지나면서 비주류-'대인물' 혹은 비주류-자본가로 바뀌치기되는 마술이 벌어진다. 이 바뀌치기는 명약관화하게 이루어지지 않고 어정쩡한 상태로, 심지어 쉽게 알아차리지 못하게 일어난다. 비주류의 주체는 시간이 착란하여 오인되며 역사와 변화하는 사회 구조에 대해서도 착종된 판단으로 이어진다.

자장커 영화의 이 모든 변화는 표 나게 이뤄지지 않고 도드라지게 선언되지도 않는다. 그저 '구舊상하이' 역사와 좌우의 인물들을 재호출하며 그들을 나란히 배치할 뿐이다. 그러나 이를 뒤죽박죽 섞어버림으로써 상하이 도시의 근거가 새롭게 정립된다. 그런 점에서 사회주의 시대의 수다한 등장인물 가운데 노동자에게 단 하나의 에피소드를 배정하여 과장된 밝은 톤의 서술 기조를 부여한 황바오메이의 사례는 의미심장하다. 스크린 속 상하이 거리 곳곳에서 과잉으로 출현한 현실의 노동자가 20명에 가까운 인터뷰 대상자 어디에도 끼지 못하고 말을 섞지 못한 점도 눈여겨봐야 할 대목이다. 이는 사회주의와 포스트사회주의 중국의 노동자 형상이 자장커 영화에서 수정되고 있다는 것을 보여주는 지점이다. 이러한 수정을 통하여 자장커는 21세기 중국 현실과 역사를 주도하는 새로운 대표를 선출한 것처럼 보인다. 이것이 상하이라는 도시의 무게에 지레 짓눌린 일시적인 선택일지 장기적인 판단일지는 시간을 두고 지켜볼 일이다.

미주

1부 국가와 도시

도시로 간 농촌혁명가들과 '신민주주의혁명'

1 「中國共産黨第七屆中央委員會第二次全體會議公報」(1949. 3. 23), 中央檔案館 編, 『中共中央文件選集』第18冊, 北京: 中共中央黨校出版社, 1992(이하 '『文件選集』'으로 약칭), 194~197쪽.

2 楊奎松, 『中華人民共和國建國史研究』1(政治), 南昌: 江西人民出版社, 2010, 13~16쪽, 48~53쪽; 田中恭子, 『土地と勸力: 中國の農村革命』, 名古屋大學出版會, 1996, 127~148쪽.

3 이원준, 「중화인민공화국 건국 직전의 정치적 통합 과정─1948년 前後의 華北 지역을 중심으로」, 『東洋史學研究』 제98집, 2007, 345~370쪽.

4 「關於工商業政策」(1948. 2. 27), 中共中央文獻編輯委員會 編, 『毛澤東選集』第4卷, 北京: 人民出版社, 1991(이하 '『選集』'으로 약칭), 1285쪽.

5 「土地改革中的幾個問題」(1948. 1. 12), 中共中央文獻編輯委員會 編, 『任弼時選集』, 北京: 人民出版社, 1987, 428~430쪽.

6 于化民, 「人民共和國的孕育與新生: 解放戰爭時期中共建國思路的發展軌迹回溯」, 『晉陽學刊』 2013-5, 87쪽.

7 「在中共中央政治局會議上的報告和結論」(1948. 9), 中共中央文獻研究室 編, 『毛澤東文集』第5卷, 北京: 人民出版社, 1993, 136쪽.

8 「中國共産黨第七屆中央委員會第二次全體會議公報」(1949. 3. 23), 『文件選集』第18冊, 195쪽.

9 「再克洛陽後給洛陽前線指揮部的電報」(1948. 4. 8), 『選集』第4卷, 1323~1325쪽.

10 「把消費城市變成生産城市」(『人民日報』社論, 1949. 3. 17), 『文件選集』第18冊, 495쪽.

11 「華東局關於接管江南城市的指示(草案)」(1949. 4. 1), 『文件選集』第18冊, 237~244쪽; 「解放軍總部約法八章」(1949. 4. 25), 劉少奇 等, 『新民主主義城市政策』, 香港: 新民主出版社, 1949, 39~41쪽.

12 「葉劍英在北平市委高級幹部會上的報告」(1948. 12. 19), 『北京黨史』 1999-1, 26~27쪽.

13 「中國人民政治協商會議共同綱領」(1949. 9. 29), 政協全國委員會辦公廳 編, 『開國盛典: 中華人民共和國誕生重要文獻資料匯編』上編, 中國文史出版社, 2009, 506~514쪽.

14 「中國革命和中國共産黨」(1939. 12), 『選集』第2卷, 632~652쪽; 「新民主主義論」(1940. 1), 같은 책, 662~694쪽.

15 「論人民民主專政」(1949. 6. 30), 『選集』第4卷, 1472~1476쪽.

16 「目前形勢和我們的任務: 一九四七年十二月二十五日在中共中央會議上的報告」(1947. 12. 25), 毛澤東文獻資料研究會 編, 『毛澤東集』第10卷, 東京: 蒼蒼社, 1983, 107~110쪽.

17 劉崇文 主編, 『劉少奇年譜, 1898~1969』下, 北京: 中央文獻出版社, 1996, 192~209쪽; 薄一波, 『若干重大決策與事件的回顧』(修訂本) 上, 人民出版社, 1997, 51~54쪽.

18 王金艷, 「解放戰爭時期中國共産黨接管城市工作的理論和實踐」, 吉林大學 博士學位論文, 2010, 114~117쪽.

19 「薄一波在華北臨時人民代表大會上關於華北人民政府施政方針的建議」(1948. 8. 11), 中央檔案館 編, 『共和國雛型: 華北人民政府』, 北京: 西苑出版社, 2000, 122~123쪽.

20 「中央關於新解放城市中組織各界代表會的指示」(1948. 11. 30), 『文件選集』第17冊, 529~533쪽.

21 「中共中央關於縣·村人民代表會議的指示」(1948. 12. 20), 『文件選集』第17冊, 590~591쪽.

22 「關於中國新民主主義的國家性質與政權性質」(1949. 7. 4), 中共中央文獻研究室·中央檔案館·『黨的文獻』編輯部 編, 『共和國走過的路: 建國以來重要文獻專題選集(1949~1952)』, 中央文獻出版社, 1991, 58쪽.

23 「中共北平市委關於北平市各界代表會議總結向中央·華北局的報告」(1949. 9. 17), 北京市檔案館·中共北京市委黨史研究室 編, 『北京市重要文獻選編』(1948. 12~1949), 中

國檔案出版社, 2001(이하 『北京市選編』으로 약칭), 705~706쪽.

24 「北平市委關於召集各界人民代表會議及黨的代表會議給中央的報告」(1949. 7. 29), 『文件選集』第18冊, 396~397쪽; 「薄一波關於華北各城市各界代表會議情形和經驗向 毛澤東主席的報告」(1949. 10. 29), 『共和國雛型: 華北人民政府』, 246쪽; 張浩, 「建國 初期中國共産黨城市工作研究: 以北京市爲個案」, 北京大學 博士學位論文, 2009, 35~ 36쪽.

25 北京市地方志編纂委員會 編, 『北京志』卷6(政權·政協卷) 第11冊(人民代表大會志), 北京出版社, 2003(이하 '『北京志』卷6 第11冊'으로 약칭), 13~22쪽; 「北京市人民政府 致中央人民政府政務院工作報告: 1950年7·8月份綜合報告」(1950. 10. 18), 北京市檔案 館 編, 『國民經濟恢復時期的北京』, 北京出版社, 1995(이하 『恢復時期北京』으로 약 칭), 847~849쪽.

26 『北京志』卷6 第11冊, 22~31쪽.

27 『北京志』卷6 第11冊, 8~9쪽; 「中共北京市委關於召開北京市第三屆第一次各界人民 代表會議向中央·華北局的請示報告」(1951. 2. 21), 『北京市選編』(1951), 97쪽.

28 『北京志』卷6 第11冊, 32~42쪽; 「中共北京市委關於召開北京市第四屆各界人民代表 會議向中央·華北局的請示報告」(1952. 8. 9), 『北京市選編』(1952), 294~298쪽; 「中央 同意北京市委關於召開第四屆各界人民代表會議計劃的電報」(1952. 8. 12), 中共中央 文獻研究室·中央檔案館 編, 『建國以來劉少奇文稿』第4冊, 北京: 中央文獻出版社, 2005, 398~399쪽; 「北京市人民政府致中央人民政府政務院工作報告: 1952年第3季度 綜合報告」(1952. 10. 24), 『恢復時期北京』, 913쪽.

29 李玉榮, 「略論北平和平接管的特點及其基本經驗」, 『北京黨史』1999-2, 20쪽.

30 이하 베이징시 각계인민대표회의 및 인민대표대회의 대표 구성에 관한 내용은 『北 京志』卷6 第11冊, 469~558쪽 참고.

31 한편, 유용태는 각계인민대표회의 제도의 역사적 배경으로 청말 이래 장기간에 걸 쳐 형성되어온 근대 중국의 직업대표제 전통에 주목하였다. 유용태, 『직업대표제, 근대 중국의 민주 유산』, 서울대학교 출판문화원, 2011, 374~408쪽.

32 高王凌, 「中國共産黨爲甚麼放棄新民主主義?」, 『二十一世紀』2012-10(總第133期), 32 쪽.

33 楊奎松, 「毛澤東爲什麼放棄新民主主義: 關於俄國模式的影響問題」, 『近代史研究』 1997-4; 李福鐘, 「中國共産黨爲什麼放棄新民主主義?」, 『中央研究院近代史研究所集

刊』第40期, 2003; 高王凌, 앞의 글.

수도 베이징의 '도심' 정하기―'양진 방안'의 제기와 좌절

1 梁思成·陈占祥 著, 王瑞智 编, 『梁陈方案与北京』, 辽宁教育出版社, 2005; 王军, 「对
   梁陈方案的历史考察」, 『中华建筑报』2001年 10期, 2001. 9; 张法, 「当代中国的京城模
   式: 观念与现实」, 『文艺争鸣』2011年 6期, 2011, 4~11쪽; 陈愉庆, 「《梁陈方案》诞生与
   夭折始末」, 『今日国土』2012年 4期, 2012. 44~45쪽.

2 1949년 11월 20일 北京市長 聶榮臻이 北京市第二屆各界人民代表會議에서 보고한
   내용 참조. 北京建设史书编辑委员会编辑部 编, 『建国以来的北京城市建设资料 第一
   卷 城市规划(内部资料)』, 编者刊, 1995. 11, 1~4쪽.

3 朱涛, 『梁思成与他的时代』, 广西师范大学出版社, 2014, 276~285쪽.

4 黄立, 「中国现代城市规划历史研究(1949~1965)」, 武汉理工大学 博士論文, 2006. 5, 32
   쪽.

5 北京建设史书编辑委员会编辑部 编, 『建国以来的北京城市建设资料 第一卷 城市规
   划(内部资料)』, 4쪽.

6 천잔샹은 국민정부의 기술 관료 출신으로, 당시 량쓰천의 추천으로 도시계획위원회
   의 기획처 처장을 맡고 있었다. 记者, 「陈占祥教授谈城市设计」, 『城市规划』1991年
   1期, 1991. 3, 52쪽; 「梁思成致聂荣臻信(1949. 9. 19)」, 梁思成·陈占祥 著, 王瑞智 编,
   『梁陈方案与北京』, 69쪽.

7 王军·阵方 整理, 「陈占祥晚年口述」, 梁思成·陈占祥 著, 王瑞智 编, 『梁陈方案与北
   京』, 80쪽.

8 曹言行·趙鵬飛, 「對于北京市將來發展計劃的意見(1949年 12月 19日)」, 中共中央党史
   研究室·中央档案馆 编, 『中共党史资料 76辑』, 1~2쪽.

9 「朱兆雪, 趙冬日對首都建設計劃的意見(1950年 4月 20日)」, 北京建设史书编辑委员会
   编辑部 编, 『建国以来的北京城市建设资料 第一卷 城市规划(内部资料)』, 202~209쪽.

10 北京建设史书编辑委员会编辑部 编, 『建国以来的北京城市建设资料 第一卷 城市规
   划(内部资料)』, 13쪽.

11 「改建與擴建北京市規劃草案的要點(1954年 9月 16日)」, 北京建设史书编辑委员会编
   辑部 编, 『建国以来的北京城市建设资料 第一卷 城市规划(内部资料)』, 213~220쪽.

12 「北京市委關于北京城市建設總體規劃初步方案向中央的報告(1958年 6月 23日)」;「北京城市建設總體規劃初步方案的要點」;「北京市總體規劃說明草案(1958年 9月)」, 北京建设史书编辑委员会编辑部 编, 『建国以来的北京城市建设资料 第一卷 城市规划(内部资料)』, 237~254쪽.

13 「北京城市建設總結草案(十三年總結, 1962年 12月 15日)」, 北京建设史书编辑委员会编辑部 编, 『建国以来的北京城市建设资料 第一卷 城市规划(内部资料)』, 340~369쪽.

14 「中央批轉李富春同志關于北京城市建設工作的報告(1964年 3月 6日)」;「李富春關于北京城市建設工作的報告」, 北京建设史书编辑委员会编辑部 编, 『建国以来的北京城市建设资料 第一卷 城市规划(内部资料)』, 370~374쪽.

15 魏恪宗, 「万里与"文化大革命"时期北京的城市规划」, 『北京党史』 2000年 第4期, 2000. 7, 34~37쪽 참조..

16 이하 바란니코프의 방안에 대해서는 「北京市將來發展計劃的問題」, 中共中央党史研究室·中央档案馆 编, 『中共党史资料 76辑』, 3~12쪽을 참조했다.

17 巴蘭尼克夫, 「北京市將來發展計劃的問題」, 中共中央党史研究室·中央档案馆 编, 『中共党史资料 76辑』, 8쪽.

18 이하 '양진 방안'의 내용에 대해서는 「梁思成, 陳占祥關於中央人民政府行政中心區位置的建議(1950年 2月)」, 北京建设史书编辑委员会编辑部 编, 『建国以来的北京城市建设资料 第一卷 城市规划(内部资料)』, 170~201쪽을 참조했다.

19 熊田俊郎, 「梁思成の生涯と北京の都市建設: ナショナリズムと都市を考えるために」, 『駿河台法学』 21-2, 2008. 2, 65~87쪽 참조.

20 胡志刚, 「梁思成学术实践研究(1928~1955)」, 南开大学 博士論文, 2014. 5, 172쪽.

21 王军·阵方 整理, 「陈占祥晚年口述」, 梁思成·陈占祥 著, 王瑞智 编, 『梁陈方案与北京』, 80쪽.

22 「建築城市問題的摘要(關于改善北京市市政的建義)」, 中共中央党史研究室·中央档案馆 编, 『中共党史资料 76辑』, 13~17쪽.

23 「市政專家組領導者波·阿拉莫夫在討論會上的講詞」, 中共中央党史研究室·中央档案馆 编, 『中共党史资料 76辑』, 18~22쪽.

24 「建築城市問題的摘要(關于改善北京市市政的建義)」, 中共中央党史研究室·中央档案馆 编, 『中共党史资料 76辑』, 15쪽.

25 曹言行·趙鵬飛, 「對于北京市將來發展計劃的意見(1949年 12月 19日)」, 中共中央党史

研究室·中央档案馆 编, 『中共党史资料 76辑』, 2쪽.

26 「朱兆雪, 趙冬日對首都建設計劃的意見(1950年 4月 20日)」, 北京建设史书编辑委员会 编辑部 编, 『建国以来的北京城市建设资料 第一卷 城市规划(内部资料)』, 205쪽.

27 傅颐, 「彭眞和北京的城市建设-访马句」, 中共中央党]史研究室/中央档案馆 编, 『中共 党史资料 76辑』, 57쪽.

28 李自华·王蕾, 「毛泽东与新中国定都北平的重要决策」, 『北京档案』 2012年 8期, 2012. 8, 11쪽.

29 이원준, 「국공내전 후반기 중국공산당의 華北 중심 건국 방침과 定都 문제의 향방」, 『중국근현대사연구』 제65집, 2015. 3, 155쪽.

30 王军, 「梁陈方案的历史考察」, 52쪽. 王军이 梁思成의 부인 林洙로부터 얻은 梁思成, 「访苏代表团建筑土木门的传达报告」라는 미간행 원고에 따르면, '소부르주아의 비현실적인 환상'이라는 스탈린의 비판을 梁思成이 1953년 소련을 방문했을 때 소련 건축과학원 부원장으로부터 들은 것이다. 이런 스탈린의 비판을 소련 도시계획 전문가들이 북경에서의 논쟁 당시에 직접 언급했던 것처럼 서술하는 연구가 간혹 있으나, 필자가 해당 자료를 확인한 결과 모스크바의 경험을 언급하고 있을 뿐, 스탈린의 비판은 언급되지 않았다. 따라서 당시 마오쩌둥이 신도시에 대한 스탈린의 비판을 의식했다고 볼 수 있는 증거는 아니다.

31 1994년 7월 5일 王军이 林洙를 방문했을 때의 회고. 王军, 「1950年代对梁陈方案的 历史考察」(http://www.oldbj.com/html-900-3/, 2017. 8. 11. 검색); 林洙, 『困惑的大匠· 梁思成』, 山东画报出版社, 1997, 137쪽.

32 2000년 8월 8일 王军이 梁從誡를 방문했을 때의 회고. 王军, 「1950年代对梁陈方案 的历史考察」(http://www.oldbj.com/html-900-3/, 2017. 8. 11. 검색); 徐亚东, 「探析"梁陈方案"及其对中国现代城市规划实践的影响」, 33쪽; 郭黛姮·高亦兰·夏路 编著, 『一代宗师梁思成』, 中国建筑工业出版社, 2006, 199쪽(朱涛, 『梁思成与他的时代』, 175쪽 에서 인용).

33 王军, 「對梁陳方案的歷史考察」, 55쪽.

34 李献灿·张小东·常丰镇, 「近代城市规划思想对当代建筑文化遗产保护的启示: 以梁思成与北京城建筑文化保护为例」, 『价值工程』 2016年 13期, 2016. 5, 44~46쪽 참조.

35 朱涛, 「第二篇 新中国建筑运动与梁思成的思想改造」, 『梁思成与他的时代』, 109~228 쪽; 名和又介, 「北京再建と梁思成: 建国当初から反右派闘争まで」, 『言語文化』 8-1,

2005. 8, 1~27쪽 참조.

36 梁思成, 「我爲誰服務了二十餘年」, 『人民日報』 1951. 12. 27.

37 梁思成, 「我認識了我的資産階級思想對祖國造成的損失」, 『光明日報』 1952. 4. 18.

38 「中央關於如何進行建築學思想批判的通知(1955. 12)」; 「陸定一在中央召開的關於知
識分子問題的會議上的發言(1956. 1)」(中共中央統一戰線工作部 編, 『統戰政策文件匯
編』, 1958), 宋永毅 等編, *Database of the Chinese Political Campaigns in the 1950s: From Land
Reform to the State-Private Partnership(1949~1956)*, Fairbank Center for Chinese Studies,
2014. 12.

39 陆芬, 「北京通州: 行政副中心如何"治病救城"?」, 『中国国土资源报』 2015. 8. 3; 朱竞
若·余荣华, 「"行政副中心"将如何改变通州」, 『人民日报』 2015. 12. 4; 「北京: 各市属行
政事业单位2017年整体或部分迁入通州」, 『人民公仆』 2015. 12. 15. 이 밖에도 '통저
우 신도시(通州新城)'나 '베이징 행정부중심(北京行政副中心)'에 대한 기사와 논설
은 무수히 많다. 기존 연구들은 개혁·개방 이후 베이징의 난개발에 대한 문제의식
에서 '양진 방안'의 교훈을 연상하고 있다. 하지만 난개발이나 통저우 신도시가 '양
진 방안'의 실패와 직접적으로 연관되었는지는 좀 더 면밀한 분석이 필요할 듯하
다.

40 David Bray, *Social space and governance in urban China: the danwei system from origins to reform*,
Stanford University Press, 128쪽.

41 王俊雄, 「國民政府時期南京首都計畫之研究」, 國立成功大學 博士論文, 2002. 7, 135~
143쪽.

42 王亚南, 『1900~1949年北京的城市规划与建设研究』, 118~119쪽. 張武의 방안은 「베이
징시정리계획서(整理北京市計劃書)」이고, 華南圭의 방안은 「도로와 시정 프로젝트
(公路與市政工程)」이다.

43 「北平市都市計劃之研究, 意見書和大綱等」(1934年), 北京市檔案館藏, 民國檔案 J017-
001-00867/167(贾迪, 「1937~1945年北京西郊新市区的殖民建设」, 『抗日战争研究』
2017年 第1期, 2017. 3, 87~90쪽에서 인용).

공인신촌엔 누가 살았을까—상하이 차오양신촌의 사회주의 도시 개조

1 김승욱, 「상해 근대 도시사 연구의 공간적 맥락」, 『中國學報』 63집, 2011. 6, 282~296

쪽 참조.

2 楊東平의 『城市季風』은 베이징의 지역 문화와 정체성에 대해 독자적인 상하이의 지역적 정체성을 분명히 드러냄으로써 개별 지역으로서 상하이를 주목하는 사회적 분위기가 조성되는 데 큰 영향을 주었다. 楊東平, 『城市季風: 北京和上海的文化精神』, 新星出版社, 2006(초판 1994).

3 Leo Ou-fan Lee, *Shanghai Modern: The Flowering of a New Urban Culture in China, 1930~1945*, Harvard Univ. Press, 1999(리어우판 지음, 장동천 외 옮김, 『상하이모던―새로운 중국 도시문화의 만개, 1930~1945』, 고려대학교출판부, 2007).

4 包亞明·王宏圖·朱生堅 等, 『上海酒吧: 空間,消費與想像』, 江蘇人民出版社, 2001; 戴錦華, 『隱形書寫: 90年代中國文化研究』, 江蘇人民出版社, 1999(따이진화 지음, 오경희·차미경·신동순 옮김, 『숨겨진 서사―1990년대 중국대중문화 읽기』, 숙명여대출판국, 2006).

5 Hanchao Lu, *Beyond the Neon Lights: Everyday Shanghai in the Early Twentieth Century*, University of California Press, 1999.

6 許紀霖, 「近代中國的公共領域: 形態,功能與自我理解: 以上海爲例」, 上海高校都市文化研究院 編, 『上海: 近代新文明的形態』, 上海辭書出版社, 2004. 근래 許紀霖의 문제의식은 서구적 보편성에 여전히 주목하면서도 '신천하주의(新天下主意)'와 같이 이를 중국의 전통 질서 속의 개념에 담으려는 경향으로 진행되고 있는 듯하다. 許紀霖·劉擎 主編, 『新天下主義』(知識分子論叢 第13輯), 世紀出版集團 上海人民出版社, 2015.

7 근대 문화 연구자들은 구(舊)상하이에서 사회주의 시기를 포함한 당대 중국 문화에 대해 보다 직접적인 비판을 전개하고 있다. 上海大學 當代文化研究中心의 王孝明 등은 서구의 문화 이론을 사회주의 시기의 문화 전통과 연결하는 "중국혁명 전통과 문화 연구의 접합"을 시도했다(임춘성, 『상하이학과 문화연구』, 문화과학사, 2014 참조). 이러한 움직임이 또 다른 의미에서 부정적 의미의 '본토화' 시도로 진행될 소지는 없는지 경계할 필요가 있다.

8 개혁·개방 이후 중국의 진로와 관련해서 1949년 이전 구상하이에 대한 검토 속에서 조심스럽게 제기되던 종전의 '상하이 모델(上海模式)' 논의는 근래 개혁·개방 이후의 성과를 바탕으로 지구적 차원에서 '글로벌 메가시티(Global megacity)'로서 '상하이 모델'의 가능성을 탐색하는 방향으로까지 나아가고 있다. Chen·Xiangming,

Shanghai Rising: State Power and Local Transformations in a Global Megacity, Univ. of Minnesota Press, 2009(陳向明·周振華 主編,『上海崛起: 一座全球大都市中的國家戰略與地方變革』, 世紀出版集團 上海人民出版社, 2009).

9 呂俊華와 Peter G. Rowe는 1949~78년간 사회주의 중국의 도시 건설 과정을 "경제 회복과 1차 5개년 계획(1949~1957)", "대약진과 조정(1958~1965)", "문화대혁명(1966~1978)" 3단계로 정리하고 각 단계의 주요 이론과 실천을 "계획경제, 중공업 우선과 도시-농촌 이원 구조의 형성", "대약진과 인민공사", "발전 중심의 내지 전이, 반(反)도시 정책"으로 요약했다. 呂俊華·彼德 羅,『中國現代城市住宅(1840~2000)』, 淸華大學出版社, 2003, 105~188쪽.

10 베르제르는 사회주의 시기 상하이의 정치적 위상이나 재정 상황 등을 볼 때 상하이가 사회주의 도시로 완전히 개조되는 데는 한계가 있었다고 지적했다. 그는 정치적 위상과 그에 대한 기대가 약화되었던 바로 그 이유 때문에, 상하이는 베이징과 달리 "넓게 트인 큰 도로와 차가운 스탈린식 건축"으로 그 도시 면모가 크게 개조되지 않았다고 지적한다. Marie-Claire Bergère, *Shanghai: China's Gateway to Modernity*, Stanford Univ. Press, 2009, p. 367.

11 羅崗,「空間的生産與空間的轉移: 上海工人新村與社會主義城市經驗」,『華東師範大學學報』第39卷 第6期 2007. 11, 91~96쪽; 羅崗,「十七年文藝中的上海"工人新村"」,『藝術評論』2010年 第6期, 21~28쪽; 羅崗,「상하이 노동자신촌—사회주의와 존엄이 있는 "생활세계"」,『상하이학과 문화연구』, 문화과학사, 2014; 楊辰,「社會主義城市的空間實踐: 上海工人新村(1949~1978)」,『人文地理』2011年 第3期, 35~40쪽, 64쪽; 楊辰,「日常生活空間的制度化: 20世紀50年代上海工人新村的空間分析框架」,『同濟大學學報』第20卷 第6期, 2009. 12, 38~45쪽; 朱曉明,「上海曹楊一村規劃設計與歷史」,『住宅科技』2011. 11, 47~52쪽; 李藝,「工人新村與社會主義城市想象: 從《上海的早晨》中的城市景觀談起」,『北京大學研究生學志』2006年 第1期, 2006. 3, 105~112쪽; 丁桂節,「永遠的幸福生活: 解讀上海20世紀50,60年代的工人新村」, 同濟大學博士學位論文, 2007; 何丹, 朱小平,「石庫門里弄和工人新村的日常生活空間比較研究」,『世界地理研究』2012年 第2期. 적지 않은 논자들이 공인신촌을 사회주의 권력의 공간 실천으로 주목하면서 르페브르의 공간 이론과 톰슨의 노동자계층 형성에 관한 논의를 참조하고 있다. Henri Lefebvre, *Le Production de l'Espace*, Paris; Economica, 2000(앙리 르페브르 지음, 양영란 옮김,『공간의 생산』, 에코리브르, 2011); E. P. Thompson, *The*

Making of the English Working Class, Vintage, 1966(E. P. 톰슨 지음, 나종일 외 옮김, 『영국 노동계급의 형성』 상·하, 창작과비평사, 2000).

12 기본인구는 공업, 항구, 철도 등 산업노동자, 전과(專科) 이상의 학생 등이며, 복무인구는 기관, 단체, 무역기업 직원, 상업 서비스 업종, 시정공공사업 직원 및 자유직업자 등을 말한다. 「上海市改建及發展前途問題意見書」, 上海城市規劃志編纂委員會 編, 孫平 主編, 『上海城市規劃志』, 上海社會科學院出版社, 1999, 88~90쪽.

13 「上海市總圖規劃示意圖」, 위의 책, 92~95쪽.

14 Marie-Claire Bergère, op.cit., p. 370.

15 1949년 5월 조사된 통계로 상하이 전역에 100호 이상의 평후취는 322곳이 있었다. 그 가운데 2,000호 이상은 4곳, 500호 이상은 36곳, 300호 이상은 150곳, 200호 이상은 93곳, 100~199호 규모는 39곳이었다. 그 점유 면적은 1,109만m², 붕호 칸수는 19만 7,500칸, 건축 면적은 322.8m²이었다. 羅崗, 앞의 글, 2007, 93쪽.

16 「上海住宅建設投資和人均居住面積統計(1950~1978)」, 袁進·丁雲亮·王有富, 『身分建構與物質生活: 20世紀50年代上海工人的社會文化生活』, 上海書店出版社, 2008, 40~42쪽(楊辰, 앞의 글, 2011, 38쪽에서 전재).

17 毛澤東, 「論十大關係(1956年4月25日)」, 『建國以來毛澤東文稿(1956年1月~1957年12月)』 第6冊, 中央文獻出版社, 1992, 82~109쪽.

18 當代中國叢書編纂委員會 編, 『當代中國在上海』 上, 當代中國出版社, 1993, 190~195쪽.

19 陳潮·陳洪玲 主編, 『中華人民共和國行政區劃沿革地圖集』, 中國地圖出版社, 2003, 70~71쪽.

20 「1956~1967年近期規劃草案」, 上海城市規劃志編纂委員會 編, 앞의 책, 95~96쪽.

21 「1958年城市建設初步規劃總圖」, 上海城市規劃志編纂委員會 編, 앞의 책, 96~98쪽.

22 熊月之·周武 主編, 『上海: 一座現代化都市的編年史』, 上海書店出版社, 2007, 554~556쪽.

23 공인신촌 외에도 공업구, 위성도시 가운데 주목되는 개발 사례들이 제시되곤 한다. 예컨대 위성도시 閔行에 건설된 閔行一條街 같은 것이 있다. 上海住宅(1949~1990)編輯部, 『上海住宅(1949~1990)』, 上海科學普及出版社, 1993, 190쪽.

24 「曹楊一村規劃和建設」, 上海城市規劃志編纂委員會 編, 앞의 책, 526~528쪽.

25 上海市人民政府工作組市政建設分組, 「普陀區現有工房調查報告」, 上海普陀區檔案

館藏(羅崗, 앞의 글, 2007, 92~93쪽에서 전재).

26 楊富珍, 唐錦波, 顔完藝 등 차오양1촌 주민의 인터뷰 내용.「上海故事: 再說曹楊」,
上海電視臺 新聞綜合頻道, 2012. 1. 14.

27 汪定曾,「上海曹楊新村住宅區的規劃設計」,『建築學報』1956年 第2期, 4쪽.

28 위의 글, 2쪽.

29 「上海市改建及發展前途問題意見書」, 上海城市規劃志編纂委員會 編, 앞의 책, 88~90
쪽.

30 汪定曾, 앞의 글, 2쪽.

31 양푸구에는 長白新村, 控江新村, 鳳城新村, 鞍山新村, 푸퉈구에는 甘泉新村, 曹楊
新村, 창닝구에는 天山新村, 쉬후이구에는 日暉新村, 황푸구에는 長航新村이 건설
되었다. 양푸구에는 총 26.88만㎡, 총 1,159개 단원, 11,590호의 신촌이, 푸퉈구에는
11.36만㎡, 총 813개 단원, 8,130호의 신촌이 건설되었다.「上海市區"二萬戶"住宅新
村分布情況表」, 上海城市規劃志編纂委員會 編, 앞의 책, 514쪽.

32 楊辰, 앞의 글, 2011, 35~40쪽.

33 「上海市總圖規劃示意圖」, 上海城市規劃志編纂委員會 編, 앞의 책, 94쪽.

34 汪定曾, 앞의 글, 1~15쪽.

35 Marie-Claire Bergère, op.cit., pp. 377~378.

36 陳映芳,「空間與社會: 作爲社會主義實踐的城市改造—上海棚戶區的實例(1949~
1979)」,『城鄉流動』6-7, 2007, 1~25쪽.

37 공인신촌의 건설은 5·4 시기 마오쩌둥이 수용했던 신촌 이론의 영향을 받은 측면이
있다. 周作人 등의 5·4 시기 신촌 이론은 프랑스의 공상적 사회주의, 일본의 신촌
이론으로부터 영향을 받았으며, 마오에게 영향을 주었다. 朱斌,「毛澤東的新村主意
理想在新中國城市空間的實踐」,『黨史文苑』2014. 7, 49쪽. 이 점에서 공인신촌에는
기존 도시 인구를 도시 주변의 농촌 지역으로 분산시키는 '도시의 농촌화'라는 맥
락이 있다. 그런데 이 '도시의 농촌화'는 결국 해당 공인신촌들을 오히려 '주변화'하
는 결과를 낳았다고도 할 수 있을 것이다.

38 뤄강은 공인신촌이 상하이 사회주의 개조의 공간 실천으로서 의미를 갖고 있다는
점에 주목하면서 그것이 사회주의 이념에 기반을 두고 노동자계급의 사회적 관계
와 집단 형성에 적극적인 역할을 한 "존엄한 생활세계"의 공간이라고 높이 평가한
다. 羅崗, 앞의 글, 2014 참조.

39 http://www.mgtv.com/block/city/a10.htm(2016. 10. 3). 朱大可, 張閎이 각기 스쿠먼, 공인신촌을 대표해 토론했다. 何丹·朱小平은 스쿠먼·리룽, 공인신촌은 이미 현대화된 상하이의 도시 경관 속에서 부차적인 존재가 되었기 때문에 이 논쟁의 의미는 제한적이었지만, 두 도시 공간이 상하이인의 일상 생활과 밀접히 결합되어 있는 만큼 향후 그것을 어떻게 현대화된 도시 속에 융합시키는가가 중요하다고 지적한다 (何丹·朱小平, 앞의 글, 156~157쪽). 박철현은 이 논쟁을 개혁기 상하이의 도시 재생 속에 반영된 문화정치의 차원에서 설명한다(박철현, 「개혁기 상하이 도시재생의 문화정치—"석고문(石庫門) vs 공인신촌(工人新村)" 논쟁을 중심으로」, 『중국문학』 제84집, 2015, 93~115쪽).

40 이 두 도시 공간은 사회주의 시기를 살아온 도시 주민의 기억 속에도 병존해 있다. 羅崗은 상하이대학의 蔡翔 교수와 1950~60년대 상하이를 회고하면서, 당시 아이들은 弄堂(스쿠먼)과 공인신촌 두 부류가 있었다고 말한다. 그에 따르면 양자는 거주 공간과 주변 환경에 의해 각기 다른 기억을 갖고 있으며 또한 그 성격도 영향을 받았다. 羅崗, 앞의 글, 2014, 312~313쪽.

41 王文英·葉中强 主編, 『城市語境與大衆文化: 上海都市文化空間分析』, 上海人民出版社, 2004, 35~37쪽.

42 상하이시는 1993년 회풍은행(滙豊銀行) 등을 처음 지정한 이래, 1994년 2차, 1997년 3차, 2005년에 4차, 2015년 5차에 걸쳐 총 1,058개의 우수역사건축을 지정했다.

새로운 중국의 새로운 노동자 만들기—선양시 노동경쟁 캠페인과 공인촌

1 龐紅, 「建國前瀋陽鐵西工業區的形成」, 『蘭台世界』, 2005-7.

2 Andrew Walder, *Communist Neo-Traditionalism: Work and Authority in Chinese Industry*, University of California Press, 1986.

3 「關於東北解放後的形勢與任務的決議」, 朱建華 選編, 『東北解放區財政經濟史資料選編』 第1卷, 黑龍江人民出版社, 1988, 101~102쪽.

4 陳雲, 「在准備接收瀋陽的幹部大會上的講話」(1948. 10. 28), 『陳雲文集』, 中央文獻出版社, 2005, 652~655쪽.

5 「瀋陽特別市軍事管制委員會發布有關接收工作的六項規定」(1948. 11. 3), 中共瀋陽市委黨史研究室 編, 『城市的接管與社會改造』 瀋陽卷, 遼寧人民出版社, 2000, 34쪽.

6 東北行政委員會經濟處(工業部), 「關於接收瀋陽國營企業的工作總結」(1949. 2. 10),
『城市的接管與社會改造』瀋陽卷, 112쪽.

7 「瀋陽國民黨統治機構人員接收處理的主要經驗 草稿」(1948), 『城市的接管與社會改造』瀋陽卷, 84쪽.

8 勞動部, 「勞動部: 市勞動介紹所組織通知」(1950. 5. 20), 中國社會科學院·中央檔案館, 『中華人民共和國經濟檔案資料選編: 1949~1952』勞動工資和職工福利卷, 中國城市經濟社會出版社, 1990, 210~212쪽; 「三年來勞動就業成績顯著各地成立勞動就業委員會正積極開展工作」, 『人民日報』 1952. 9. 14.

9 瀋陽市勞動志編纂委員會, 『瀋陽市勞動志(1862~1996)』, 瀋陽市勞動志編纂委員會, 1999; 「迎接大規模修建任務 東北大力組織失業工人就業」, 『人民日報』 1950. 2. 24; 張維楨, 「爲新中國工業化而鬥爭的東北工人」, 『人民日報』 1950. 5. 3.

10 Daqing Yang, "Resurrecting the Empire? Japanese Technicians in Postwar China, 1945~1949", Harald Fuess ed., *The Japanese Empire in East Asia and Its Postwar Legacy*, Iudicium, 1998, pp. 185~205; 「鞍山の製鉄所の復興と日本人製鉄技術者」, 松本俊郎, 『「滿洲國」から新中國へ: 鞍山鐵鋼業からみた中國東北の再編過程: 1940~1954』, 名古屋大學出版會, 2000, 287~305쪽.

11 「東北成立招聘工人委員會 開始大量統一招工」, 『人民日報』 1950. 3. 26.

12 Lewis H. Siegelbaum, *Stakhanovism and the Politics of Productivity in the USSR, 1935~1941*, Cambridge University Press, 1988, pp. 145~178.

13 Miin-ling Yu, "'Labor Is Glorious': Model Laborers in the PRC", Thomas P. Bernstein and Hua-Yu Li, *China Learns from the Soviet Union, 1949~present*, Lexington Books, 2010, pp. 234~235; Mark Selden, *The Yenan Way In Revolutionary China*, Harvard University Press, 1971, p. 264.

14 遼寧省地方志纂委員會辦公室, 『遼寧省志 工會志』, 遼寧科學出版社, 1999, 119~121쪽.

15 Morris L. Bian, *The Making of the State Enterprise System In Modern China: the Dynamics of Institutional Change*, Harvard University Press, 2005, pp. 114~126.

16 盛雷, 「東北解放初期獻納器材運動研究」, 『黨史文苑』 16, 2015.

17 宋長有, 「生產新紀錄運動由鐵西點燃」, 瀋陽市鐵西區政協文史委員會 編, 『鐵西文史資料』 1, 瀋陽市鐵西區政協文史委員會, 2003, 328~333쪽; 趙國有, 「回憶創造新記錄

運動」,『黨史縱橫』5, 1990, 13쪽; 楊友誼,「'新記錄運動'은 工人階級愛國主義精神의
偉大實踐」,『遼寧工運四十年 1949~1989』, 1989, 161~163쪽; 東北人民政府工業部,「創
造新記錄運動的基本總結和今後的要求」(1950. 3. 10),『東北解放區財政經濟史資料
選編』第2卷, 279쪽;「東北人民政府工業部通報 各地創造新紀錄運動」,『人民日報』
1949. 10. 26.

18 徐斌,「瀋陽市人民志願抗美援朝戰爭始末」,『城市的接管與社會改造』瀋陽卷, 360~
367쪽;「遼寧省志 工會志」, 124쪽;「瀋陽市總工會一九五0年工作總結」, 瀋陽總工會出
版社,『瀋陽市總工會兩年來重要文件彙編』, 12쪽;「開展馬恒昌小組競賽運動」, 上海
總工會調查研究室,『開展馬恒昌小組競賽運動』, 勞動出版社, 1951, 6쪽;「馬恒昌小組
寫信給全國應戰小組 報告第一季度全部實現挑戰條件 勉勵共同深入開展經常性愛國
主義勞動競賽」,『人民日報』1951. 4. 17; 張智民,「瀋陽機器五廠第一支部 保證與監
督生產的經驗」,『人民日報』1950. 4. 5;「馬恒昌小組競賽是愛國主義競賽運動的基本
形式」,『開展馬恒昌小組競賽運動』, 10쪽.

19 「瀋陽市總工會一九五一年工作大綱」(1951. 1. 12),『瀋陽市總工會兩年來重要文件彙
編』, 18쪽;「關於愛國主義競爭運動的初步總結」(1951. 12. 10), 中國人民保衛世界和平
反對美國侵略委員會,『怎樣在工人中開展抗美援朝運動』, 人民出版社, 1951, 65쪽.

20 Michael Burawoy, *Manufacturing Consent: Changes in the Labor Process Under Monopoly
Capitalism*, University of Chicago Press, 1979.

21 趙國有,「回憶創造新記錄運動」,『黨史縱橫』5, 1990, 13쪽;「中國における社會主義競
爭」,『中國資料月報』100, 1956, 7쪽.

22 「中共中央轉發全國總工會黨組關於解決工人居住問題的報告」,『中華人民共和國經濟
檔案資料選編: 1949~1952』, 勞動工資和職工福利卷, 849~852쪽.

23 丁桂節,「工人新村: "永遠的幸福生活"—解讀上海20世紀50,60年代的工人新村」, 同濟
大學 博士學位論文, 2008, 44~48쪽.

24 樂煥力,「閑話工人村」,『鐵西文史資料』1, 31~32쪽.

25 「中共中央轉發全國總工會黨組關於解決供熱居住問題的報告」(1952. 8),『中華人民共
和國經濟檔案資料選編: 1949~1952』, 勞動工資和職工福利卷, 849~851쪽; 勞動部,「關
於福利問題的報告」(1953. 6),『中華人民共和國經濟檔案資料選編: 1953~1957』, 勞動
工資和職工福利卷, 1133~1136쪽.

26 政務院,「政務院關於救濟失業工人的指示」,『人民日報』1950. 6. 17;「東北人民政府

人民經濟計劃委員會發表 東北區一九五一年人民經濟計劃執行情況公報」, 『人民日報』1952. 4. 15; 「加強工會的工作 迎接經濟建設的高潮—東北總工會第二屆代表大會的決議(一九五二年一月二十日)」, 『人民日報』1952. 5. 15; 張維楨, 「爲新中國工業化而鬥爭的東北工人」, 『人民日報』1950. 5. 3; 「隨著經濟建設的恢複和發展 東北流散工人大量就業 現仍計劃在關內招聘技術工人並吸收農村剩餘勞動力」, 『人民日報』1950. 5. 22; 劉少奇, 「在北京慶祝五一勞動節幹部大會上的演說」, 『人民日報』1950. 5. 1.

27 『瀋陽市勞動志』, 81쪽.

28 勞動部, 「工人生活福利工作綜合報告」(1953), 『中華人民共和國經濟檔案資料選編: 1949~1952』勞動工資和職工福利卷, 852~855쪽.

29 瀋陽市總工會, 『瀋陽市工會志』, 瀋陽出版社, 1998, 356쪽; 瀋陽市鐵西區人民政府地方志辦公室 編, 『鐵西區志』, 遼寧人民出版社, 1998, 3쪽, 132쪽.

30 참고로, 톄시구지 대사기에서는 1953년 9월에 99,012㎡의 부지에 72동이 완공되었다고 기록되어있다. 『鐵西區志』, 10쪽.

31 明非, 「中國工人第一住宅區」, 『當代工人』, 2011-12; 李昭怡, 「鐵西工人村文化建設速寫」, 中共瀋陽市委黨史研究室, 中共瀋陽市鐵西區委, 『瀋陽鐵西老工業區調整改造30年』, 萬卷出版公司, 2013.

32 欒煥力, 「閑話工人村」, 『鐵西文史資料』1, 31~32쪽.

33 劉放王, 「瀋陽: 工人村的變遷」, 『中國檔案』, 2008-1.

34 汪定曾, 「上海曹楊新村住宅區的規劃設計」, 『建築學報』, 1956-2.

35 劉放王, 「瀋陽: 工人村的變遷」, 『中國檔案』, 2008-1; 明非, 「中國工人第一住宅區」, 『當代工人』, 2011-12.

36 明非, 「中國工人第一住宅區」, 『當代工人』, 2011-12.

37 『鐵西區志』, 41쪽.

38 『城市的接管與社會改造』瀋陽卷, 529쪽.

39 欒煥力, 「閑話工人村」, 『鐵西文史資料』1, 33쪽.

40 劉放王, 「瀋陽: 工人村的變遷」, 『中國檔案』, 2008-1; 白冰, 「瀋陽鐵西工人村: 新中國最早的"高大上"工人聚居區」, 『中國檔案報』, 2016-1.

41 『鐵西區志』, 72쪽.

2부 공간의 생산, 도시의 실험

'국가'와 '사회'의 만남—베이징 가도 공간의 '지도'와 '자치'

1 예컨대, Franz Schurmann, *Ideology and Organization in Communist China*(new, enlarged edition), University of California Press, 1968; Martin King Whyte and William L. Parish, *Urban Life in Comtemporary China*, University of Chicago Press, 1984; Martin King Whyte, "State and Society in the Mao Era", in Kenneth Liberthal et al. eds., *Perspectives on Modern China: Four Anniversaries*, M. E. Sharpe, 1991; Deborah S. Davis, "Social Class Transformation in Urban China", *Modern China*, Vol. 26, No. 3, July 2000 참조.

2 박상수, 「중화인민공화국 초기 北京 基層 거버넌스 체제의 구축—도시 街道의 국가와 사회, 1949~1954」, 『東洋史學研究』 제123집, 2013. 6.

3 Henri Lefebvre(translated by Donald Nicholson-Smith), *The Production of Space*, Blackwell, 1991.

4 중국공산당사(中國共産黨史)에서 공식적으로 '공작 중심(工作重心)'을 농촌에서 도시로 전환한 것은 1949년 3월의 제7기 2중전회였다. 회의에서 마오쩌둥은 "2중전회를 전기로 당의 공작 중심을 도시로 전환해야 한다"고 강조했다. 『胡喬木回憶毛澤東』, 人民出版社, 1994, 539쪽 참조.

5 「較近代化城市中各級政府的組織分工問題」(1948. 11. 30抄), 北京市檔案館 檔號 2-1-9(이하 '檔號'로만 표기함). 또한 韓子毅, 「對北平市區·街政府組織的意見」(1948. 11. 29), 檔號 2-1-45 참조.

6 이상에 관한 상세한 분석은 박상수, 앞의 글 참조.

7 路風, 「中國單位體制的起源和形成」, 『中國社會科學季刊』(香港), 1993年 第4卷, 總第5期.

8 Andrew G. Walder, *Communist Neo-Traditionalism: Work and Authority in Chinese Industry*, University of California Press, 1988; Xiaobo Lü & Elizabeth J. Perry, *Danwei: The Changing Chinese Workplace in Historical and Comparative Perspective*, M.E. Sharpe, 1997.

9 David Bray, *Social Space and Governance in Urban China: The Danwei System from Origins to Urban Reform*, Stanford University Press, 2005; Duanfang Lu, *Remaking Chinese Urban Form: Modernity, Scarcity and Space, 1949~2005*, Routledge, 2006.

10 브레이는 '공간의 생산'에 관한 다음과 같은 르페브르의 언급에 주목한다. "사실 모든 형태의 국가, 모든 형태의 정치권력은 자기 고유의 공간 획분 방식을 채택하고, 공간과 그 공간 속의 사물 및 사람들에 관한 담론들에 대해 자기 고유의 특정한 행정적 분류 방식을 도입한다. 즉 모든 형태의 국가와 정치권력은 자신의 목적을 위해 공간을 지배한다." Henri Lefebvre, op. cit., p. 281.

11 彭眞, 「城市應建立街道辨事處和居民委員會」(1953. 6. 8), 北京市檔案館·中共北京市委黨史硏究室 編, 『北京市重要文獻選編(1953)』, 檔案出版社, 2001, 193~194쪽.

12 「城市居民委員會組織條例(一九五四年十二月三十一日全國人民代表大會常務委員會第四次會議通過)」, 『人民日報』 1955. 1. 1.

13 吳晗, 「關於北京市街道工作情況」(1955. 11. 18), 『北京市重要文獻選編(1955)』, 779, 781쪽.

14 「北京市民政局關於改選居民委員會健全街道組織的意見」(1956. 5. 22), 檔號 2-8-46.

15 「北京市民政局關於改選居民委員會和調整街道組織的方案」(1958. 1. 22), 檔號 2-9-41.

16 「科學院六個單位不講衛生, 居民委員會貼大字報批評」, 『人民日報』 1957. 12. 27.

17 第八區工委會, 「建立街政權的方案」(1949. 3), 檔號 38-1-4.

18 「堅決改變城市政權的舊的組織形式與工作方法」, 『人民日報』 1950. 1. 23; 安子文, 「中華人民共和國三年來的幹部工作」, 『人民日報』 1952. 9. 30.

19 「關於區街政權組織形式調查提綱」(1949. 7. 5), 檔號 1-9-83.

20 中共北京市第九區委員會, 「九區關於街道組織機構問題的調查硏究材料」(1951. 9. 4), 檔號 41-1-17.

21 中共北京市委政策硏究室·市政府秘書廳, 「關於城區街道組織的情況與改進意見」(1952. 10. 14), 檔號 1-9-250.

22 1950년대 '가도 적극분자'의 형성과 변화, 그 역할에 관해서는 박상수, 「1950년대 北京市 基層의 '街道 積極分子'―實態와 變化」, 『中國近現代史硏究』 제74집, 2017. 6 참조.

23 「關於城市區政權下的組織問題的調査報告」(1953년 초로 추정), 檔號 2-5-63. 이후 거민위 설립이 진전되면서 거민대표회의는 15호 내지 40호로 구성되는 '居民小組'로 대체된다. 각 거민소조는 1명의 小組長을 선출하였고, 소조장이 거민위원회 위원이 되도록 했다. 「北京人民政府民政局關於建立居民委員會的幾個問題」(1954. 5.

26), 檔號 14-2-66.

24 「關於城市區政權下的組織問題的調查報告」(1953년 초로 추정), 檔號 2-5-63.

25 같은 문건; 「中共北京市委政策研究室關於街道居民組織試點工作總結(草稿)」(1953. 2. 19), 檔號 2-5-63.

26 「北京人民政府民政局關於建立居民委員會的幾個問題」(1954. 5. 26), 檔號 14-2-66.

27 「北京市東四區人民政府關於在洋管胡同派出所管界建立居民委員會半年以來的工作總結」(1953. 5. 11), 檔號 2-5-63.

28 브르디외는 "사회자본이란 서로 알고 지내거나 서로 인정하는 일정 정도 제도화된 '지속적 관계망'의 보유에 따라 형성되는 실제적 혹은 잠재적 자원의 총체"로 본다. Pierre Bourdieu, "Le capital social", *Actes de la recherche en sciences sociales*, Vol. 31, janvier 1980, p. 2.

29 吳晗, 앞의 문건.

30 「城市居民委員會組織條例(一九五四年十二月三十一日全國人民代表大會常務委員會第四次會議通過)」, 『人民日報』 1955. 1. 1.

31 David Shambaugh, ed., *The Modern Chinese State*, Cambridge University Press, 2000; Tony Saich, *Governance and Politics of China*(The third edition), New York: Palgrave Macmillan, 2011, Chapter 9. "The Chinese State and Society"(pp. 241~261).

32 Benjamin L. Read & Robert Pekkanen, ed., *Local Organizations and Urban Governance in East and Southeast Asia: Straddling State and Society*, Routledge, 2009; Benjamin L. Read, *Roots of the State: Neighborhood Organization and Social Networks in Beijing and Taipei*, Stanford University Press, 2012.

33 「北京人民政府民政局關於建立居民委員會的幾個問題」(1954. 5. 26), 檔號 14-2-66.

34 Martin King Whyte and William L. Parish, *Urban Life in Comtemporary China*, University of Chicago Press, 1984, p. 284.

35 「堅定地相信群衆, 大走群衆路線, 提高破案率」, 北京市公安局辦公室編印, 『北京市四級公安幹部會議代表發言稿匯編』(第二卷), 1958. 12.

36 「城區街道'五多'調查材料」(1953. 12월로 추정), 檔號 2-5-73.

37 「北京市人民政府秘書廳關於本市城區重點試建的街道居民委員會目前情況的調查」(1953. 11), 檔號 2-5-63.

38 「北京市東四區人民政府關於在洋管胡同派出所管界建立居民委員會半年以來的工作

總結」(1953. 5. 11), 檔號 2-5-63.

39 「區以下街道居民組織問題座談會記錄要點」(1953년 중반 추정), 檔號 2-5-63. 좌담회 출석자는 각 구 대표, 구정부 위원, 민정간사, 파출소 소장, 그리고 1명의 구장이었다.

40 「作好街道工作, 爲加速社會主義建設而努力!(北京市前門區人民委員會在前門區街道工作者代表會議上的報告」(1957. 5), 檔號 39-1-226.

41 「北京市人民委員會關於克服街道工作忙亂現象的決定」(1956. 5. 7), 檔號 2-8-9.

42 北京市民政局(民民陳(57)字 第580號), 「關於街道工作的意見」(1957. 7. 15), 檔號 2-9-41.

43 「城市街道辦事處組織條例(一九五四年十二月三十一日全國人民代表大會常務委員會第四次會議通過)」, 『人民日報』 1955. 1. 1.

44 北京市民政局(民民陳(57)字 第580號), 「關於街道工作的意見」(1957. 7. 15), 檔號 2-9-41.

45 「北京市人民政府秘書廳關於本市城區重點試建的街道居民委員會目前情況的調査」(1953. 11), 檔號 2-5-63.

46 張濟順, 「上海里弄: 基層政治動員與國家社會一體化走向(1950~1955)」, 『中國社會科學』 2004年 第2期.

사회주의 도시와 인간을 디자인하다―'도시인민공사'라는 실험

1 지그문트 바우만 지음, 윤태준 옮김, 『사회주의, 생동하는 유토피아』, 오월의봄, 2016, 10~11쪽.

2 모리스 마이스너 지음, 김수영 옮김, 『마오의 중국과 그 이후』 1, 이산, 2004, 327쪽.

3 高華·黃駿, 「1960年"持續躍進"中的江蘇省城市人民公社運動」, 『浙江學刊』 5, 2002.

4 丁傑, 「國家控制與城市底層社會: 以上海城市人民公社化運動中的里弄改造為例」, 華東師範大學 碩士學位論文, 2014.

5 앙리 르페브르 지음, 양영란 옮김, 『공간의 생산』, 에코리브르, 2011.

6 「關於人民公社若干問題的決議」(1958. 12. 10), 中共中央文獻研究室 編, 『建國以來重要文獻選編』 第十一冊, 中央文獻出版社, 1995, 600쪽.

7 中共中央文獻研究室 編, 『毛澤東傳』 5, 中央文獻出版社, 2011, 2026쪽.

8 丁傑, 앞의 글, 18쪽.

9 「關於人民公社若干問題的決議」(1958. 12. 10), 中共中央文獻研究室編, 앞의 책, 600 쪽.

10 李端祥, 『城市人民公社運動研究』, 湖南人民出版社, 2006, 6~7쪽.

11 도시인민공사 건설 시기의 국가와 사회 간 권력 구조의 변화 등에 대해서는 박상수, 「중국 도시인민공사 건설 시기 街道 공간의 국가와 사회, 1958~1965」, 『중국근현대사연구』 66, 2015 참조.

12 丁傑, 앞의 글, 17쪽.

13 위의 글, 64~65쪽.

14 위의 글, 25쪽.

15 박상수, 앞의 글, 160~161쪽.

16 丁傑, 앞의 글, 28~30쪽.

17 金甌卜, 「建築設計必修體現大辦城市人民公社的新型勢」, 『建築學報』 5, 1960.

18 위의 글, 38쪽.

19 徐添鳳, 「天津市鴻順里社會主義大家庭建築設計介紹」, 『建築學報』 10, 1958.

20 金甌卜, 앞의 글, 37쪽.

21 蔣偉濤, 「安化大樓追憶: 見證北京居民住宅發展的"樓王"」, 『當代北京研究』 2, 2014, 15쪽.

22 제임스 C. 스콧 지음, 전상인 옮김, 『국가처럼 보기―왜 국가는 계획에 실패하는가』, 에코리브르, 2010, 103쪽.

23 위의 책, 34~49쪽.

24 DuanFang Lu, "Third World Modernism: Utopia, Modernity, and the People's Commune in China", *Journal of Architectural Education* 60, 2007, p. 46.

25 丁傑, 앞의 글, 32~34쪽.

정치, 도시를 옮기다―내륙으로 간 중공업 도시 판즈화

1 윤종석, 「급속한 도시화의 아이콘, 선전―이중도시, 이민도시로서의 발전」, 『도시로 읽는 현대중국 2. 개혁기』, 역사비평사, 2017.

2 박인성, 「도시화를 통해 본 개혁기 중국」, 『도시로 읽는 현대중국 2. 개혁기』, 역사비

평사, 2017.

3 Barry Naughton, "The Third Front: Defence Industrialization in the Chinese Interior", *The China Quarterly* 115(September), 1988; Judd C. Kinzley, "Crisis and the Development of China's Southwestern Periphery: The Transformation of Panzhihua, 1936~1969", *Modern China* 38, 5(September), 2011 등.

4 楊學平,「論三線建設與攀枝花城市化進程」,『濮陽職業技術學院學報』, 2011.

5 劉呂紅·闞敏,「三線建設與四川攀枝花城市的形成」,『唐都學刊』26(6), 2010.

6 向東,「20世紀六七十年代攀枝花地區三線建設述論」, 四川師範大學 碩士論文, 2010.

7 삼선 건설에 대한 본격적 탐구는 이 글의 범위를 넘어선다. 삼선 건설의 정의, 과정, 결과, 평가에 대한 종합적 연구로는 Barry Naughton, "The Third Front: Defence Industrialization in the Chinese Interior", *The China Quarterly* 115(September), 1988이 있다.

8 楊學平,「論三線建設與攀枝花城市化進程」,『濮陽職業技術學院學報』, 2011.

9 안산철강연구원은 중국 동북 지역의 랴오닝성 안산(鞍山)에 설립되었다가 1964년 10월 정부의 결정에 따라 쓰촨성 시창(西昌)으로 이전하면서 서남철강연구원(西南鋼鐵研究院)이 되었다. 1972년에는 다시 판즈화로 이전한 뒤 판즈화철강연구원(攀枝花鋼鐵研究院)으로 개명했다.

10 陳東林,『三線建設: 備戰時期的西部開發』, 中共中央黨校出版社, 2004.

11 董志凱,「三線建設中企業搬遷的經驗與教訓」,『江西社會科學』, 2015.

12 린이푸(林毅夫, Lin Justin Yifu)는 중공업은 수익을 창출하기까지 오랜 시간이 필요하고, 비싼 장비와 설비 등을 외국에서 수입해야 하며, 초기에 막대한 투자 비용이 요구되기 때문에 축적된 자본이 거의 없는 신흥 개도국에 맞지 않는다고 역설한다. Lin Justin Yifu, *Demystifying the Chinese economy*, Cambridge University Press, 2011.

13 ibid. 배리 노턴은 이를 '빅푸쉬 공업화(Big Push industrialization)' 전략이라고 명명했다. Barry Naughton, *The Chinese Economy: Transition and Growth*, MIT, 2007.

14 劉呂紅·闞敏,「三線建設與四川攀枝花城市的形成」,『唐都學刊』26(6), 2010.

15 박인성,「도시화를 통해 본 개혁기 중국」,『도시로 읽는 현대중국 2. 개혁기』, 역사비평사, 2017.

16 周明長,「三線建設與中國內地城市發展(1964~1980年)」,『中國經濟史研究』, 2014.

17 劉呂紅·闞敏,「三線建設與四川攀枝花城市的形成」,『唐都學刊』26(6), 2010.

18 린이푸는 1952~1978년 사이에 중국 전체 국민소득은 4.53배 증가한 반면, 주민의 소비는 1.7배 증가에 그쳤다고 언급했다. Lin Justin Yifu, *Demystifying the Chinese economy*, Cambridge University Press, 2011.

19 실제로 1980년대 초 실시한 조사에서 응답자의 70%가 판즈화를 떠나고 싶다고 대답했다고 한다. 楊學平, 「論三線建設與攀枝花城市化進程」, 『濮陽職業技術學院學報』, 2011.

20 周明長, 「三線建設與中國內地城市發展(1964~1980年)」, 『中國經濟史研究』, 2014.

21 이 외에도 삼선 건설로 인한 급속한 도시화가 환경에 미친 영향, 도시 환경 개선을 위한 노력, 환경 관련 법·제도적 장치의 변화 등에 대한 연구도 필요하다. 또한 삼선 건설 당시 연해 지역이나 동북 지역의 시설이 내륙 지역으로 옮겨간 후 공장의 노동 과정, 지배 구조, 지방정부와의 관계 등이 어떻게 변했는지에 대한 미시적 연구도 가능하다(박철현, 앞의 글, 2016). 마지막으로 삼선 건설을 서부대개발(西部大開發), 일대일로(一帶一路) 정책 등 20세기 중국의 균형·발전 전략의 선행 전략으로 연결해서 연구할 필요도 있다. 삼선 건설이 연해 지역과 내륙 지역의 경제적 불균형을 어느 정도 시정한 것도 사실이기 때문이다.

중국의 사회주의적 시초축적과 농민의 희생

1 칼 마르크스 지음, 김수행 옮김, 『자본론』 1권, 비봉출판사, 2001, 983쪽.

2 위의 책. 981쪽.

3 이렇게 토지로부터 쫓겨나 도시로 내몰린 유랑민들에게 국가가 부과한 가혹한 조치들과 당시 사회의 상황들은 마르크스의 『자본론』뿐만 아니라 칼 폴라니의 『거대한 전환』의 제2부 1장, '사탄의 맷돌' 부분에서도 아주 길고 자세하게 서술된다. 칼 폴라니 지음, 홍기빈 옮김, 『거대한 전환』, 길, 2009.

4 칼 마르크스 지음, 김수행 옮김, 『자본론』 1권, 비봉출판사, 2001, 1013쪽.

5 마르셀 판 데르 린던 지음, 황동하 옮김, 『서구 마르크스주의, 소련을 탐구하다』, 서해문집, 2012, 76쪽에서 재인용.

6 위의 책, 119쪽에서 재인용.

7 E. Preobrazhensky, *The New Economics*, Oxford University Press, 1965.

8 Chris Bramall, *Chinese Economic Development*, Routledge, 2008, pp. 84~85.

9 Jeffrey A. Frieden, *Global Capitalism: Its Fall and Rise in the Twentieth Century*, W. W. Norton & Company, 2007, pp. 329~330.

10 원톄쥔(溫鐵軍)에 따르면, 마오쩌둥 시기 중국에서는 산업화의 주기적 위기 때마다 도시의 과잉노동력을 농촌으로 내려 보내는 상산하향 조치가 취해졌다. 이는 1960년, 1968년, 1975년 세 차례에 걸쳐 이뤄졌으며 총인원은 4천만 명에 달한다. 상세한 내용은 원톄쥔 지음, 김진공 옮김, 『여덟 번의 위기—현대 중국의 경험과 도전, 1949~2009』, 돌베개, 2016, 82~86쪽 참고.

11 마오쩌둥 시기 기초적인 사회보장에 따른 여러 성과들은 Chris Bramall, *Chinese Economic Development*, Routledge, 2008의 2장, 3장 내용을 참조.

12 Ho-fung Hung, *The China Boom*, Columbia University Press, 2016, p. 48.

13 진승권, 『사회주의, 탈사회주의, 그리고 농업—동유럽과 아시아에서의 농업의 탈집단화』, 이화여자대학교 출판부, 2006, 130~131쪽.

14 王茂林 主編, 『中國城市經濟六十年』, 中國城市出版社, 2009, 27~28쪽.

15 이반 셀레니(Ivan Szelenyi)의 '과소도시화' 개념에 대해서는 남영호, 『변방에서 문화로—소련의 도시화와 도시공간의 성격』, 라움, 2017, 39~40쪽 참조.

16 호구 제도의 개념 및 형성 과정에 대해서는 이민자, 『중국 호구 제도와 인구 이동』, 폴리테이아, 2007, 22~38쪽 참조.

17 중국의 도시 숫자의 변화 추세는 徐正元, 「中國城市體系演變的歷史剖析」, 『中國經濟史研究』 2004年 第3期의 통계 자료 참조.

18 王茂林 主編, 『中國城市經濟六十年』, 中國城市出版社, 2009, 30~31쪽.

19 아리기의 위와 같은 주장의 구체적 내용은 Giovanni Arrighi, *Adam Smith in Beijing*, Verso, 2007, 12장 참조.

20 허쉐펑(賀雪峰) 지음, 김도경 옮김, 『탈향과 귀향 사이에서』, 돌베개, 2017, 13~43쪽.

21 원톄쥔 지음, 김진공 옮김, 『여덟 번의 위기—현대 중국의 경험과 도전, 1949~2009』, 돌베개, 2016.

22 뤼투(呂途)는 이들을 '농민'공이라 명명하지 않고 기존 국유기업 중심의 '구'노동자와 변별하여 '신'노동자라 규정한다. 이에 대한 자세한 내용은 려도(呂途) 지음, 정규식·연광석·정성조·박다짐 옮김, 『중국 신노동자의 형성』, 나름북스, 2017 참조.

23 현재 중국에서 진행되고 있는 신형도시화 정책에 따른 위계적 시민권 부여에 대한 자세한 내용은 박철현, 「중국에서 도시민이 된다는 것—위계적 시민권과 서열화」,

『도시로 읽는 현대중국 2. 개혁기』, 역사비평사, 2017 참조.

3부 도시와 농촌, 이동과 상상

'죽의 장막'과 '은둔의 왕국'을 넘어—사회주의 시기 북중 국경 지역 조선족의 이주

1 한 예로 한국전쟁 직후인 1954년에 시작된 외무부의 해외 교포 인구센서스는 중국 에 살고 있는 한국 교포 수를 겨우 390명이라 기록했다. 이는 타이완에 살고 있는 한인 수를 의미했다. 이 인구센서스는 1990년까지 조선족을 전혀 포함하지 않았다. Jaeeun Kim, *Contested Embrace: Transborder Membership Politics in Twentieth-Century Korea*, Stanford, CA: Stanford University Press, 2016, pp. 136~137.

2 Jaeeun Kim, *Contested Embrace: Transborder Membership Politics in Twentieth-Century Korea*, Stanford, CA: Stanford University Press, 2016, p. 8.

3 이 시기의 북중 관계는 여전히 정치적으로 민감한 내용인 탓에 중요한 공식 자료들 이 최근에야 공개되고 있는 실정이다. 사안의 민감성을 반영하듯 중국 국적의 조 선족 학자들은 이 분야의 연구 결과를 출판하지 않고 있다. 한국 학자들과 한국 국 적을 취득한 조선족 학자들을 중심으로 한국전쟁 시기까지 포괄하는 연구는 수행 되어왔으나, 그 이후 시기에 대한 연구는 아직 많이 부족한 상태이다. 특히 1960년 대 초반 수만 명 이상의 조선족이 중국 정부의 허가 없이 북한으로 건너가 정착했 던 사건은 60대 이상 조선족들의 공통 기억으로 남아 있음에도 불구하고 이에 대한 공식적인 학술 연구는 매우 드물다. 2012년 『북한연구학회회보』에 발표되었던 이 상숙·송문지(宋文志)의 공저 논문과 2014년 *Journal of Cold War Studies*에 개제된 선즈 화·샤야펑의 공저 논문 정도가 예외라고 볼 수 있다. 특히 후자의 경우 최근 기밀 해제된 중국 외교부 및 지방정부 소장 문서들에 근거하여 그동안 명확히 알려지지 않았던 중국 정부와 북한 정부의 입장을 꼼꼼히 드러낸다는 점에서 주목할 만하다. 그러나 두 연구 모두 권위주의적인 정부하에서 출판된 공식 기록에만 의존한다는 점, 공식 기록의 생산·유통·소비의 정치성을 고려하지 않는다는 점에서 상당한 한 계를 갖는 것도 사실이다.

4 자료에 대한 보다 자세한 설명은 Jaeeun Kim, *Contested Embrace: Transborder Membership*

Politics in Twentieth-Century Korea, Stanford, CA: Stanford University Press, 2016, pp. 241~243 참조.

5 이 절은 *Contested Embrace: Transborder Membership Politics in Twentieth-Century Korea*의 제3장에 실린 두 절의 내용을 요약한 글이다. '두 번의 내전, 두 개의 조국(Two Civil Wars, Two Fatherlands)'이라는 제목을 달고 있는 첫 번째 절은 1945년 해방부터 중국의 내전과 한국전쟁을 포괄하는 시기를 다루고 있다. '국경을 넘어: 전후 복구와 사회주의 이행(Navigating Postwar Reconstruction and Socialist Transformation across the Borders)'이라는 제목의 두 번째 절은 1954~1957년에 걸쳐 북한과 중국이 전후 복구와 사회주의 이행에 박차를 가하던 시기를 분석한다. 이 글에서는 두 시기에 대해 간략한 핵심만 언급하고 넘어가고자 한다.

6 이진영, 「중국공산당의 조선족 정책의 기원에 대하여, 1927~1949」, 『재외한인연구』 9(1), 2000; 염인호, 「중국 연변 조선족의 민족 정체성에 대한 일고찰(1945년 8월~1950년대 말)」, 『한국사 연구』 140, 2008, 128~137쪽, 142~147쪽; Adam Cathcart, "Nationalism and Ethnic Identity in the Sino-Korean Border Region of Yanbian, 1945~1950", *Korean Studies* 34, 2010, pp. 44~45.

7 김중생, 『조선의용군의 밀입북과 6·25전쟁』, 명지출판사, 2000; 이종석, 『북한-중국 관계, 1945~1960』, 중심, 2000, 120~172쪽; 염인호, 「6·25전쟁과 연변 조선인 사회의 연계성에 관한 일고찰」, 『한국 근현대사 연구』 28, 2004, 325쪽.

8 Thomas S. Mullaney, *Coming to Terms with the Nation: Ethnic Classification in Modern China*, Berkeley: University of California Press, 2011.

9 Zhihua Shen and Yafeng Xia, "Chinese-North Korean Relations and Chinese Policy toward Korean Cross-Border Migration, 1950~1962", *Journal of Cold War Studies* 16(4), 2014, pp. 147~149.

10 정현수·김병로·김수암·김창근·김하영·서재진·최준흠, 『중국 조선족 증언으로 본 한국전쟁』, 선인, 2006.

11 션즈화와 샤야평은 중국 중앙정부가 북한의 협조 요청에 따라 이들에게 북한에 남아 공민권을 획득할 것을 종용하는 지침을 내렸다고 밝혔다(Shen and Xia, op.cit., 2014, pp. 148~149). 이는 중국으로 돌아온 조선족 군인들을 대상으로 한 구술사 연구의 결론(예를 들면 정현수 외, 앞의 책, 2006)과 모순된다. 귀국한 조선족 군인들을 대상으로 한 구술사 연구의 경우 표본의 선택 편향을 무시할 수는 없다. 중

국 귀국이 불가능하여 북에 남아야 했던 사람들이 연구 대상에서 원천적으로 배제되었기 때문이다. 그러나 거꾸로, 정부 문서가 얼마나 정책 집행의 현실을 반영하는가를 비판적으로 고찰하는 것도 가능하다. 사회주의 시기 북중 국경 지역의 사회사는 다양한 공식·비공식 자료를 두루 고려하는 역사적 민속지 방법론(historical ethnography)을 적용한 연구가 가능한 조건에서만 그 총체적 모습을 드러낼 수 있을 것이다. 이는 물론 중국과 북한의 정치 지형 변화가 선행되어야만 가능하다.

12 Tiejun Cheng and Mark Selden, "The Origins and Social Consequences of China's Hukou System", *The China Quarterly* 139, 1994.

13 염인호, 「6·25전쟁과 연변 조선인 사회의 연계성에 관한 일고찰」, 『한국 근현대사 연구』 28, 2004.

14 이상숙·송문지, 「1950~1960년대 조선족의 북한 이주와 북중협력」, 『북한연구학회회보』 16(1), 2012, 365쪽에서 재인용.

15 위의 글, 366쪽에서 재인용.

16 선즈화와 샤야펑 역시 당이 생산한 자료를 무비판적으로 받아들여 조선족의 끈질긴 '지방민족주의'(경멸적인 함의를 담고 있는 용어)를 북한 이주의 중요한 이유로 강조한다는 점에서 이런 문제로부터 자유롭지 않다. Shen and Xia, op.cit., 2014, p. 143.

17 이런 서사 전략을 취하는 대표적인 예로, 중국조선민족 발자취 총서 편집위원회, 『중국조선민족 발자취 총서』 5·6·7권, 연길: 중국조선민족교육출판사, 1992~1994 참조.

18 Roderick MacFarquhar, *The Origins of the Cultural Revolution: The Great Leap Forward, 1958~1960*, New York: Columbia University Press, 1983; Frank Dikötter, *Mao's Great Famine: The History of China's Most Devastating Catastrophe, 1958~1962*, New York: Walker, 2010. 연변 지역의 대약진과 인민공사 운동에 대한 전문적인 사회사 연구는 아직 존재하지 않는 듯하다. 구술사, 자서전, 언론 기사, 그리고 소설 등이 희미한 그림 정도를 제공할 뿐이다. 김학철, 『20세기의 신화』, 창비, 1996; 류연산, 『혈연의 강—천지와 강과 나』, 연길: 연변인민출판사, 2002, 378~389쪽 참조.

19 Susan L. Shirk, *Competitive Comrades: Career Incentives and Student Strategies in China*, Berkeley: University of California Press, 1982; 刘光, 『新中国高等教育大事记(1949~1987)』, 长春: 东北师范大学出版社, 2000; 전민희, 「사회주의 건설기(1949~1966

년) 중국의 대중교육정책: 농촌대중교육을 중심으로」, 연세대학교 지역학학과 중국
전공 석사학위논문, 2004.

20 Susan L. Shirk, op.cit., 1982, p. 25.

21 량정봉, 「초·고중 졸업한 동무들과의 담화」, 『연변청년』 29, 1957.

22 이하 내용은 1955~1962년에 출판된 『연변청년』, 『아리랑』, 『연변문학』, 『연변』, 『지
부생활』에 실린 기사에 근거한다. 각 기사의 정확한 출처는 Jaeeun Kim, *Contested
Embrace: Transborder Membership Politics in Twentieth-Century Korea*, 2016, 3장의 미주 33,
34, 35, 36을 참조할 것.

23 류연산, 『연변대학산책』, 북경: 민족출판사, 2009.

24 Diana Lary, "The 'Static Decades': Inter-Provincial Migration in Pre-Reform China", in
Franky Pieke and Hein Mallee eds., *Internal and International Migration: Chinese Perspectives*,
London: Curzon, 1999, pp. 29~48; Frank Dikötter, *Mao's Great Famine: The History of
China's Most Devastating Catastrophe, 1958~1962*, New York: Walker, 2010.

25 Uradyn E. Bulag, *Nationalism and Hybridity in Mongolia*, Oxford, UK: Clarendon Press,
1998, pp. 184~185; Frank Dikötter, op.cit., 2010, pp. 239~241.

26 Tessa Morris-Suzuki, *Exodus to North Korea: Shadows from Japan's Cold War*, Lanham, MD:
Rowman & Littlefield, 2007; 조정남, 「북한의 사할린 한인 정책」, 『민족연구』 8, 2002;
Cheehyung Kim, "War Orphans, Capitalist Family, and Postwar North Korea's State
Form as Exchange", Paper presented at "Korea with Empire: Resisting, Contesting, and
Appropriating Transnational Universals" Conference, James Joo-Jin Kim Program in
Korean Studies, University of Pennsylvania, April 22~23, Philadelphia, PA, 2016.

27 오동렬, 「전후 복구 시기 북한 사회주의 교육에 관한 연구—경험집 및 매체를 중심
으로」, 연세대학교 통일연구원 석사학위논문, 2007; Cheehyung Kim, "The Furnace Is
Breathing: Work and the Everyday Life in North Korea, 1953~1961", PhD dissertation,
Department of History, Columbia University, New York, 2010, p. 172.

28 Charles K. Armstrong, "'Fraternal Socialism': The International Reconstruction of North
Korea, 1953~62", *Cold War History* 5(2), 2005.

29 Vivienne Shue, *The Reach of the State: Sketches of the Chinese Body Politic*, Stanford, CA:
Stanford University Press, 1988; Kenneth G. Lieberthal and David M Lampton, eds.,
Bureaucracy, Politics, and Decision Making in Post~Mao China, Berkeley: University of

California Press, 1992.

30 중국과 북한에 산재한 공식 기록을 체계적으로 교차 분석하지 않는 이상, 이 같은 쌍방 이동의 규모를 정확히 추정하기는 매우 어렵다. 그러나 선즈화와 샤야펑이 정부 문서를 인용하여 언급한 바에 따르면, 1961년 무단으로 중국을 떠나 북한에 정착한 이들의 절반 이상이 중국으로 돌아왔다. 이로 보건대 실제 귀환자의 비율은 이보다 더 컸을 가능성이 있다. Shen and Xia, op.cit., 2014, p. 154.

31 Heonik Kwon and Byung-Ho Chung, *North Korea: Beyond Charismatic Politics*, Lanham, MD: Rowman & Littlefield, 2012, p. 152.

32 Cheehyung Kim, "The Furnace Is Breathing: Work and the Everyday Life in North Korea, 1953~1961", PhD dissertation, Department of History, Columbia University, New York, 2010.

33 남근우, 「북한의 복종과 저항의 정치―생산현장에 나타난 공식·비공식 사회관계 (1950~1970년대)」, 한양대학교 정치외교학과 박사학위논문, 2008.

34 길룡은 덥고 습한 어느 여름날 양복 상의를 벗고 돌아다녔는데, 이 행위가 "위대한 수령님의 명예"를 거스른다는 이유로 경찰에게 괴롭힘을 당했던 적이 있다. 그는 이 일을 언급하면서 중국의 평등주의적인 문화에 익숙해져 있던 자신과 친구들이 북한의 위계적인 사회관계에 적응하는 것이 상당히 힘들었다고 회고했다.

35 Shen and Xia, op.cit., 2014, p. 154.

36 선즈화와 샤야펑이 인용한 중공 지린성위원회의 전보 내용은 필자의 연구 결과를 반박하는 듯이 보인다(Shen and Xia, op.cit., 2014, pp. 154~155). 중공 통화현(通化 縣)위원회와 외교부를 수취인으로 한 이 전보는, 북한과 우호 관계를 해치지 않기 위해서는 중국으로 돌아온 조선족을 잘 설득하여 북한으로 다시 돌아가게 해야 한다고 강력히 주장하고 있기 때문이다. 이 사안에 대한 판별 역시 정부 문서의 한계와 구술사 표본의 선택 편향 사이에서 어떻게 균형을 잡아야 하는가의 문제로 수렴될 것이다.

37 June Dreyer, "China's Minority Nationalities in the Cultural Revolution", *The China Quarterly* 35, 1968.

38 성근제, 「문화대혁명과 연변」, 『중국현대문학』 43, 2004.

39 류연산, 『연변대학산책』, 북경: 민족출판사, 2009.

40 염인호, 「중국 연변대학의 설립 및 체제 개편과 북한」, 『한국학논총』 33, 2010, 529

쪽.

41 리결사 외, 『내 청춘은 저 산 너머에—연변 지식청년 회고록』, 연길: 연변인민출판
사, 2008.

42 류연산, 『혈연의 강—천지와 강과 나』, 연길: 연변인민출판사, 2002.

43 현인애, 「북한의 주민등록 제도에 관한 연구」, 이화여자대학교 북한학과 석사학위
논문, 2008.

44 Jaeeun Kim, op.cit., 2016, pp. 77~94.

45 자세한 내용은 ibid., pp. 94~108 참조.

46 John L. Gaddis, *The Long Peace: Inquiries into the History of the Cold War*, New York: Oxford
University Press, 1987; Rogers Brubaker, *Nationalism Reframed: Nationhood and the National
Question in the New Europe*, New York: Cambridge University Press, 1996.

47 Uradyn E. Bulag, *Nationalism and Hybridity in Mongolia*, Oxford, UK: Clarendon Press,
1998.

48 Diana Lary, op.cit., 1999, pp. 29~48.

흔들리는 청춘—루야오의 '도농교차지대'

1 루야오에 관한 국내 연구는 이제 출발 단계이다. 필자의 과문함 때문인지 모르겠지
만, 현재 확인된 국내의 연구 성과 가운데 학위논문은 최정임의 석사논문 1편, 학술
지 게재 논문은 백영선의 글 1편이 있다. 최정임, 「路遙의 「人生」 研究—주인공 高
加林의 비극적 삶의 원인 분석을 중심으로」, 전북대학교 교육대학원 석사학위논문,
2004; 백영선, 「『平凡的世界』에 나타난 주요 인물의 성장 유형과 작가의식 고찰」,
『중국학』 제54호, 대한중국학회, 2016.

2 국내에 번역 소개된 천쓰허(陳思和)의 『중국당대문학사(中國當代文學史)』, 『중국당
대문학사교정(中國當代文學史教程)』, 홍쯔청(洪子誠)의 『중국당대문학개설(中國當
代文學概說)』, 그 외 여러 당대 문학사 저작들에서 루야오와 그의 주요 작품들은 상
대적으로 상당히 소략하게 다루어지고 있으며, 심지어 아예 거론조차 되지 않은 경
우도 있다. 지면 관계상 루야오와 그의 작품을 다루고 있는 구체적인 상황과 맥락
을 이 글에서 다 소개하기는 어렵다. 이 문제는 별도의 논문으로 세밀히 고찰할 필
요가 있을 것이다.

3 邵燕君,「『平凡的世界』不平凡: "现实主义畅销书"的生产模式分析」,『小说评论』2003年 第1期, 59쪽.

4 杨庆祥,「阅读路遥: 经验和差异」,『重读路遥』, 北京: 北京大学出版社, 2013, 70쪽.

5 '당대'는 1949년 중화인민공화국 수립 이후 시기를 지칭하는 용어이다. 국내에서는 잘 사용되지 않지만 중국(문학)사에서는 보편적으로 사용되는 용어이므로, 이 글에서도 1949년 10월 중화인민공화국 수립 이후 시기를 지칭할 때 그대로 사용한다.

6 金绍任·黄春芳,「大学生们最敬佩和最反感的20世纪中国作家」,『南宁职业技术学院学报』2000年 第1期, 61~63쪽.

7 海波,「我所认识的路遥(节选)」,『文艺争鸣』2015年 4期, 20쪽.

8 본래 농촌 호구를 지닌 청년이 도시 지역에서 일정한 학업을 마치고 난 뒤 상급 학교에 진학하지 못하면 다시 고향 마을로 배치된다. 이렇게 교육을 받았지만 고향의 농촌 마을로 배치된 청년들을 고향으로 돌아온 지식청년이라는 의미로 '회향지청'이라 부른다.

9 루야오의 생평과 관련된 내용은 楊曉帆,『柳青的遺產: '交叉地帶'的文學實踐—路遙論』, 175~183쪽,「附錄 1: 路遙生平與創作年表」을 참고함.

10 路遥,『路遥全集:人生』, 北京:十月文艺出版社, 2013, 12쪽.

11 위의 책, 14쪽.

12 위의 책, 5쪽.

13 위의 책, 184쪽.

14 루야오가 동생의 도시 진출을 위해 주변 사람들에게 집요하게 청탁하던 상황은「海波에게 보낸 편지」,『路遙全集: 早晨從中午開始』; 梁向陽,「新近發現的路遙1980年前後致穀溪的六封信」,『新文學史料』2013年 第3期 속의 편지들에 비교적 자세히 드러나 있다.

15 楊曉帆,「怎么办?:「人生」与80年代'新人'故事」,『文艺争鸣』2015年 4期, 9쪽.

16 판샤오(潘曉)라는 이름은 황샤오쥐(黄曉菊), 판이(潘褘) 두 사람의 이름에서 한 글자씩 가져와 만든 필명이다.『중국청년』에 투고된 편지는 두 사람이 함께 작성한 것으로 알려져 있다.

17 판샤오의 편지는 '百度百科'의 '潘曉' 항목에 전문이 수록되어 있다.

18 예를 들자면, 자신을 그토록 헌신적으로 사랑하던 챠오전을 버리고 황야핑과의 사랑에 정신이 팔린 가오쟈린의 선택을 더순 할배와 아버지가 찾아와 강하게 질책하

자, 가오쟈린은 할배의 말씀이 지당하신 말씀이지만 당신들에게 당신들이 살아온 법이 있는 것처럼, "나에게는 내가 살아가는 법이 있다(我有我的活法)"고 항변한다 (『路遥全集: 人生』, 148~149쪽). 또 황야핑은 교육을 받고 출중한 재능도 갖춘 가오쟈린이 글도 읽을 줄 모르는 여자와 결혼하는 건 자해 행위에 불과하지 않냐고 묻는다(『路遥全集: 人生』, 136쪽). 이런 대목들에 인생관 토론 속의 합리주의적 화법이 그대로 반복되어 나타난다. 판샤오는 「人生的路啊, 怎麼越走越窄」에서 "나는 고상한 사람이 아니다. 하지만 나는 합리적인 사람이다"라고 선언한 바 있다. 가오쟈린이 선언한 '내가 살아가는 법'과 인생관 토론의 관계에 대한 좀 더 세밀한 분석은 陈华积, 「高加林的"觉醒"与路遥的矛盾: 兼论路遥与80年代的关系」, 『重读路遥』, 北京: 北京大学出版社, 2013, 116~121쪽 참고.

19 梁向阳, 「新近发现的路遥1980年前后致谷溪的六封信」, 『新文学史料』 2013年 第3期, 143쪽.

20 마오쩌둥의 초기 문장들은 당이 편찬한 공식 선집인 『毛澤東選集』이나 1993년에 초판이 간행된 『毛澤東文集』(北京: 人民出版社)에는 수록되지 않았다. 『毛澤東文集』 역시 1921년의 글부터 수록하고 있다. 마오쩌둥의 초기 글은 『毛澤東早期文稿』(中共中央文獻研究室 編, 長沙: 湖南出版社, 1990)에 따로 수록되어 있다. 『毛澤東早期文稿』에는 1912년 6월부터 1920년 11월 사이의 서신과 투고 원고 등이 수집되어 있는데, 수록된 글을 살펴보면 이 시기에도 마오쩌둥은 호남 자치 운동이나 교육운동, 파업, 진보정당, 민족자결, 민중대연합, 여성, 혼인 등 진보적 사회운동과 관련된 매우 다양한 주제의 글을 썼음을 알 수 있다.

21 1939년 마오쩌둥의 '청년절 담론'에 관한 좀 더 자세한 내용은 성근제, 「문혁과 오사」, 『중국현대문학』 75호, 2015. 12를 참고할 것.

22 路遥, 『路遥全集: 早晨从中午开始』, 北京: 十月文艺出版社, 2013, 589쪽.

23 이 지시는 1968년 12월 22일자 『인민일보』 지면을 통해 전국으로 발표되었다.

24 「인생」에서 가오쟈린의 양치질을 바라보는 마을 사람들의 시각에 대한 루야오의 묘사나, 안경을 쓴 여성 지청을 처음 대하는 농민들의 경이와 공포에 대한 차오정루(曹征路)의 회상(曹征路·严海蓉, 「(访谈录)反思不是妖魔化:和曹征路谈『民主课』」, 2011. 10) 등은 이 사소한 일상에서 경험하는 문화적 낙차의 크기와 충격이 어떠했는지를 이해하는 데 적절한 참고가 될 만하다.

25 孟繁华 外, 『中国当代文学六十年』, 北京大学出版社, 2015, 156쪽.

26 위의 책, 156쪽.

27 李陀·刘禾·蔡翔 等, 「路遥与80年代文学的展开」, 『重读路遥』, 北京: 北京大学出版社, 2013, 179쪽. 차이샹(蔡翔)은 이 대담에서 1980년대부터 시작된 중국의 농촌 마을과 국가 사이의 분리 추세에 대해 언급하면서 이 문제의 근원을 전통적인 중국 문화 내부에 존재하고 있었던 "지식과 중국 농촌 사이의 내재적 모순"으로부터 고찰한다는 흥미로운 관점을 제시한 바 있다.

28 梁向阳, 「新近发现的路遥1980年前后致谷溪的六封信」, 『新文学史料』 2013年 第3期, 143쪽.

29 데이비드 하비 지음, 한상연 옮김, 『반란의 도시』, 에이도스출판사, 2014, 28쪽, 122쪽.

30 廣東省外來農民工聯合課題組, 「在流動中實現精英移民」, 『戰略與管理』, 1995. 5, 113쪽(이민자, 「중국 개혁기 사회 변화와 민공조 발생」, 『국제정치논총』 37호, 1997. 10, 147쪽에서 재인용).

31 趙樹凱, 「再看民工」, 『中國農民』 1995. 12, 6쪽(이민자, 앞의 글에서 재인용).

32 2000년대에 들어서야 개혁·개방 이후 중국 사회에서 새로 등장한 하위 계층의 현황과 문제에 주목하는 작품들이 등장하기 시작했으며, 이러한 일군의 작품을 따로 지칭하기 위해 기존의 '인민문학'과 구분되는 '저층문학(底層文學)' 개념이 제시되었다. '저층' 개념은 1996년에 챠이샹이 「저층(底層)」이라는 글을 통해 제안한 개념이며, 이 개념을 '저층문학'이라는 문학비평적 개념으로 확장시킨 이는 『문예보』의 편집자로 활약 중인 비평가 리윈레이(李云雷)이다. 리윈레이의 '저층문학' 개념 및 농민공 문제와의 관련성을 살펴보려면 다음 글을 참고할 만하다. 李云雷, 「"底层文学"在新世纪的崛起」, 『天涯』, 2008年 第1期; 李云雷·徐志伟, 「从"纯文学"到"底层文学": 李云雷访谈录」, 『艺术广角』, 2010年 3期; 李云雷, 「"底层文学": 提出问题的方式」, 『文艺理论与批评』, 2011年 5期.

사회주의 시대 노동자는 어떻게 말하는가—자장커의 〈해상전기〉

1 한국에서 출간된 자장커 인터뷰와 영화론을 담은 초기의 관련 서적은 이러한 평가를 제목으로 덤아 인상적이다. 『지아장거 중국 영화의 미래』, 현실문화연구, 2002.

2 〈산하고인〉을 둘러싼 평가의 안팎을 자세히 검토한 논문으로 이정훈, 「『山河故人』

의 새로운 인물 형상과 자장커의 '변신'」, 『중국현대문학』 83호, 2017 참고.

3 이와 관련하여 자장커 영화에 대한 비판적 시각이 이러한 기대지평과 관련되어 제기됐다고 보는 논문으로 전성희, 「'지아장커 영화'라는 레이블과 영화 「산하고인」에 대한 일고찰」, 『중국소설논총』 제51집, 2017 참고.

4 자장커의 최근작 대부분에 대해서 찬반이 엇갈리지만 〈천주정(天注定)〉(2013)과 같이 호평이 우세한 영화도 존재한다. 영화감독의 경향은 장기적으로 평가되어야 할 사안이지만, 이로 인해 개별 영화에 대한 평가를 누락하거나 가볍게 처리해서는 안 될 것이다.

5 펀양을 배경으로 한 영화는 초기의 고향 삼부작인 〈샤오우〉, 〈플랫폼〉, 〈임소요〉 및 최근작인 〈산하고인〉이다. 베이징과 상하이, 청두 등의 대도시를 배경으로 한 영화는 비교적 최근에 집중된다. 초기작에 속하는 〈세계〉 외에 〈해상전기〉, 〈24시티〉가 여기에 해당한다. 그중 최근작에 해당하는 〈해상전기〉와 〈24시티〉는 해당 도시와 관련된 기관의 의뢰 혹은 투자로 제작되었다는 공통점을 가진다. 펀양에 버금가는 현성급 도시가 배경으로 등장하는 영화로는 대표적으로 펑제(奉節)에서 서사가 전개되는 〈스틸라이프〉를 들 수 있다.

6 장쉬둥(張旭東)은 자장커 초기 영화의 중요 주제 중 하나가 〈플랫폼〉에서 잘 드러난 것으로 평가한다. 그 주제로 사회주의 문화가 점차적으로 해체되는 과정에 대한 서사를 꼽고 있다. Xudong Zhang, "Poetics of Vanishing: The Film of Jia Zhangke", *New Left Review* 63, 2010.

7 자장커 영화에서 시간이 이동하면서 동시에 공간도 변화한다. 영화에서 사회주의 시대의 노동자가 주로 출현하는 공간은 개혁·개방기 노동자를 다룬 이전의 영화처럼 현성(縣城) 급이 아닌 대도시라는 점도 주목을 요한다.

8 영화는 2010년에 개최된 상하이 세계엑스포를 기념하여 상하이시의 의뢰를 받아 제작된 다큐멘터리로, 상하이와 관련 있는 인물 15명 정도의 인터뷰를 담아 엑스포 기간 동안 상연됐다.

9 劉海波·祈媛, 「表述上海的三種方式: 三部城市傳記與三種歷史觀」, 『當代電影』 2012年 第10期.

10 쩡메이란도 유사한 각도에서 이 영화를 고평하는데, 특히 역사적 각도에서 영화가 이룬 성취에 주목한다. 그에 따르면 영화는 중국의 입장에서 적대적인 관계인 국민당과 공산당의 역사를 각각 병렬적으로 서술하는 방식을 제시함으로써 현대성에

대해 성찰하고 더 나아가 비판을 가했다. 그는 영화가 주류적인 공식 담론의 일원적 역사관에 대한 전복 및 해체를 시도한 것으로 파악한다. 曾美蘭, 「歷史, 都市與現代性的反思」, 『電影評介』 2010年 第13期.

11 다음과 같은 자장커의 인터뷰를 참고하시오. "상하이는 풍운이 만나고 엘리트가 모이는 도시이다. 이들 이른바 엘리트들은 기본적으로 이 도시가 겪은 모든 기억을 망라하고 있다. (⋯) 나는 그들이 대단한 보편성을 갖고 있다고 생각하면서 (⋯) 역사와 이 변혁이 보통 민중에게 가져다준 영향을 서술했다 이 때문에 영화의 주요 초점은 여전히 이들 풍운아들에게 됐다." 俞璐, 「賈樟柯: 我开始非常認同上海」, 『世界電影之窗』, 2010年 5月号.

12 劉敏, 「戛納華語放談錄: 賈樟柯〈海上傳奇〉」, 『電影世界』, 2010年 第6期.

13 유세종, 「도시를 인터(inter) 뷰(view)하다—지아장커의 〈해상전기〉론」, 『중국현대문학』 59, 2011, 222쪽. 특히 그는 육체노동자가 역사적인 회고 사이사이에 등장하는 것을 '삽화'로 편집하여 제시했다는 점에 주목한다. 이들의 노동은 장중하고 비장하게 그려지는데, 이는 자신을 설명할 언어를 갖고 있지 않은 사회가 소외시킨 사람이라는 점을 강조한 방식이라고 분석한다. 이는 전작에서와 마찬가지로 자장커가 노동자에게 '헌화'한 것 같이 처리한 장면으로 간주된다. 같은 글, 238쪽.

14 劉昕亭, 「站在意識形態的縫合點上」, 『天涯』 2012年 第2期, 166쪽.

15 위의 글, 160~161쪽.

16 제목이 정물화를 뜻하는 〈스틸라이프〉와 다큐멘터리 〈무용(無用)〉(2007)이 대표적이다. 자장커의 정물에 대한 논의로 장쉬둥, 앞의 글도 참고할 수 있다.

17 영화에서 노동자들이 표정을 짓는 장면은 두 번 등장하지만 이는 특별한 방식으로 다뤄졌다고 볼 수 있다. 첫 번째 장면은 조선소 노동자들의 미소 띤 얼굴이다. 그러나 미소를 띠고 담소를 나누는 노동자들은 뒤이어 닥친 소나기에 흩어져서 비를 피한다. 두 번째는 마지막 인터뷰 직전에 한밤의 공사 현장에서 노동자가 춤을 추는 장면이다. 이곳은 다름 아닌 현재 상하이의 '발전'을 알려주는 세계엑스포대회 전시회장의 공사 현장이며, 그는 엑스포 전시장의 건설 노동자이다. 춤을 추는 노동자란 여전히 말하지 않고 몸으로 표현하는 존재이다. 게다가 노동자의 춤추는 장면에 이어 등장하는 인물은 동년배인 청년 베스트셀러 작가인 한한이다. 어떤 관점에서 보면 엑스포 건실 현장에서 춤을 추는 노동자는 한한의 등장을 예비하기 위한 장치 같다.

18 영화에서 개혁·개방기 이후 상하이의 대표 인물로 중국 최초의 주식투자가인 양화이딩과 청년 베스트셀러 작가인 한한을 꼽은 것을 들 수 있다.

참고문헌

1부 국가와 도시

도시로 간 농촌혁명가들과 '신민주주의혁명'

毛澤東文獻資料硏究會 編,『毛澤東集』第10卷, 東京: 蒼蒼社, 1983.

薄一波,『若干重大決策與事件的回顧』(修訂本) 上, 人民出版社, 1997.

北京市檔案館 編,『國民經濟恢復時期的北京』, 北京出版社, 1995.

北京市檔案館·中共北京市委黨史硏究室 編,『北京市重要文獻選編』, 中國檔案出版社, 2001.

北京市地方志編纂委員會 編,『北京志』卷6(政權·政協卷) 第11冊(人民代表大會志), 北京出版社, 2003.

劉少奇 等,『新民主主義城市政策』, 香港: 新民主出版社, 1949.

劉崇文 主編,『劉少奇年譜, 1898~1969』下, 北京: 中央文獻出版社, 1996.

政協全國委員會辦公廳 編,『開國盛典: 中華人民共和國誕生重要文獻資料匯編』上編, 中國文史出版社, 2009.

中共中央文獻硏究室 編,『毛澤東文集』第5卷, 北京: 人民出版社, 1993.

中共中央文獻硏究室·中央檔案館 編,『建國以來劉少奇文稿』第4冊, 北京: 中央文獻出版社, 2005.

中共中央文獻硏究室·中央檔案館·『黨的文獻』編輯部 編,『共和國走過的路: 建國以來重要文獻專題選集』(1949~1952), 中央文獻出版社, 1991.

中共中央文獻編輯委員會 編,『任弼時選集』, 北京: 人民出版社, 1987.

中共中央文獻編輯委員會 編,『毛澤東選集』第2卷·第4卷, 北京: 人民出版社, 1991.

中央檔案館 編,『中共中央文件選集』第17冊·第18冊, 北京: 中共中央黨校出版社, 1992.

中央檔案館 編,『共和國雛型─華北人民政府』, 北京: 西苑出版社, 2000.

楊奎松,『中華人民共和國建國史研究』1(政治), 南昌: 江西人民出版社, 2010.

유용태,『직업대표제, 근대 중국의 민주 유산』, 서울대학교 출판문화원, 2011.

田中恭子,『土地と勸力: 中國の農村革命』, 名古屋大學出版會, 1996.

泉谷陽子,『中國建國初期の政治と經濟: 大衆運動と社會主義體制』, 御茶の水書房, 2007.

이원준,「중화인민공화국 건국 직전의 정치적 통합 과정─1948년 前後의 華北 지역을 중심으로」,『東洋史學研究』제98집, 2007.

高王凌,「中國共産黨爲甚麼放棄新民主主義?」,『二十一世紀』2012年 10月號(總第133期).

楊奎松,「毛澤東爲什麼放棄新民主主義: 關於俄國模式的影響問題」,『近代史研究』1997年 第4期.

于化民,「人民共和國的孕育與新生: 解放戰爭時期中共建國思路的發展軌迹回溯」,『晉陽學刊』2013年 第5期.

王金艷,「解放戰爭時期中國共産黨接管城市工作的理論和實踐」, 吉林大學 博士學位論文, 2010.

李福鐘,「中國共産黨爲什麼放棄新民主主義?」,『中央研究院近代史研究所集刊』第40期, 2003.

李玉榮,「略論北平和平接管的特點及其基本經驗」,『北京黨史』1999年 第2期.

張浩,「建國初期中國共産黨城市工作研究: 以北京市爲個案」, 北京大學博士學位論文, 2009.

隋藝,「中華人民共和國建國前後の共産黨の都市大衆工作と基層社會の再編: 遼寧省を中心に」,『中國研究月報』第69卷 第11號, 2015.

수도 베이징의 '도심' 정하기─'양진 방안'의 제기와 좌절

梁思成·陈占祥 著, 王瑞智 编,『梁陈方案与北京』, 辽宁教育出版社, 2005.

北京建设史书编辑委员会编辑部 编,『建国以来的北京城市建设资料 第一卷 城市规划(内部资料)』, 编者刊, 1995. 11.

宋永毅 等编, *Database of the Chinese Political Campaigns in the 1950s: From Land Reform to the State-Private Partnership(1949~1956)*, Fairbank Center for Chinese Studies, 2014. 12.

中共中央党史研究室·中央档案馆 编, 『中共党史资料 76辑』, 中央党史出版社, 2000. 12.

王亚南, 『1900~1949年北京的城市规划与建设研究』, 东南大学出版社, 2008.

林洙, 『困惑的大匠·梁思成』, 山东画报出版社, 1997.

박철현, 「현대중국을 읽는 또 다른 키워드, 도시」, 『역사비평』 제115호, 2016.

이원준, 「국공내전 후반기 중국공산당의 華北 중심 건국 방침과 定都 문제의 향방」, 『중국근현대사연구』 제65집, 2015. 3.

이원준, 「'분산성'과 '집중성'의 균형 찾기—중화인민공화국 초기 北京의 建政 과정 분석」, 『중국근현대사연구』 제67집, 2015. 9.

贾迪, 「1937~1945年北京西郊新市区的殖民建设」, 『抗日战争研究』 2017年 第1期, 2017. 3.

记者, 「陈占祥教授谈城市设计」, 『城市规划』 1991年 1期, 1991. 3.

董志凯, 「新中国首都规划初创及其启示」, 『城乡建设』 2001年 第8期, 2001. 8.

陆芬, 「北京通州: 行政副中心如何"治病救城"?」, 『中国国土资源报』 2015. 8. 3.

李娜, 「继承与创新: 谈"梁陈方案"对城市规划的现代启示」, 『中国建材科技』 2016年 6期, 2016. 12.

李永乐, 「"梁陈方案"对当前城市规划建设的启示」, 『城市』 2011年 3期, 2011. 3.

李自华·王蕾, 「毛泽东与新中国定都北平的重要决策」, 『北京档案』 2012年 8期, 2012. 8.

李献灿·张小东·常丰镇, 「近代城市规划思想对当代建筑文化遗产保护的启示: 以梁思成与北京城建筑文化保护为例」, 『价值工程』 2016年 13期, 2016. 5.

尙鸣, 「定都北京的前前后后」, 『党史文苑』 2005-6.

徐亚东, 「探析"梁陈方案"及其对中国现代城市规划实践的影响」, 宁波大学 硕士論文, 2014. 6.

徐向东, 「略析"一五"时期北京的城市建设规划」, 『北京党史』 1993年 6期, 1993. 11.

王军, 「对梁陈方案的历史考察」, 『中华建筑报』 2001年 10期, 2001. 9.

王亚男, 「日伪时期北京的城市规划与建设(1937~1945年) (上)」, 『北京规划建设』 2009年 4期, 2009. 7.

王俊雄, 「國民政府時期南京首都計畫之研究」, 國立成功大學 博士论文, 2002. 7.

魏恪宗, 「万里与"文化大革命"时期北京的城市规划」, 『北京党史』 2000年 第4期, 2000. 7.

张法, 「当代中国的京城模式: 观念与现实」, 『文艺争鸣』 2011年 6期, 2011.

张世林, 「清陆军部和海军部旧址的历史变迁: 从铁狮子胡同一号到张自忠路叁号」, 『北京

档案』2011年 1期, 2011. 1.

赵冬日,「论古都风貌与现代化发展」,『建筑学报』1990年 12期, 1990. 12.

朱竞若·余荣华,「"行政副中心"将如何改变通州」,『人民日报』2015. 12. 4.

朱涛,『梁思成与他的时代』, 广西师范大学出版社, 2014.

陈愉庆,「"梁陈方案"的诞生」,『全国新书目』2010年 13期, 2010. 7.

陈愉庆,「《梁陈方案》诞生与夭折始末」,『今日国土』2012年 4期, 2012.

陈清鋆/肖冰,「梁思成研究的回顾: 关于城市规划思想的探讨」,『江苏建筑』2016年 第5期, 2016. 10.

夏舒洋,「政权纷争视野下的国民政府《首都计划》」,『赤峰学院学报(汉文哲学社会科学版)』 2015年 7期, 2015. 7.

胡志刚,「梁思成学术实践研究(1928~1955)」, 南开大学 博士論文, 2014. 5.

黄立,「中国现代城市规划历史研究(1949~1965)」, 武汉理工大学 博士論文, 2006. 5.

熊田俊郎,「梁思成の生涯と北京の都市建設: ナショナリズムと都市を考えるために」, 『駿河台法学』21-2, 2008. 2.

名和又介,「北京再建と梁思成: 建国当初から反右派闘争まで」,『言語文化』8-1, 2005. 8.

Wong Sidney, "Searching for a Modern, Humanistic Planning Model in China: The Planning Ideas of Liang Sicheng(1930~1952)", *Journal of Architecture and Planning Research* 32-4, 2015.

Chang-tai Hung, *Mao's New World: Political Culture in the Early People's Republic*, Cornell University Press, 2011.

David Bray, *Social space and governance in urban China: the danwei system from origins to reform*, Stanford University Press, 2005.

Wang Jun, *Beijing Record: A Physical and Political History of Planning Modern Beijing*, World Scientific, 2011.

공인신촌엔 누가 살았을까—상하이 차오양신촌의 사회주의 도시 개조

上海市人民政府工作組市政建設分組,「普陀區現有工房調査報告」, 上海普陀區檔案館藏.

汪定曾,「上海曹楊新村住宅區的規劃設計」,『建築學報』1956年 第2期.

김승욱,「상해 근대 도시사 연구의 공간적 맥락」,『中國學報』63집, 2011. 6.

뤄강(羅崗), 「상하이 노동자신촌—사회주의와 존엄이 있는 "생활세계"」, 『상하이학파 문화연구』, 문화과학사, 2014.

박철현, 「개혁기 상하이 도시재생의 문화정치—"석고문(石庫門) vs 공인신촌(工人新村)" 논쟁을 중심으로」, 『중국문학』 제84집, 2015.

임춘성, 『상하이학파 문화연구』, 문화과학사, 2014.

E. P. Thompson, *The Making of the English Working Class*, Vintage, 1966(E. P. 톰슨 지음, 나종일 외 옮김, 『영국 노동계급의 형성』 상·하, 창작과비평사, 2000).

Hanchao Lu, *Beyond the Neon Lights: Everyday Shanghai in the Early Twentieth Century*, University of California Press, 1999.

Henri Lefebvre, *Le Production de l'Espace*, Paris: Economica, 2000(앙리 르페브르 지음, 양영란 옮김, 『공간의 생산』, 에코리브르, 2011).

Leo Ou-fan Lee, *Shanghai Modern: The Flowering of a New Urban Culture in China, 1930~1945*, Harvard Univ. Press, 1999.

Marie-Claire Bergère, *Shanghai: China's Gateway to Modernity*, Stanford Univ. Press, 2009.

當代中國叢書編纂委員會 編, 『當代中國在上海』 上, 當代中國出版社, 1993.

戴錦華, 『隱形書寫: 90年代中國文化硏究』, 江蘇人民出版社, 1999.

毛澤東, 『建國以來毛澤東文稿(1956年1月~1957年12月)』 第6冊, 中央文獻出版社, 1992.

上海城市規劃志編纂委員會 編, 孫平 主編, 『上海城市規劃志』, 上海社會科學院出版社, 1999.

上海住宅(1949~1990)編輯部, 『上海住宅(1949~1990)』, 上海科學普及出版社, 1993.

楊東平, 『城市季風: 北京和上海的文化精神』, 新星出版社, 2006.

呂俊華·彼德 羅, 『中國現代城市住宅(1840~2000)』, 淸華大學出版社, 2003.

王文英, 葉中强 主編, 『城市語境與大衆文化: 上海都市文化空間分析』, 上海人民出版社, 2004.

熊月之·周武 主編, 『上海: 一座現代化都市的編年史』, 上海書店出版社, 2007.

袁進·丁雲亮·王有富, 『身分建構與物質生活: 20世紀50年代上海工人的社會文化生活』, 上海書店出版社, 2008.

陳潮·陳洪玲 主編, 『中華人民共和國行政區劃沿革地圖集』, 中國地圖出版社, 2003.

陳向明·周振華 主編, 『上海崛起: 一座全球大都市中的國家戰略與地方變革』, 世紀出版集團 上海人民出版社, 2009.

包亞明·王宏圖·朱生堅 等,『上海酒吧: 空間,消費與想像』,江蘇人民出版社, 2001.

羅崗,「空間的生産與空間的轉移: 上海工人新村與社會主義城市經驗」,『華東師範大學學報』第39卷 第6期, 2007. 11.

羅崗,「十七年文藝中的上海"工人新村"」,『藝術評論』2010年 第6期.

楊辰,「社會主義城市的空間實踐: 上海工人新村(1949~1978)」,『人文地理』2011年 第3期.

楊辰,「日常生活空間的制度化: 20世紀50年代上海工人新村的空間分析框架」,『同濟大學學報』第20卷 第6期, 2009. 12.

李藝,「工人新村與社會主義城市想象: 從《上海的早晨》中的城市景觀談起」,『北京大學研究生學志』2006年 第1期, 2006. 3.

丁桂節,「永遠的幸福生活: 解讀上海20世紀50,60年代的工人新村」,同濟大學 博士學位論文, 2007.

朱斌,「毛澤東的新村主意理想在新中國城市空間的實踐」,『黨史文苑』2014. 7.

朱曉明,「上海曹楊一村規劃設計與歷史」,『住宅科技』2011. 11.

陳映芳,「空間與社會: 作爲社會主義實踐的城市改造—上海棚戶區的實例(1949~1979)」,『城鄉流動』, 2007.

何丹·朱小平,「石庫門里弄和工人新村的日常生活空間比較研究」,『世界地理研究』第21卷 第2期, 2012. 6.

許紀霖,「近代中國的公共領域: 形態,功能與自我理解—以上海爲例」,上海高校都市文化研究院 編,『上海: 近代新文明的形態』,上海辭書出版社, 2004.

http://www.mgtv.com/block/city/a10.htm(2016. 10. 3).

楊富珍·唐錦波·顔完藝 등 차오양1촌 주민의 인터뷰 내용(「上海故事: 再說曹楊」,上海電視臺 新聞綜合頻道, 2012. 1. 14).

새로운 중국의 새로운 노동자 만들기—선양시 노동경쟁 캠페인과 공인촌

Bian, Morris L., *The Making of the State Enterprise System in Modern China: the Dynamics of Institutional Change*, Cambridge, MA: Harvard University Press, 2005.

Burawoy, Michael, *Manufacturing Consent: Changes in the Labor Process under Monopoly Capitalism*, Chicago: University of Chicago Press, 1979.

Selden, Mark, *The Yenan Way in revolutionary China*, Cambridge: Harvard University Press,

1971.

Siegelbaum, Lewis H., *Stakhanovism and the Politics of Productivity in the USSR, 1935-1941*, Cambridge: Cambridge University Press, 1988.

Walder, Andrew G., *Communist Neo-Traditionalism: Work and Authority in Chinese Industry*, Berkeley: University of California Press, 1986.

Yang, Daqing, "Resurrecting the Empire? Japanese Technicians in Postwar China, 1945~1949", Fuess, Harald ed., *The Japanese empire in East Asia and its postwar legacy*, Munchen: Iudicium, 1998.

Yu, Miin-ling, "'Labor Is Glorious': Model Laborers in the PRC", Bernstein, Thomas P. and Hua-Yu, Li eds., *China Learns from the Soviet Union, 1949~Present*, Lanham: Lexington Books, 2010.

明非,「中國工人第一住宅區」,『當代工人』 2011-12.

白冰,「瀋陽鐵西工人村: 新中國最早的"高大上"工人聚居區」,『中國檔案報』 2016-1.

盛雷,「東北解放初期獻納器材運動研究」,『黨史文苑』 16, 2015.

松本俊郎,『「滿洲國」から新中國へ: 鞍山鐵鋼業からみた中國東北の再編過程: 1940~1954』, 名古屋大學出版會, 2000.

瀋陽市勞動志編纂委員會,『瀋陽市勞動志(1862~1996)』, 瀋陽市勞動志編纂委員會, 1999.

瀋陽市鐵西區人民政府地方志辦公室 編,『鐵西區志』, 遼寧人民出版社, 1998.

瀋陽市鐵西區政協文史委員會 編,『鐵西文史資料』 1, 瀋陽市鐵西區政協文史委員會, 2003.

瀋陽市總工會,『瀋陽市工會志』, 瀋陽出版社, 1998.

瀋陽總工會出版社,『瀋陽市總工會兩年來重要文件彙編』, 瀋陽總工會出版社, 1951.

汪定曾,「上海曹楊新村住宅區的規劃設計」,『建築學報』, 1956-2.

劉放王,「瀋陽: 工人村的變遷」,『中國檔案』 2008-1.

李昭怡,「鐵西工人村文化建設速寫」, 中共瀋陽市委黨史研究室, 中共瀋陽市鐵西區委, 『瀋陽鐵西老工業區調整改造30年』, 萬卷出版公司, 2013.

『人民日報』(http://202.120.82.45:957/web/index.htm)

丁桂節,「工人新村: "永遠的幸福生活"—解讀上海20世紀50、60年代的工人新村」, 同濟大學 博士學位論文, 2008.

政協瀋陽市鐵西區委員會文史委員會 編,『瀋陽市鐵西區老照片』上, 瀋陽出版社, 2006.

趙國有, 「回憶創造新記錄運動」, 『黨史縱橫』 5, 1990.

朱建華 選編, 『東北解放區財政經濟史資料選編』 第1卷, 第2卷, 黑龍江人民出版社, 1988.

中共瀋陽市委黨史研究室 編, 『城市的接管與社會改造』 瀋陽卷, 遼寧人民出版社, 2000.

中國社會科學院·中央檔案館, 『中華人民共和國經濟檔案資料選編: 1949~1952』 劳動工資
　　和職工福利卷, 中國城市經濟社會出版社, 1990.

中國社會科學院·中央檔案館, 『中華人民共和國經濟檔案資料選編: 1953~1957』 劳動工資
　　和職工福利卷, 中國城市經濟社會出版社, 1998.

「中國における社會主義競爭」, 『中國資料月報』 100, 1956.

龐紅, 「建國前瀋陽鐵西工業區的形成」, 『蘭台世界』 2005-7.

2부 공간의 생산, 도시의 실험

'국가'와 '사회'의 만남—베이징 가도 공간의 '지도'와 '자치'

北京市檔案館 소장 당안 자료(인용 문건 목록 생략).

박상수, 「중화인민공화국 초기 北京 基層 거버넌스 체제의 구축—도시 街道의 국가와
　　사회, 1949~1954」, 『동양사학연구』 제123집, 2013. 6.

박상수, 「1950년대 北京市 基層의 '街道 積極分子'—實態와 變化」, 『中國近現代史研究』
　　제74집, 2017. 6.

路風, 「中國單位體制的起源和形成」, 『中國社會科學季刊』(香港), 1993年 第4卷, 總第5期.

張濟順, 「上海里弄: 基層政治動員與國家社會一體化走向(1950~1955)」, 『中國社會科學』
　　2004年 第2期.

Bourdieu, Pierre, "Le capital social", *Actes de la recherche en sciences sociales*, Vol. 31, janvier
　　1980.

Bray, David, *Social Space and Governance in Urban China: The Danwei System from Origins to
　　Urban Reform*, Stanford: Stanford University Press, 2005.

Lefebvre, Henri(translated by Donald Nicholson-Smith), *The Production of Space*, Blackwell,
　　1991.

Lieberthal, Kenneth, *Revolution and Tradition in Tientsin, 1949~1952*, Stanford University Press,

1980.

Lu, Duanfang, *Remaking Chinese Urban Form: Modernity, Scarcity and Space, 1949~2005*, Routledge, 2006.

Read, Benjamin L. & Robert Pekkanen, ed., *Local Organizations and Urban Governance in East and Southeast Asia: Straddling State and Society*, Routledge, 2009.

Read, Benjamin L., *Roots of the State: Neighborhood Organization and Social Networks in Beijing and Taipei*, Stanford University Press, 2012.

Schurmann, Franz, *Ideology and Organization in Communist China*(new, enlarged edition), University of California Press, 1968.

Walder, Andrew G., *Communist Neo-Traditionalism: Work and Authority in Chinese Industry*, University of California Press, 1988.

Whyte, Martin King and William L. Parish, *Urban Life in Comtemporary China*, University of Chicago Press, 1984.

사회주의 도시와 인간을 디자인하다—'도시인민공사'라는 실험

中共中央文獻研究室 編, 『建國以來重要文獻選編』 第十一冊, 中央文獻出版社, 1995.
中共中央文獻研究室 編, 『毛澤東傳』 5, 中央文獻出版社, 2011.
徐添鳳, 「天津市鴻順里社會主義大家庭建築設計介紹」, 『建築學報』 10, 1958.
金甌卜, 「建築設計必修體現大辦城市人民公社的新型勢」, 『建築學報』 5, 1960.
모리스 마이스너 지음, 김수영 옮김, 『마오의 중국과 그 이후』 1, 이산, 2004.
앙리 르페브르 지음, 양영란 옮김, 『공간의 생산』, 에코리브르, 2011.
제임스 C. 스콧 지음, 전상인 옮김, 『국가처럼 보기—왜 국가는 계획에 실패하는가』, 에코리브르, 2010.
지그문트 바우만 지음, 윤태준 옮김, 『사회주의, 생동하는 유토피아』, 오월의봄, 2016.
토머스 모어 지음, 나종일 옮김, 『유토피아』, 서해문집, 2005.
李端祥, 『城市人民公社運動研究』, 湖南人民出版社, 2006.
DuanFang Lu, *Remaking Chinese Urban Form: Modernity, Scarcity and Space, 1949~2005*, Routledge, 2006.
박상수, 「중국 도시인민공사 건설 시기 街道 공간의 국가와 사회, 1958~1965」, 『중국근현대사연구』66, 2015.

박용국·송대호, 「근대 이상도시계획에 나타난 공간 형태적 특성에 관한 연구」, 『大韓建築學會聯合論文集』16, 2014.

丁傑, 「國家控制與城市底層社會: 以上海城市人民公社化運動中的里弄改造爲例」, 華東師範大學 碩士學位論文, 2014.

高華·黃駿, 「1960年"持續躍進"中的江蘇省城市人民公社運動」, 『浙江學刊』5, 2002.

蔣偉濤, 「安化大樓追憶: 見證北京居民住宅發展的"樓王"」, 『當代北京研究』2, 2014.

趙越, 「大躍進時期的《建築學報》封面與社會主義想像」, 『建築學報』9, 2014.

劉玉東, 「城市人民公社時期社區治理模式的體制分析」, 『當代世界社會主義問題』1, 2012.

楊麗萍, 「從非單位到單位: 上海非單位人群組織化硏究(1949~1962)」, 華東師範大學 博士學位論文, 2006.

DuanFang Lu, "Third World Modernism: Utopia, Modernity, and the People's Commune in China", *Journal of Architectural Education* 60, 2007.

정치, 도시를 옮기다—내륙으로 간 중공업 도시 판즈화

董志凱, 「三線建設中企業搬遷的經驗與教訓」, 『江西社會科學』, 2015.

楊學平, 「論三線建設與攀枝花城市化進程」, 『濮陽職業技術學院學報』, 2011.

劉呂紅·闞敏, 「三線建設與四川攀枝花城市的形成」, 『唐都學刊』26(6), 2010.

向東, 「20世紀六七十年代攀枝花地區三線建設述論」, 四川師範大學 碩士論文, 2010.

四川省攀枝花市誌編纂委員會, 『攀枝花市志』, 四川科技出版社, 1994.

陳東林, 『三線建設: 備戰時期的西部開發』, 中共中央黨校出版社, 2004.

周明長, 「三線建設與中國內地城市發展(1964~1980年)」, 『中國經濟史硏究』, 2014.

Barry Naughton, "The Third Front: Defence Industrialization in the Chinese Interior", *The China Quarterly* 115(September), 1988.

Barry Naughton, *The Chinese Economy: Transition and Growth*, MIT, 2007.

Judd C. Kinzley, "Crisis and the Development of China's Southwestern Periphery: The Transformation of Panzhihua, 1936~1969", *Modern China* 38, 5(September), 2011.

Lin Justin Yifu, *Demystifying the Chinese economy*, Cambridge University Press, 2011.

박인성, 「도시화를 통해 본 개혁기 중국」, 『도시로 읽는 현대중국 2. 개혁기』, 역사비평사, 2017.

박철현, 「노후공업도시로 풀어본 동북 문제」, 『도시로 읽는 현대중국 2. 개혁기』, 역사비평사, 2017.

윤종석, 「급속한 도시화의 아이콘, 선전―이중도시, 이민도시로서의 발전」, 『도시로 읽는 현대중국 2. 개혁기』, 역사비평사, 2017.

중국의 사회주의적 시초축적과 농민의 희생

남영호, 『변방에서 문화로―소련의 도시화와 도시공간의 성격』, 라움, 2017.

려도(呂途) 지음, 정규식·연광석·정성조·박다짐 옮김, 『중국 신노동자의 형성』, 나름북스, 2017.

마르셀 판 데르 린던 지음, 황동하 옮김, 『서구 마르크스주의, 소련을 탐구하다』, 서해문집, 2012.

박철현, 「중국에서 도시민이 된다는 것―위계적 시민권과 서열화」, 『도시로 읽는 현대중국 2. 개혁기』, 역사비평사, 2017.

원톄쥔(溫鐵軍) 지음, 김진공 옮김, 『여덟 번의 위기―현대 중국의 경험과 도전, 1949~2009』, 돌베개, 2016.

이민자, 『중국 호구 제도와 인구 이동』, 폴리테이아, 2007.

진승권, 『사회주의, 탈사회주의, 그리고 농업―동유럽과 아시아에서의 농업의 탈집단화』, 이화여자대학교 출판부, 2006.

칼 마르크스 지음, 김수행 옮김, 『자본론』 1권, 비봉출판사, 2001.

칼 폴라니 지음, 홍기빈 옮김, 『거대한 전환』, 길, 2009.

허쉐펑(賀雪峰) 지음, 김도경 옮김, 『탈향과 귀향 사이에서』, 돌베개, 2017.

Chris Bramall, *Chinese Economic Development*, Routledge, 2008.

E. Preobrazhensky, *The New Economics*, Oxford University Press, 1965.

Giovanni Arrighi, *Adam Smith in Beijing*, Verso, 2007.

Ho-fung Hung, *The China Boom*, Columbia University Press, 2016.

Jeffrey A. Frieden, *Global Capitalism: Its Fall and Rise in the Twentieth Century*, W. W. Norton & Company, 2007.

Victor F.S. Sit, *Chinese City and Urbanism: Evolution and Development*, World Scientific
　　Publishing, 2010.

陳廷煊,「城市化與農業剩餘勞動力的轉移」,『中國經濟史研究』1999年 第4期.

蘇少之,「1949~1978年中國城市化研究」,『中國經濟史研究』1999年 第1期.

王茂林 主編,『中國城市經濟六十年』, 中國城市出版社, 2009.

徐正元,「中國城市體系演變的歷史剖析」,『中國經濟史研究』2004年 第3期.

3부 도시와 농촌, 이동과 상상

'죽의 장막'과 '은둔의 왕국'을 넘어—사회주의 시기 북중 국경 지역 조선족의 이주

김중생,『조선의용군의 밀입북과 6·25전쟁』, 명지출판사, 2000.

김학철,「번영」,『20세기 중국 조선족 문학사료 전집 19』, 연변인민출판사, 2000.

김학철,『20세기의 신화』, 창비, 1996.

남근우,「북한의 복종과 저항의 정치—생산 현장에 나타난 공식·비공식 사회관계
　　(1950~1970년대)」, 한양대학교 정치외교학과 박사학위논문, 2008.

량정봉,「초·고중 졸업한 동무들과의 담화」,『연변청년』29, 1957.

刘光,『新中国高等教育大事记(1949~1987)』, 长春: 东北师范大学出版社, 2000.

류연산,『혈연의 강—천지와 강과 나』, 연길: 연변인민출판사, 2002.

류연산,『연변대학산책』, 북경: 민족출판사, 2009.

리결사 외,『내 청춘은 저 산 너머에—연변 지식청년 회고록』, 연길: 연변인민출판사,
　　2008.

리혜선,『빨간 그림자』, 연길: 연변인민출판사, 1998.

성근제,「문화대혁명과 연변」,『중국현대문학』43, 2004.

연변청년,「어떻게 해결했으면 좋을까?」,『연변청년』1957년 8월호.

염인호,「6·25전쟁과 연변 조선인 사회의 연계성에 관한 일고찰」,『한국 근현대사 연
　　구』28, 2004.

염인호,「중국 연변 조선족의 민족 정체성에 대한 일고찰(1945년 8월~1950년대 말)」,
　　『한국사 연구』140, 2008.

염인호, 「중국 연변대학의 설립 및 체제 개편과 북한」, 『한국학논총』 33, 2010.

오동렬, 「전후 복구 시기 북한 사회주의 교육에 관한 연구—경험집 및 매체를 중심으로」, 연세대학교 통일연구원 석사학위논문, 2007.

이상숙·송문지(宋文志), 「1950~1960년대 조선족의 북한 이주와 북중협력」, 『북한연구학회회보』 16(1), 2012.

이종석, 『북한-중국 관계, 1945~1960』, 중심, 2000.

이진영, 「중국공산당의 조선족 정책의 기원에 대하여, 1927~1949」, 『재외한인연구』 9(9), 2000.

전민희, 「사회주의 건설기(1949~1966 년) 중국의 대중교육 정책—농촌 대중교육을 중심으로」, 연세대학교 지역학학과 중국전공 석사학위논문, 2004.

정현수·김병로·김수암·김창근·김하영·서재진·최준흠, 『중국 조선족 증언으로 본 한국전쟁』, 선인, 2006.

조정남, 「북한의 사할린 한인 정책」, 『민족연구』 8, 2002.

중국조선민족 발자취 총서 편집위원회, 『중국조선민족 발자취 총서』 5·6·7권, 연길: 중국조선민족교육출판사, 1992~1994.

현인애, 「북한의 주민등록 제도에 관한 연구」, 이화여자대학교 북한학과 석사학위논문, 2008.

Armstrong, Charles K, "'Fraternal Socialism': The International Reconstruction of North Korea, 1953~62", *Cold War History* 5(2), 2005.

Brubaker, Rogers, *Nationalism Reframed: Nationhood and the National Question in the New Europe*, New York: Cambridge University Press, 1996.

Bulag, Uradyn E., *Nationalism and Hybridity in Mongolia*, Oxford, UK: Clarendon Press, 1998.

Cathcart, Adam, "Nationalism and Ethnic Identity in the Sino-Korean Border Region of Yanbian, 1945~1950", *Korean Studies* 34, 2010.

Cathcart, Adam and Charles Kraus, "The Bonds of Brotherhood: New Evidence on Sino-Korean Exchanges, 1950~1954", *Journal of Cold War Studies* 13(3), 2011.

Cheng, Tiejun and Mark Selden, "The Origins and Social Consequences of China's Hukou System", *The China Quarterly* 139, 1994.

Dikötter, Frank, *Mao's Great Famine: The History of China's Most Devastating Catastrophe, 1958~1962*, New York: Walker, 2010.

Dreyer, June, "China's Minority Nationalities in the Cultural Revolution", *The China Quarterly* 35, 1968.

Gaddis, John L., *The Long Peace: Inquiries into the History of the Cold War*, New York: Oxford University Press, 1987.

Kim, Cheehyung, "The Furnace Is Breathing: Work and the Everyday Life in North Korea, 1953~1961", PhD dissertation, Department of History, Columbia University, New York, 2010.

Kim, Cheehyung, "War Orphans, Capitalist Family, and Postwar North Korea's State Form as Exchange", Paper presented at "Korea with Empire: Resisting, Contesting, and Appropriating Transnational Universals" Conference, James Joo-Jin Kim Program in Korean Studies, University of Pennsylvania, April 22~23, Philadelphia, PA, 2016.

Kim, Jaeeun, *Contested Embrace: Transborder Membership Politics in Twentieth-Century Korea*, Stanford, CA: Stanford University Press, 2016.

Kwon, Heonik and Byung-Ho Chung, *North Korea: Beyond Charismatic Politics*, Lanham, MD: Rowman & Littlefield, 2012.

Lary, Diana, "The 'Static Decades': Inter-Provincial Migration in Pre-Reform China", in Franky Pieke and Hein Mallee eds., *Internal and International Migration: Chinese Perspectives*, London: Curzon, 1999.

Lieberthal, Kenneth G. and David M. Lampton, eds., *Bureaucracy, Politics, and Decision Making in Post-Mao China*, Berkeley: University of California Press, 1992.

MacFarquhar, Roderick, *The Origins of the Cultural Revolution: The Great Leap Forward, 1958~1960*, New York: Columbia University Press, 1983.

Morris-Suzuki, Tessa, *Exodus to North Korea: Shadows from Japan's Cold War*, Lanham, MD: Rowman & Littlefield, 2007.

Mullaney, Thomas S., *Coming to Terms with the Nation: Ethnic Classification in Modern China*, Berkeley: University of California Press, 2011.

Shen, Zhihua and Xia Yafeng, "Chinese-North Korean Relations and Chinese Policy toward Korean Cross-Border Migration, 1950~1962", *Journal of Cold War Studies* 16(4), 2014.

Shirk, Susan L., *Competitive Comrades: Career Incentives and Student Strategies in China*, Berkeley: University of California Press, 1982.

Shue, Vivienne, *The Reach of the State: Sketches of the Chinese Body Politic*, Stanford, CA: Stanford University Press, 1988.

Viola, Lynn, *Contending with Stalinism: Soviet Power and Popular Resistance in the 1930s*, Ithaca, NY: Cornell University Press, 2002.

흔들리는 청춘─루야오의 '도농교차지대'

데이비드 하비 지음, 한상연 옮김, 『반란의 도시』, 에이도스출판사, 2014.

마르크스·엥겔스 지음, 남상일 옮김, 『공산당선언』, 백산서당, 1989.

路遥, 『路遥全集: 人生』, 北京: 十月文艺出版社, 2013.

路遥, 『路遥全集: 早晨从中午开始』, 北京: 十月文艺出版社, 2013.

柳青, 『柳青文集』(全4卷), 北京: 人民文学出版社, 2002.

毛泽东, 『毛泽东选集』 第2卷, 北京: 人民出版社, 1991.

旷新年, 『写在当代文学边上』, 上海: 上海教育出版社, 2005.

金大陆 外, 『中国知识青年上山下乡研究文集』 上·中·下, 上海: 上海社会科学院出版社, 2009.

吕途, 『中国新工人: 迷失与崛起』, 北京: 法律出版社, 2013.

雷达 主 编, 『路遥研究资料』, 济南: 山东文艺出版社, 2006.

刘小萌, 『中国知青史─大潮(1966~1980年)』, 北京: 中国社会科学出版社, 1998.

李运抟, 『中国当代现实主义文学六十年』, 天津: 百花洲文艺出版社, 2008.

马一夫 外 主编, 『路遥研究资料汇编』, 西安: 中国文史出版社, 2006.

马一夫, 『路遥纪念集』, 北京: 人民文学出版社, 2007.

孟繁华 外, 『中国当代文学六十年』, 北京大学出版社, 2015.

薛毅 编, 『乡土中国与文化研究』, 上海: 上海书店出版社, 2008.

申晓 编, 『守望路遥』, 西安: 太白文艺出版社, 2007.

杨健, 『中国知青文学史』, 北京: 中国工人出版社, 2002.

杨晓帆, 「柳青的遗产: '交叉地带'的文学实践: 路遥论」, 中国人民大学 博士論文, 2013.

程光炜, 『重返八十年代』, 北京大学出版社, 2009.

程光炜, 『文学讲稿: "80年代"作为方法』, 北京: 北京大学出版社, 2009.

程光炜, 杨庆祥 编, 『重读路遥』, 北京: 北京大学出版社, 2013.

蔡翔, 『革命·叙述: 中国社会主义文学: 文化想象:1949~1966』, 北京: 北京大学出版社, 2010.

祝东力, 『精神之旅: 新时期以来的美学与知识分子』, 北京: 中国广播电视出版社, 1998.

何康 编, 『八十年代中国农业改革与发展』, 北京: 农业出版社, 1991.

贺雪峰, 『什么农村, 什么问题』, 北京: 法律出版社, 2008.

许子东, 『重读"文革"』, 北京: 人民文学出版社, 2011.

洪子诚, 『当代文学史』, 北京: 北京大学出版社, 2010.

黄文倩, 『在巨流中摆渡: "探求者"的文學道路與創作困境』, 台北: 國立臺灣師範大學出版社, 2012.

黄曙光, 『当代小说中的乡村叙事』, 成都: 巴蜀书社, 2009.

黄宗智, 『中国的隐性农业革命』, 北京: 法律出版社, 2010.

이민자, 「중국 개혁기 사회 변화와 민공조 발생」, 『국제정치논총』 37호, 1997. 10.

백영선, 「『平凡的世界』에 나타난 주요 인물의 성장 유형과 작가의식 고찰」, 『중국학』 제54호, 대한중국학회, 2016.

성근제, 「문혁과 오사」, 『중국현대문학』 75호, 2015. 12.

최정임, 「路遙의 「人生」 研究―주인공 高加林의 비극적 삶의 원인 분석을 중심으로」, 전북대학교 교육대학원 석사학위논문, 2004.

金理, 「在时代冲突和困顿深处: 回望孙少平」, 『文学评论』 2012年 第5期.

金绍任·黄春芳, 「大学生们最敬佩和最反感的20世纪中国作家」, 『南宁职业技术学院学报』 2000年 第1期.

李继凯, 「矛盾交叉:路遥文化心理的复杂构成」, 『文艺争鸣』 1992年 第3期.

李星, 「在现实主义的道路上: 路遥论」, 『文学评论』 1991年 第4期.

李陀·刘禾·蔡翔 等, 「路遥与80年代文学的展开」, 『重读路遥』, 北京: 北京大学出版社, 2013.

孟繁华, 「乡村文明的变异与"50后"的境遇: 当下中国文学状况的一个方面」, 『文艺研究』 2012年 第6期.

潘晓, 「人生的路啊, 怎麼越走越窄」, 『中国青年』 1980年 第5期.

邵燕君, 「『平凡的世界』不平凡: "现实主义畅销书"的生产模式分析」, 『小说评论』 2003年 第1期.

杨庆祥, 「路遥的自我意识和写作姿态: 兼及1985年前后"文学场"的歷史分析」, 『南方文坛』

2007年 第6期.

杨庆祥,「阅读路遥: 经验和差异」,『重读路遥』, 北京: 北京大学出版社, 2013.

杨庆祥,「妥协的结局和解放的难度: 重读「人生」」,『南方文坛』2011年 第2期.

梁向阳,「新近发现的路遥1980年前后致谷溪的六封信」,『新文学史料』2013年 第3期.

梁向阳,「路遥『惊心动魄的一幕』的发表过程及其意义」,『文艺争鸣』2015年 4期.

杨晓帆,「怎么办?:「人生」与80年代'新人'故事」,『文艺争鸣』2015年 4期.

张红秋,「路遥: 文学战场上的"红卫兵"」,『兰州大学学报』2007年 第2期.

程光炜,「关于劳动的寓言: 重读路遥小说「人生」」,『现代中文学刊』2012年 第3期.

程光炜,「当代文学六十年」,『文艺争鸣』2009年 10期.

程光炜,「新时期文学的"起源性"问题」,『当代作家评论』2010年 第3期.

曹征路·严海蓉,「(访谈录)反思不是妖魔化:和曹征路谈『民主课』」2011. 10(http://www. aisixiang.com/data/47210-4.html 검색일: 2017. 3. 1).

陈华积,「高加林的"觉醒"与路遥的矛盾: 兼论路遥与80年代的关系」,『重读路遥』, 北京: 北京大学出版社, 2013.

何吉贤,「今天我们该如何讲述中国农村」,『中国文化报』(电子版) 2015. 4. 2.

贺照田,「从'潘晓讨论'看当代中国大陆虚无主义的历史与观念成因」,『开放时代』2010年 第7期.

海波,「我所认识的路遥(节选)」,『文艺争鸣』2015年 4期.

黄平,「从"劳动"到"奋斗": "励志型"读法·改革文学与『平凡的世界』」,『文艺争鸣』2010年 第5期.

사회주의 시대 노동자는 어떻게 말하는가—자장커의 〈해상전기〉

김정수,「싼샤의 공간학」,『중국현대문학』67, 2013.

노정은,「'어느 노동자'를 기록하는 양식—지아장커 〈24시티〉의 글쓰기」,『중국학연구』63, 2013.

서원태,「지아장커 영화, 중국 사회에 대한 비판적 성찰과 실험적 기록」,『현대영화연구』vol. 9, 2010.

유세종,「소문자 '역사들'의 복원을 위하여—지아장커의 〈24시티〉론」,『중국현대문학』51, 2009.

유세종, 「도시를, 인터(inter) 뷰(view)하다—지아장커 〈해상전기〉론」, 『중국현대문학』 59, 2011.

이정훈, 「〈山河故人〉의 새로운 인물 형상과 자장커의 '변신'」, 『중국현대문학』 83호, 2017.

이치한·이성철, 「중국 노동자들의 기억과 전망—영화 24시티를 중심으로」, 『중국어교육과 연구』 11호.

임대근, 「지아장커—육체와 자본이 결정하는 '중국적' 존재에 대한 탐구」, 『오늘의 문예비평』 2009년 가을호.

전성희, 「'지아장커 영화'라는 레이블과 영화 「산하고인」에 대한 일고찰」, 『중국소설논총』 제51집, 2017.

정병언, 「공간의 자본화와 장소 상실—지아장커의 소무, 세계 그리고 스틸라이프」, 『문학과영상』 12(2), 2011.

현실문화연구 편집부, 『지아장커 중국 영화의 미래』, 현실문화연구, 2002.

勾伊娜, 「賈樟柯: 用主流的方式表達自己」, 『當代電影』 2006年 第5期. 趙穎, 「從〈小山回家〉到〈海上傳奇〉: 賈樟柯"類型"電影解讀」, 『學海』 2012年 第3期.

劉敏, 「戛納華語放談錄: 賈樟柯〈海上傳奇〉」, 『電影世界』, 2010年 第6期.

劉海波·祈媛, 「表述上海的三種方式: 三部城市傳記與三種歷史觀」, 『當代電影』 2012年 第10期.

劉昕亭, 「站在意識形態的縫合點上」, 『天涯』 2012年 第2期.

林友桂, 「'有情'的書寫: 論賈樟柯的紀錄電影」, 『文藝爭鳴』 2011年 第5期.

楊遠嬰·馮斯亮, 「拍电影最重要的是"发现": 与贾樟柯导演对话」, 『當代電影』 2015年 第11期.

吳娛玉, 「紀實還是虛構: 賈樟柯的敘事困境」, 『文藝研究』 2015年 第8期.

汪暉, 「賈樟柯的世界與中國的大轉變」, 薛毅 編, 『鄉土中國與文化研究』, 上海書店出版社, 2008.

俞璐, 「賈樟柯: 我开始非常認同上海」, 『世界電影之窗』, 2010年 5月号.

張富堅·吳雨辰, 「賈樟柯的上海與上海的賈樟柯」, 『東方電影』 2014年 第11期.

張燕梅, 「共時性的城市空間:從表徵到體驗:〈海上傳奇〉的空間敘事策略」, 『文藝爭鳴』 2012年 第7期.

張欣, 「非歷史化的歷史書寫: 賈樟柯〈海上傳奇〉解讀」, 『中國電影評論』 2014年 第7期.

錢翰,「詩性的記錄和記錄的詩性: 從〈二十四城記〉到〈海上傳奇〉」,『文化與詩學』, 2010年
　　第2期.

曾美蘭,「歷史, 都市與現代性的反思」,『電影評介』2010年　第13期.

肖成剛,「〈海上傳奇〉空間與歷史」,『電影評介』2014年　第10期.

黃望莉,「口述歷史, 紀實性, 底層敍事: 從賈樟柯〈海上傳奇〉,〈24城記〉淡起」,『電影新
　　作』2010年　第5期.

侯衛敏·周杰,「影片〈海上傳奇〉: 對話國際名都的記錄文本」,『電影文學』, 2011年　第7期.

Xudong Zhang, "Poetics of Vanishing: The Film of Jia Zhangke", *New Left Review* 63, 2010.

찾아보기

이 책의 집필진

※ 필진은 가나다순으로 정리했다. 이 책에 실린 글의 저본이 사전에 학술지에 발표되었을 경우, 해당 서지사항을 바로 아래에 밝혀두었다. 별도의 서지 표기가 없는 것은 이 책에서 처음 발표되는 글이다. 학술지 수록 논문들 역시 단행본 체제에 맞춰 대폭 수정·보완 및 재구성을 거쳤음을 밝혀둔다.

구소영 | 사회주의 도시와 인간을 디자인하다―'도시인민공사'라는 실험

경북대학교 사학과 강사로 재직 중이다. 중국 현대사를 전공했고, 최근에는 문화대혁명 시기 중국 농촌의 파벌 투쟁, 폭력 등에 관심을 가지고 있다. 대약진 운동 초기와 문화대혁명 시기 농촌사회에 대한 논문을 발표했다.

김승욱 | 공인신촌엔 누가 살았을까―상하이 차오양신촌의 사회주의 도시 개조

「사회주의 시기 상하이 도시 개조와 공인신촌―차오양신촌을 중심으로」, 『역사비평』 117호, 2016.

충북대학교 역사교육과에 부교수로 재직 중이다. 중국 근현대사를 전공했고, 최근에는 중국의 국민국가 이행 과정에서 지식 체계의 변화가 어떻게 전개되었는지에 관심을 갖고 연구를 진행하고 있다. 지역사적 관점에서 상하이 등 도시사 연구도 수행하고 있다. 대표 논문으로는 『도시는 역사다』, 『경계 초월자와 도시 연구』, 「상해 근대 도시사 연구의 공간적 맥락」, 「19세기 말~20세기 초 인천의 운송망과 화교 거류 양상의 변화」, 「上海時期(1840~1862)王韜的世界認識」 등이 있다.

김재은 | '죽의 장막'과 '은둔의 왕국'을 넘어―사회주의 시기 북중 국경 지역 조선족의 이주

Kim Jaeeun, *Contested Embrace: Transborder Membership Politics in Twentieth-Century Korea*, Stanford University Press, 2016의 제3장을 수정·재구성.

정치사회학, 비교역사사회학, 법사회학, 인종/종족/민족, 국제이주 및 시민권에 관심을 가진 사회학자로, 현재 미국 미시간대학교(University of Michigan) 사회학과 조교수로 재직 중이다. 박사논문에 기반한 책 *Contested Embrace: Transborder Membership Politics in*

*Twentieth-Century Korea*가 2017년 미국사회학회(American Sociological Association)의 국제 이주분과(International Migration Section)및 아시아/아시아아메리카분과(Asia/Asia America Section), 그리고 사회과학역사학회(Social Science History Association)에서 수여하는 '올해의 우수도서상'들을 수상하였다.

박경석 | 수도 베이징의 '도심' 정하기—'양진 방안'의 제기와 좌절

「건국 초기(1949~50) 北京 '행정중심구' 논쟁과 '梁陳方案'」, 『중국근현대사연구』 제75집, 2017.
현재 연세대학교 국학연구원 부교수로 재직 중이다. 중국 근현대사를 전공했고 최근의 관심 주제는 '중화인민공화국 건국 초기(1950년대) 국가권력과 사회세력의 관계'이다. 대표 논문으로는 「중화민국 시기 上海 小報와 매체 공간의 대중화」, 「민국 시기 '보증인 관행'의 제도화 모색과 한계」, 「민국 시기 상거래 관행과 신뢰 확보의 다양한 양태—신용, 계약과 담보, 보증인」, 『중국 동북 지역의 상인과 상업네트워크』(공저), 『근대 중국 동북 지역사회와 민간신앙』 등이 있다.

박상수 | '국가'와 '사회'의 만남—베이징 가도 공간의 '지도'와 '자치'

「1950년대 北京 街道 '공간'과 居民委員會의 작동 방식」, 『中國近現代史研究』 제64집, 2014.
현재 고려대학교 사학과 교수로 재직 중이다. 중국 근현대사를 전공했고 최근의 관심 주제는 마오쩌둥 시기 도시 정치·사회사이다. 대표 논문으로는 『중국혁명과 비밀결사』가 있다.

박자영 | 사회주의 시대 노동자는 어떻게 말하는가—자장커의 〈해상전기〉

협성대학교 중국통상문화학과 교수로 재직 중이다. 연세대 중어중문학과를 졸업했으며 상하이 화동사범대학 중어중문학과에서 『공간의 구성과 이에 대한 상상—1920, 30년대 상하이 여성의 일상생활 연구』로 박사학위를 받았다. 중국 현당대문학과 문화를 전공하고 있다. 저역서로 『냉전 아시아의 문화풍경 2: 1960~1970년대』(공저), 『동아시아 문화의 생산과 조절』(공저), 『루쉰전집 4』(공역), 『세상사는 연기와 같다』 등이 있다. 논문으로 「상하이 노스텔지어」, 「소가족은 어떻게 형성되었나」, 「루쉰의 귀신, 벤야민의 천사」, 「1920년대 상하이의 조선인 작가 연구」 등이 있다.

성근제 | 흔들리는 청춘—루야오의 '도농교차지대'

「루야오의 '도농 교차지대'와 은폐된 서사」, 『도시인문학연구』 제9권 1호, 2017.
현재 서울시립대학교 중국어문화학과 교수로 재직 중이다. 중국현당대문학을 전공했고 최근에는 사회주의 시기의 문화정치, 소수민족 문제 등에 관심을 두고 공부하고 있다. 대표 논문으로는 「문혁과 계몽」, 「문화대혁명은 어떻게 재현되는가」, 「문화대혁명과 연변」, 「오사와 문혁」 등이 있다.

이원준 | 도시로 간 농촌혁명가들과 '신민주주의혁명'

「중국공산당의 도시 접관 정책과 '신민주주의혁명'」, 『역사비평』 117호, 2016.
인천대학교 조교수로 재직 중이다. 중국 현대사를 전공했으며, 최근에는 중화인민공화국 건국사에 관심을 갖고 있다. 대표 논문으로는 「국공내전 후반기 중국공산당의 華北 중심 건국 방침과 定都 문제의 향방」이 있다.

이현태 | 정치, 도시를 옮기다—내륙으로 간 중공업 도시 판즈화

「삼선건설과 판즈화—사회주의 시기 초고속 도시화와 그 이면」, 『역사비평』 117호, 2016.
서울대학교 동양사학과에서 현대 중국사로 학사, 경제학부에서 노동경제로 석사, 중국 경제로 박사학위를 받았다. 서울대, 국민대, 성공회대 경제학 강사를 거쳐 현재 대외경제정책연구원 중국팀 부연구위원으로 재직 중이다. 최근의 연구 주제는 중국 경제 변화과 한·중 협력, 일대일로 정책과 아시아인프라투자은행(AIIB) 등이다. 최근 연구로 『13·5 규획 시기 한국의 중국 동북 지역 경제협력 과제와 전략』, 『중국의 일대일로 전략 평가와 한국의 대응 방안』, 『AIIB 가입 계기 아시아인프라금융시장 진출 활성화 방안』, 『중저속 성장시대의 중국 경제와 한·중 경제협력』 등이 있다.

하남석 | 중국의 사회주의적 시초축적과 농민의 희생

서울시립대학교 중국어문화학과 조교수로 재직 중이다. 한국외국어대 중국학과에서 「1989 천안문 사건의 비판적 재해석」으로 박사학위를 받았으며, 중국의 체제 변동과 대중운동에 관심을 가지고 연구하고 있다. 논저로 『애도의 정치학—근현대 동아시아의 죽음과 기억』(공저) 등이 있으며, 『중국, 자본주의를 바꾸다』(공역) 등을 번역했다.

한지현 | 새로운 중국의 새로운 노동자 만들기—선양시 노동경쟁 캠페인과 공인촌

「'특권적' 노동자계급의 창출—1950년대 초 선양시 톄시구 노동경쟁 캠페인과 공인촌 건설」, 『역사비평』 117호, 2016.

서울대학교 동양사학과에서 학사와 석사를 마친 후 코넬대 사학과 박사과정을 수료했다. 사회주의 시기 중국 동북 지역의 공장, 노동자, 도시사회, 도시화 등에 관심을 가지고 박사논문을 구상하고 있다.